Python으로 배우는

문제해결과 인공지능

Python으로 배우는
문제해결과 인공지능

김현정 • 오경선 공저

INFINITYBOOKS
인피니티북스

머리말

정보통신기술(ICT)을 비롯한 인공지능(AI), 로봇, 사물인터넷(IoT) 등이 다양한 산업들과 결합하여 사회, 경제, 산업, 직업과 개인의 삶에 이르기까지 많은 변화를 몰고 오는 4차 산업혁명시대가 도래한다. 이러한 4차 산업혁명시대는 학문 간의 벽을 허물고 다양한 분야 간에 관계를 찾아 연결하여 새로운 가치를 창출할 수 있는 힘의 필요성을 강조한다. 4차 산업혁명시대에 현상적으로는 초연결, 초지능, 초현실 등으로 나타나지만 새로운 가치를 창출하는 중심에는 컴퓨팅사고와 인공지능이 핵심 기술이 되었다.

컴퓨팅사고는 자신의 영역에 컴퓨터과학 원리와 개념을 활용하여 논리적으로 풀어낼 수 있는 방법을 통해 배양된다. 수년간 대학에서 강의를 해 온 우리는 시대적 요구를 반영하기 위해 SW교육 모델과 교육내용을 연구하였다. 그 결과, 우리는 미래사회의 인재를 양성하기 위한 기존의 획일적인 SW기초교육을 탈피하여 '컴퓨팅적 사고 기반의 융·복합적 사고 능력'을 배양할 수 있도록 하였다. 컴퓨터과학 기반의 논리적 알고리즘 사고를 배워 일상생활의 문제를 다양하고 효율적인 방법으로 해결할 수 있도록 돕는다.

인공지능은 21세를 살아감에 따라 중요성을 부정하기는 힘들다. 그러나 학교에서 이 주제를 다 가르치기에는 만만치 않다. 실습을 하기도 어려울 뿐더러 인공지능을 배우고자 하는 학생들이 각자 생각하는 인공지능에 대한 개념 인식도 다 다르기 때문이다. 그나마 실습을 간단하게 해 볼 수 있도록 파이썬이라는 프로그램이 있어서 이를 이용하여 인공지능 분야에 많이 사용되고 있다.

이를 위해 이 책에서는 인공지능의 간단한 개념과 파이썬을 이용하여 주어진 문제를 새롭게 해석하고 해결하여 IT 융·복합적 사고를 기를 수 있도록 했다. 특히 비전공 학생들의 SW교육에 대한 역효과를 줄이고 효과를 거두기 위해 적절한 교육목표, 시각적 알고리즘(순서도), 프로그래밍 언어, 예제, 난이도를 정하였다.

따라서, 이 책을 통하여 알고리즘적 사고를 바탕으로 파이썬으로 코딩을 경험한 학생들은 문제해결 접근 방식을 체득하게 될 것이다.

그리고 학습을 거듭할수록 인공지능이 녹아들어 있는 일상생활의 문제를 컴퓨팅적 사고 기반의 문제해결 방법으로 접근함으로 창의·융합적인 사고 역량을 제고할 수 있을 것으로 기대한다.

이 책의 특징

- 인공지능과 파이썬의 핵심 내용
- 다양한 실습 예제와 문제 제공
- 간단하고 쉬운 일상생활의 문제로 접근한 실습예제와 문제 구성

끝으로 이 책이 나오기까지 많은 도움을 주신 건국대학교 상허교양대학, 인피니티북스에 깊은 감사의 말씀을 전한다.

이 책을 통하여 독자들이 인공지능과 프로그래밍 언어에 흥미를 가질 수 있다면 저자에게는 큰 보람이 될 것 같다.

2021년 2월

저자 일동

강의 계획서

주차	주제	강의내용	
1	오리엔테이션 및 강의 소개	• 수업의 목적 및 학습목표를 소개하고 수업의 과제 및 수료기준을 설명한다.	
2	인공지능의 세상	• 인공지능을 배우는 이유 • 인공지능의 개념과 사례	
3	문제해결과 인공지능	• 코딩없이 그래프 이해하기 • 코딩없이 깊이 우선 탐색 이해하기	• 코딩없이 너비 우선 탐색 이해하기 • 코딩없이 트리 이해하기
4	규칙과 조건식	• 전문가 시스템 • 프로그래밍 언어-선택 논리	• 파이썬 프로그램 설치 및 실행
5	알고리즘과 절차	• 알고리즘 이해하기 • 알고리즘 표현과 구조	• 순서도 프로그램 설치 및 실행
6	변수와 연산자	• 변수의 개념	• 연산자의 개념
7	선택 구조(1)	• 선택 구조의 개념	• 단순 선택 구조
8	중간고사	중간고사	
9	선택 구조(2), 기계학습	• 중첩 선택 구조	• 기계학습 개념과 종류
10	여러 가지 자료형	• 문자열, 리스트, 튜플	• 딕셔너리, 세트
11	반복문(1)	• 반복문 개념	• while문
12	반복문(2)	• for문 • 무한 반복과 break문, continue문	• 중첩 반복문
13	그리디, 문제해결과 탐색	• 그리디의 개념 • 그리디를 이용한 실습하기 • 탐색의 개념	• 파이썬을 이용한 깊이 우선 탐색과 너비 우선 탐색
14	함수	• 함수 개념 • 내장 함수와 사용자 정의 함수	• 전역변수와 지역변수 • 함수 메서드와 모듈
15	파일처리	• 파일 입출력 개념	• 파일 입출력 읽고/쓰기
16	기말고사	• 기말고사	

차례

머리말 ············ v
강의 계획서 ············ vii
차례 ············ viii

CHAPTER 1 인공지능의 세상 ············ 1

1.1 인공지능 ············ 3
1.2 인공지능 실습 ············ 11
연습문제 ············ 17

CHAPTER 2 문제해결과 인공지능 ············ 21

2.1 그래프의 이해 ············ 23
2.2 너비 우선 탐색 ············ 30
2.3 깊이 우선 탐색 ············ 34
2.4 트리의 이해 ············ 35
연습문제 ············ 39

CHAPTER 3 규칙과 조건식 ············ 43

3.1 전문가 시스템 ············ 45
3.2 프로그래밍 언어–선택 논리 ············ 55
연습문제 ············ 59

CHAPTER 4 알고리즘과 절차 ············ 65

4.1 알고리즘의 이해 ············ 66
4.2 알고리즘 실습 ············ 77
연습문제 ············ 82

CHAPTER 5 변수와 연산자 ········ 85
5.1 변수 ········ 86
5.2 연산자 ········ 96
연습문제 ········ 100

CHAPTER 6 선택 구조 ········ 105
6.1 파이썬 선택문 ········ 106
연습문제 ········ 118

CHAPTER 7 기계학습 ········ 125
7.1 기계학습이란? ········ 127
7.2 기계학습의 종류 ········ 129
연습문제 ········ 140

CHAPTER 8 여러 가지 자료형 ········ 143
8.1 문자열 ········ 145
8.2 리스트 ········ 156
8.3 튜플 ········ 169
8.4 딕셔너리 ········ 174
8.5 세트 ········ 180
연습문제 ········ 184

CHAPTER 9 반복문 ········ 185
9.1 반복문 ········ 186
9.2 while문 ········ 188
9.3 for문 ········ 192
9.4 무한 반복과 break문, continue문 ········ 203
9.5 while문과 for문 서로 변환하기 ········ 207
9.6 중첩 반복문 ········ 209
연습문제 ········ 216

CHAPTER 10 그리디 219

10.1 그리디란? 220

연습문제 236

CHAPTER 11 문제해결을 위한 탐색(더 알아보기) 237

11.1 탐색 238

11.2 인공지능에서의 탐색 239

11.3 깊이 우선 탐색 241

11.4 너비 우선 탐색 244

연습문제 246

CHAPTER 12 함수 249

12.1 함수의 개념 250

12.2 함수의 종류 253

12.3 전역변수와 지역변수 261

12.4 함수 메서드와 모듈 264

연습문제 268

CHAPTER 13 파일처리 271

13.1 파일처리 272

연습문제 289

찾아보기 291

01

인공지능의 세상

학습목표

- 인공지능의 개념을 학습하고, 인공지능의 특징을 설명할 수 있다.
- 인공지능 적용 사례를 통해 인공지능 기술을 적용할 수 있는 아이디어를 제시할 수 있다.

학습목차

1.1 인공지능
1.2 인공지능 실습

인공지능의 발전으로 우리가 살아가는 사회는 변화하고 있다. 우리는 챗봇을 통해 상담하고, 추천 상품으로 편리하게 모바일 쇼핑을 즐기고, 개인 취향에 맞춘 추천 영상을 보며 즐거운 여가를 보내기도 한다. 또한, 우리는 AI 스피커처럼 IoT 기술과 AI 기술이 연결된 다양한 서비스를 받고 있다. 기업은 AI 기술로 데이터 분석을 하고, 농업 분야는 AI 기술로 첨단농장을 구현하고 있다.

사회가 인공지능 기술을 활용한다는 것은 우리에게 인공지능을 통해 문제를 해결하는 능력이 요구된다는 의미이기도 하다. 따라서 우리는 가치 있는 인공지능을 만들기 위해 노력하고, 인공지능을 활용하여 문제를 해결할 힘을 길러야 한다. 이러한 힘의 바탕은 컴퓨팅사고이다. 컴퓨팅사고는 컴퓨터 과학원리를 적용하여 문제를 해결하는 힘을 말한다. 문제를 발견하고, 분석하여, 해결안을 선택하고, 그 해결안을 컴퓨터가 이해할 수 있도록 설계하고 구현하는 컴퓨터과학자의 문제해결 방법을 통해 우리는 컴퓨팅사고를 기를 수 있다. 이러한 이유로 '컴퓨팅사고'를 기르기 위해 컴퓨터 과학의 원리, 추상화, 알고리즘 설계, 코딩을 학습한다. 컴퓨팅사고를 바탕으로 인공지능의 기술을 접목하여 가치 있는 아이디어를 만들고, 인공지능의 활용으로 문제를 해결할 수 있는 것이다.

1장은 컴퓨팅사고의 힘을 기르기 위한 시작 단계이다. 인공지능의 개념과 사례를 다룸으로 우리가 인공지능 기술을 활용하여 가치 있게 만들 수 있는 아이디어를 제시해 보도록 한다.

1.1 인공지능

우리가 인공지능에 관심을 끌게 된 사건이 있다. 그것은 바로 2016년 알파고와 이세돌 9단의 바둑 대국이다. 당시 많은 사람은 이세돌 9단의 승리를 예상했지만 4:1로 이세돌 9단이 크게 패하는 결과가 나왔다. 많은 사람은 충격에 휩싸였고, 인공지능이 무엇이고, 인공지능으로 사회가 어떻게 변할 것인가 고민하기 시작한 계기가 되었다. 이 계기를 통해 인공지능 산업은 급속도로 성장하고 있다.

1.1.1 인공지능의 이해

지능은 '이해하다'라는 라틴어에서 유래되었다. 사전적 의미는 새로운 대상이나 상황에 부딪혀 그 의미를 이해하고 합리적 적응 방법을 알아내는 지적 활동 능력이다. 인공지능은 인간의 지능으로 할 수 있는 행위를 컴퓨터로 구현한 것이다.

› 인공지능

인공지능이라는 용어는 1956년 미국 다트머스 대학에서 열린 콘퍼런스에서 존 매카시 박사가 처음으로 '컴퓨터가 인간처럼 지적 행동을 하게 만드는 것'으로 정의하였다. 쉽게 말하면 컴퓨터가 사람이 하는 것처럼 생각하고 행동할 수 있도록 만드는 기술을 말한다. 이를 위해 인간이 가지고 있는 인식, 판단 등의 지적 능력을 모형화하고 이것을 컴퓨터에 구현하기 위해 끊임없이 노력하고 있다. 인공지능과 관련되어서는 기계학습과 딥러닝이 있다.

우리가 인공지능과 관련된 기사를 접할 때, 딥러닝, 기계학습이라는 용어를 자주 본 경험이 있을 것이다. 인공지능은 개념에 가까우므로 구현하려는 방법이 필요하다. 인공지능을 구현하려는 방법이 바로 기계학습(또는 머신러닝)이다. 딥러닝은 신경망 방식으로 정보를 처리하는 기계학습의 한 분야이다. 이것의 범위를 나타내면 다음과 같다.

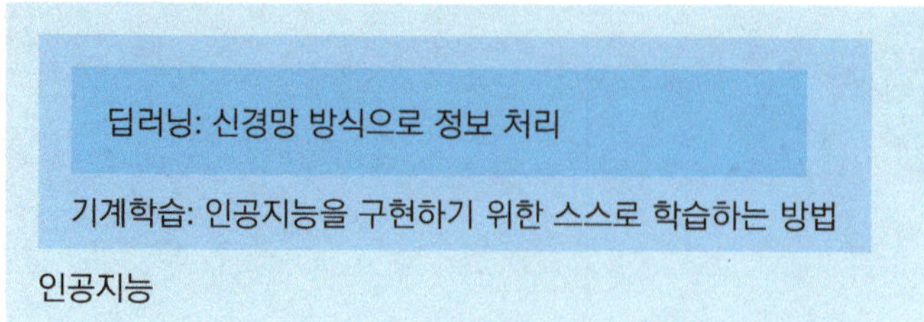

› 기계학습

사람이 학습하는 방법처럼 컴퓨터도 학습을 통하여 지능을 구현한 것이다. 이때 컴퓨터가 스스로 학습하도록 한다. 기존의 프로그램 개발의 경우 개발자의 코드에 의해 움직였지만, 기계학습의 경우 빅데이터와 알고리즘을 활용하여 스스로 학습한다.

따라서 컴퓨터를 인간처럼 학습시켜 스스로 규칙을 형성할 수 있도록 통계기반의 접근 방식을 사용한다. 빅데이터를 알고리즘을 활용하여 판단할 수 있도록 한다. 독감에 걸린 사람을 데이터 분석하여 그 결과 오한 80%, 열 38도 이상이다라고 나오면, 이것을 바탕으로 알고리즘을 만든다. 이후 어떤 사람이 오한이 60% 이상이고 열이 38도라면 '독감'이라고 말한다. 이와 같은 원리를 활용한 대표적인 사례는 사기방지 서비스와 콘텐츠 추천 서비스가 있다.

사기방지	콘텐츠 추천
사기성 결제를 실시간으로 식별하는 프로그램에 적용된다. 우리가 소비패턴과 다르게 카드로 결제를 하면 알람이 오는 것이 바로 기계학습의 사례이다.	넷플릭스에서 고객의 이전 시청 습관을 기반으로 개인 맞춤형 사비를 제공한다. 고객별 시청명세를 바탕으로 개인 취향을 작성한다. 고객별 개인 취향을 모으고 이 중에서 공통적인 취향을 가진 고객을 그룹화한다. 그룹으로 묶인 고객을 대상으로 관심 있는 실시간 콘텐츠를 제공한다.

› 딥러닝

딥러닝은 기계학습의 한 분야이다. 인공신경망으로 정보를 처리하는 기술로 최근에 볼 수 있는 대부분의 인공지능 기술이 여기에 속한다.

딥러닝의 사례는 다음과 같다.

1 워싱턴 대학의 정치인 재연

- 딥러닝 기술을 사용하여 오디오를 이용해서 비디오의 입술 움직임을 합성하여 재연하였다.

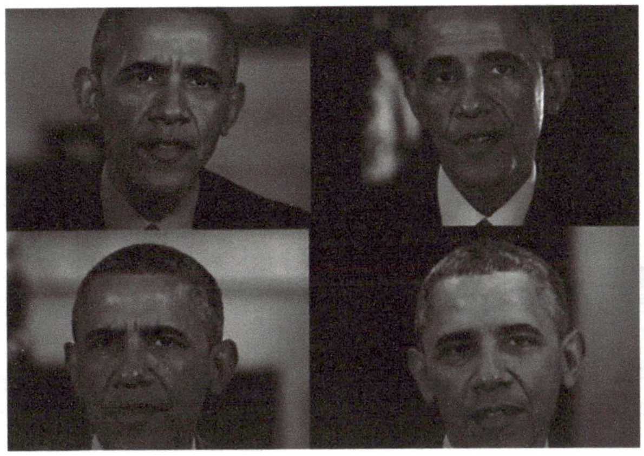

2 실시간으로 여러 사람 움직임 추정하기

- 실시간 영상으로 여러 사람이 춤추는 동작에서 어떻게 움직이는지 추정한다.

3 실시간 행동 분석

- 딥러닝을 이용하여 실시간으로 차량, 사람 등 물체들의 상태를 파악한다.

4 텍스트 읽기

- 딥러닝으로 동영상이나 사진에 있는 텍스트를 읽는다.

5 자율주행 자동차

- 딥러닝으로 테슬라의 전기 자율주행 자동차에 적용하였다.

1.1.2 기계학습

인공지능은 분야는 크게 문제해결, 추론, 학습, 인식으로 나뉜다.

분야	설명	사례
문제해결	주어진 문제해결에 가장 효율적인 방법을 찾는 것이다.	체스, 바둑, 내비게이션 등
추론	인간의 논리적 추론 과정을 컴퓨터로 구현하는 것이다.	챗봇, 전문가 시스템
학습	데이터로부터 일정한 패턴과 모델을 찾아 분류, 군집, 연관, 예측하는 것이다.	기계학습, 예측시스템, 데이터마이닝
인식	인간의 눈, 코, 귀, 촉감으로 감지되는 신호로 사물을 판단하고, 정보와 의미를 인식하는 것이다.	번역, 음성인식, 컴퓨터 비전

최근 인공지능은 데이터 기반의 기계학습이다. 주어진 데이터로부터 원하는 결과를 더 효율적으로 정확하게 찾는 학습방법을 프로그래밍하는 것이다.

기계학습 원리는 간단하다. 우리가 무엇인가를 공부할 때를 떠올리면 된다. 먼저 개념과 원리를 배우고, 문제를 통해 충분히 익힌다. 이후 새로운 문제를 통해 학습결과를 확인한다. 이와 같은 방법으로 기계학습은 사람이 하는 학습방법을 흉내 내도록 만든 것이다. 먼저, 학습방법이 프로그래밍 된 기계에 표본 데이터로 훈련한다. 기계는 훈련을 통해 원하는 결과를 얻을 수 있도록 충분히 학습한다. 훈련을 마친 기계가 학습이 제대로 되었는지 확인하기 위해 테스트를 위한 새로운 데이터를 입력하면 기계는 학습한 대로 결과를 보여준다.

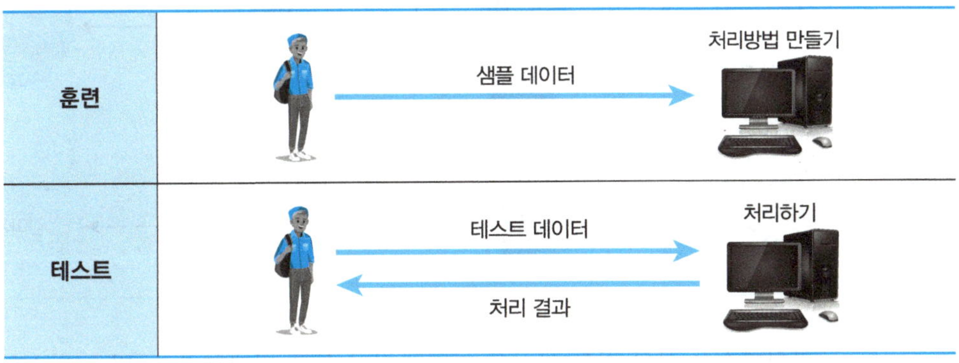

기계학습은 크게 지도학습, 비지도학습, 강화학습으로 나눌 수 있다.

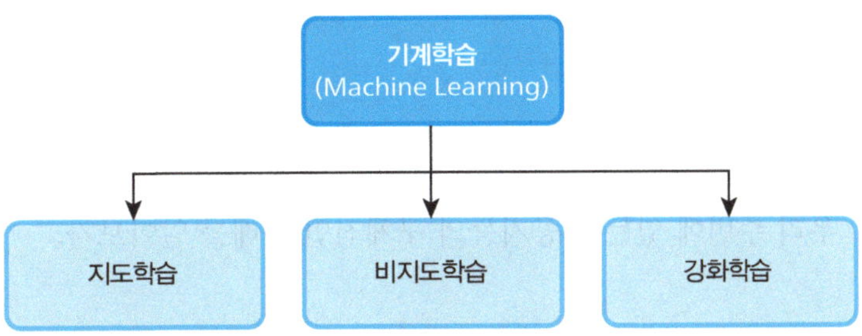

지도학습은 이미 정답이 정해진 데이터를 바탕으로 어떠한 데이터가 들어왔을 때 정답이 무엇인지 알려준다. 비지도학습은 정답이 없는 데이터를 제공하면 이것을 바탕으로 특징을 분석하여 정답을 찾아낸다.

사진을 가지고 생각해 보자. 비지도학습은 제공되는 사진들 속의 동물이 무엇인지 가르쳐주지 않는다. 기계는 그 사진 속의 동물들의 특징을 분석하여 군집화하여 나누게 된다. 지도학습은 제공되는 사진들 속의 동물이 무엇인지 가르쳐준다. 기계는 그 사진

속의 동물이 무엇인지 알기 때문에 새로 들어오는 동물이 무엇인지 알려줄 수 있다.

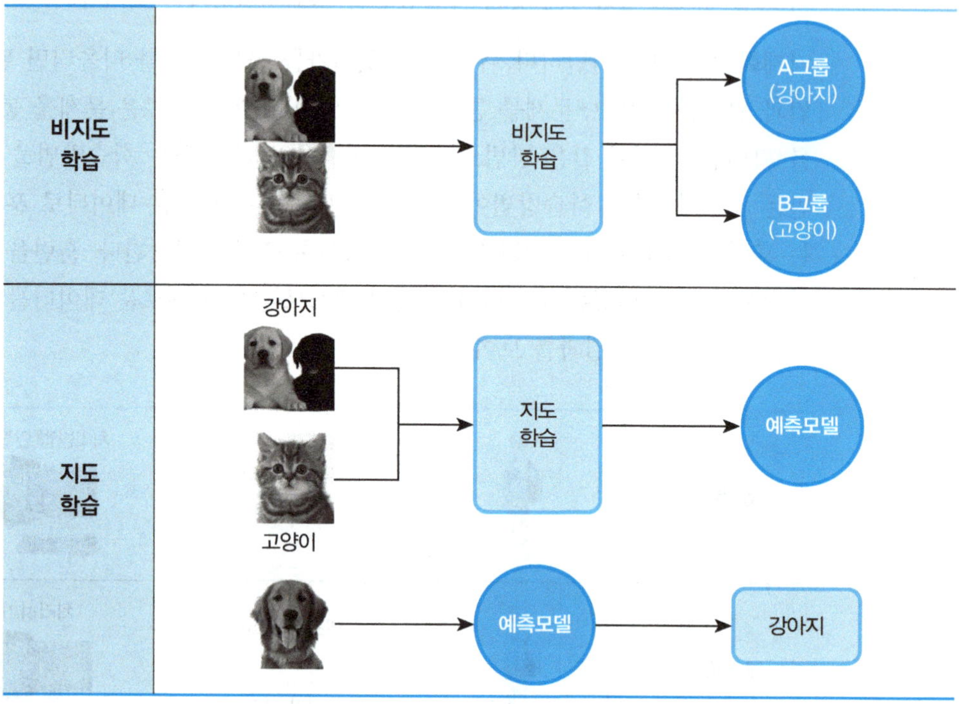

강화학습은 상과 벌로 보상을 제공하여서 상은 최대화하고, 벌은 최소화하는 방향으로 행위를 강화하는 방식이다. 반려견을 훈련할 때 행동에 따라 간식을 보상으로 주는 방식을 생각하면 이해가 될 것이다. 더 자세한 내용은 7장 기계학습에서 자세히 다루겠다.

1.1.3 인공지능 사례

우리 주변에 있는 인공지능의 구체적인 사례를 알아보자.

› 자율주행 기술

자율주행은 인식, 판단, 제어를 할 수 있는 다양한 기술이 필요하다. 이 중에서 센서와 인식 관련 기술을 핵심으로 볼 수 있다. 자율주행 시스템은 사람이 운전할 때 눈으로 상황을 살피듯 카메라를 통해서 차선 위치, 차량, 사람, 신호등, 표지판 등의 정보를 얻어서 판단할 수 있다. 딥러닝 기술은 도로의 다양한 상황으로부터 필요한 정보를 정확하고 신속하게 추출할 수 있도록 한다.

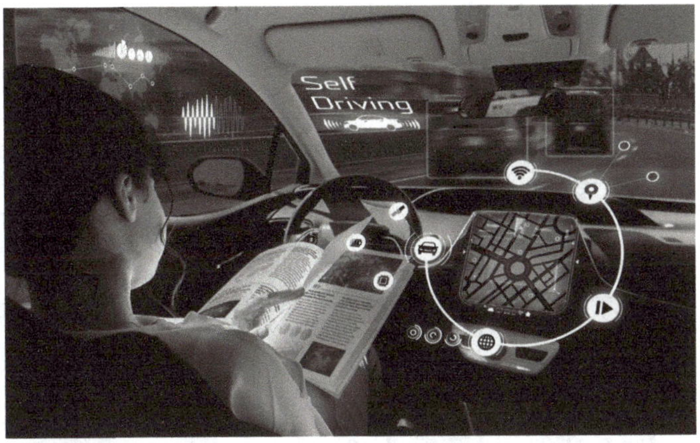

의료와 헬스

의료와 헬스 부분은 인공지능이 활발히 활용되고 있다. 코로나19의 위험성을 제일 먼저 알린 캐나다의 AI 의료플랫폼 업체 '블루닷'은 빅데이터를 활용하여 질병을 예측하였다. 암 진단의 경우 IBM의 왓슨을 사용하여 환자의 신뢰도를 높이고 있다. 이외에도 새로운 치료법과 신약 개발에서도 활용되고 있다. 최근에 자신의 심리상태를 솔직하게 털어놓기 힘든 심리상담 분야에서도 자신의 감정을 솔직하게 털어놓을 수 있도록 AI 심리상담프로그램을 도입하고 있다. 또한, 환자의 음성을 분석하여 우울증과 자살 전조증상을 사전에 탐지하는 연구도 진행 중이다.

추천 서비스

소비자의 취향을 분석하여, 그 소비자가 선호하는 정보를 추천하는 통계기반의 인공지능 기술을 사용한다. 일정 기간 소비자들의 자료를 수집하여, 유사한 소비자들을 그룹화하여 그룹별로 좋아하는 서비스가 무엇인지 알아내고 제공한다.

> **AI 스피커**

사람이 하는 말을 인식하고 의미를 구별하는 인공지능 음성인식 기술을 바탕으로 개발되었다. 현재는 음성인식뿐 아니라 다양한 기기들과 연결되어서 원하는 서비스를 제공해 주고 있다. 대표적인 예로 모바일의 '빅스비' 또는 '시리'가 대표적이다.

이러한 기술을 스피커에 접목하여 스마트홈을 구현하는 데 브리지 역할을 하고 있다.

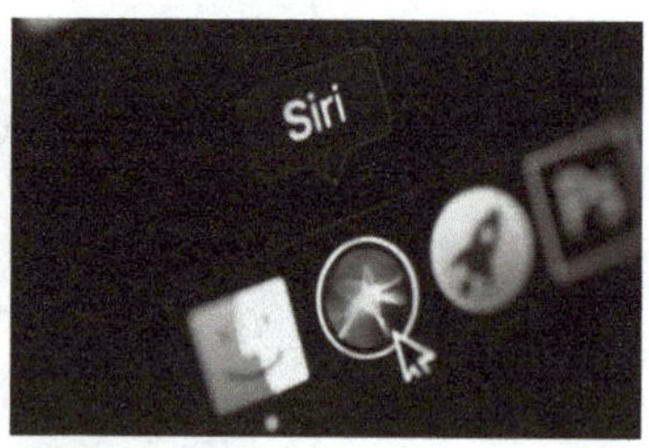

1.2 인공지능 실습

티처블 머신은 구글에서 제공하는 기계학습을 기능을 제공하는 인공지능 학습 도구이다.

이미지, 오디오, 행동을 분류하는 기능을 제공한다.

기능	설명
이미지	파일이나 웹캠의 이미지 사진을 분류하는 모델 생성
오디오	wave 또는 MP3의 오디오를 분류하는 모델 생성
행동	눈에 띄는 행동을 감지하여 분류하는 모델 생성

이러한 기계학습을 통해 분류 기능의 정확도를 높이기 위해서는 수집되는 데이터의 양이 많아야 한다. 데이터양이 적으면 제대로 인식이 되지 않기 때문에 모델의 정확도를 높이기 위해서 많은 자료를 수집해야 한다.

1.2.1 이미지 기계학습

› 티처블 머신 접속하기

티처블 머신에 접속(https://teachablemachine.withgoogle.com/)한 후, [Get Start] 버튼을 클릭하여 티처블 머신을 시작한다.

› 프로젝트 생성하기

New Project에서 이미지, 소리, 자세 중 'Image Project'를 선택한다.

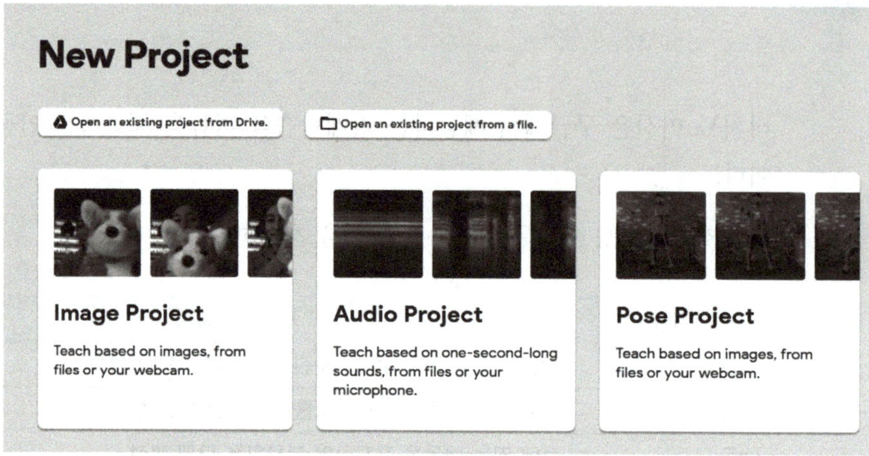

› 이미지 기계학습 학습

기계학습은 표본 데이터를 수집하면, 훈련(학습)을 거쳐 모델이 생성된다.

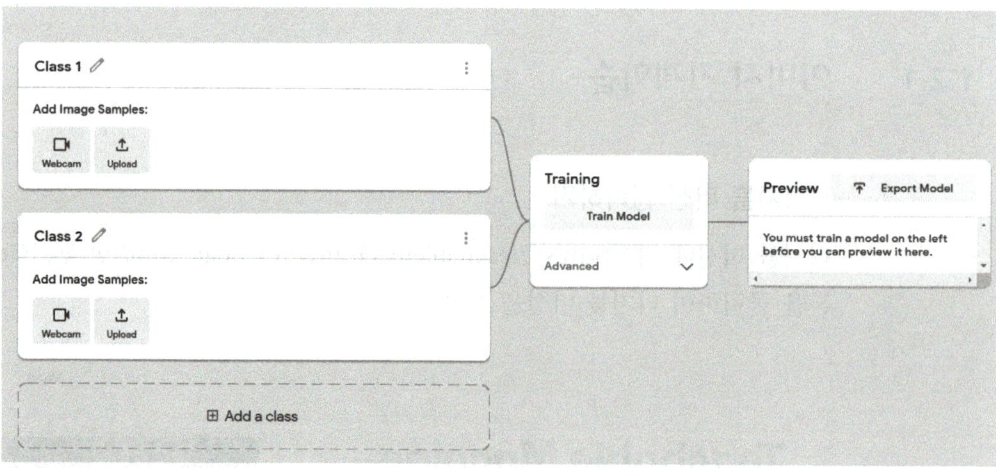

1 표본 데이터 수집

- [Class 1]과 [Class 2]에 웹캠 또는 저장되어 있는 사진들을 올린다. 사진은 구글 드라이브에 저장되어 있거나 컴퓨터에 저장되어 있는 사진이면 된다.

[upload]

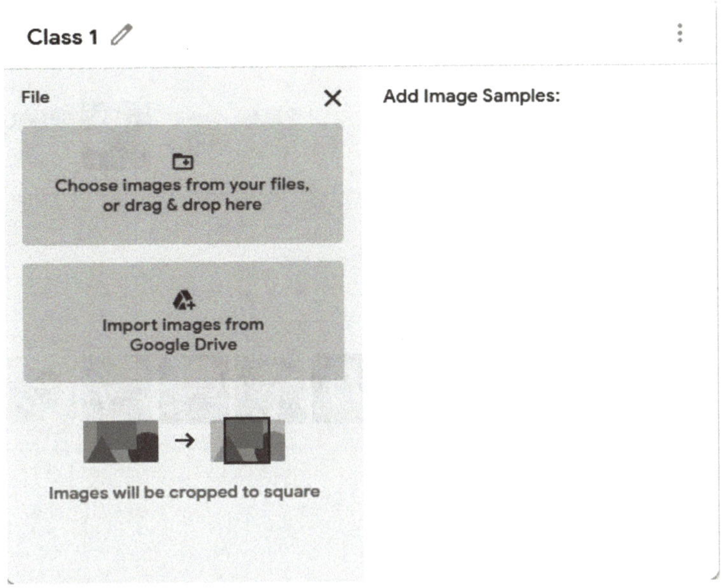

• 원하는 이미지를 올린다.

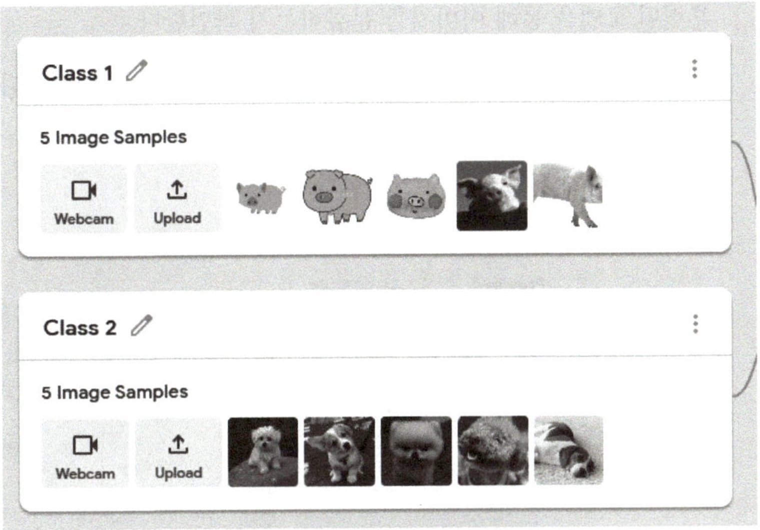

• Class를 클릭하여 이름을 이미지에 적합하게 수정한다.

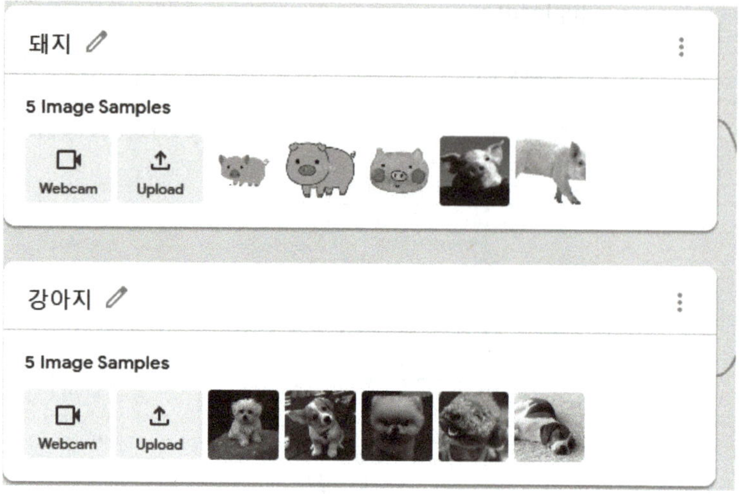

2 Training

[Training Model]을 클릭하여 학습시킨다.

3 Preview

훈련된 모델을 통해 이미지를 분류하는지 확인한다.

- 이미지를 웹캠으로 제공할지, 파일로 제공할지를 선택한다. 파일로 제공하는 것을 선택한 경우, 이미지 파일을 올린다.
- 정확하게 분류하는지 확인한다.

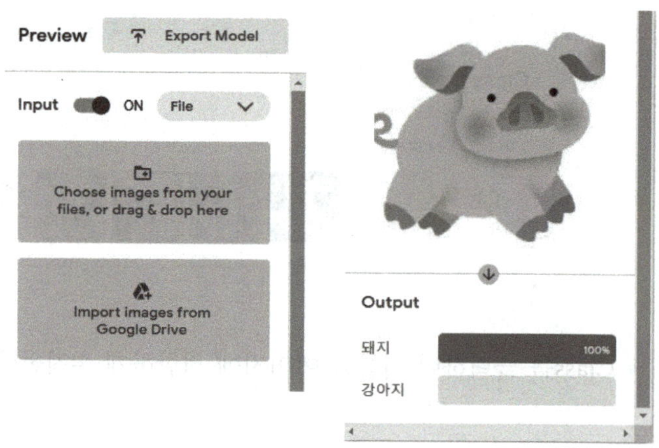

표본 데이터가 많지 않으면 제대로 인식이 되지 않을 수 있다. 정확한 값을 얻기 위해서는 표본 데이터를 많이 추가해야 한다. 또한, 'Export Model'을 통해 Tensor flow. JS(JavaScript, p5. JS), Tensor flow(케라스), Tensor flow Lite(Android, Coral) 형태로 내려받을 수 있다.

1.2.2 소리 기계학습

소리를 분류하는 모델을 만들고, 제대로 분류하는지 확인해 보자. 오디오는 소음이 전혀 발생하지 않을 때를 감지하기 위해 배경 소음이 필요하다.

› Audio Project

프로젝트 중 [Audio Project]를 클릭한다.

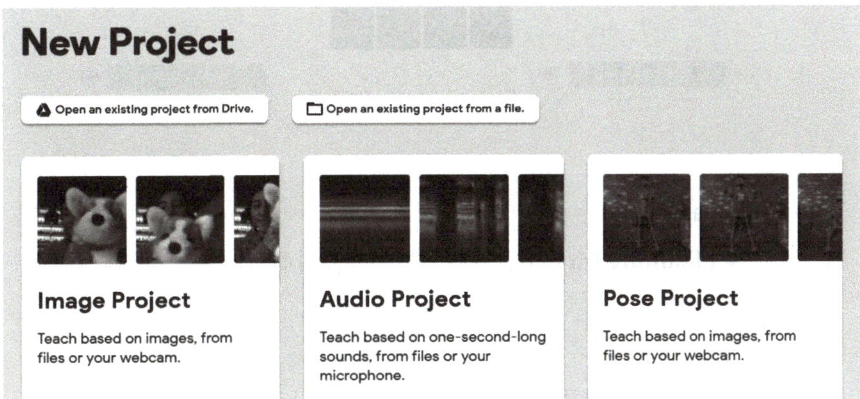

› 소리 기계학습 학습

표본 데이터를 수집한 후, 훈련(학습)을 거쳐 모델이 생성된다.

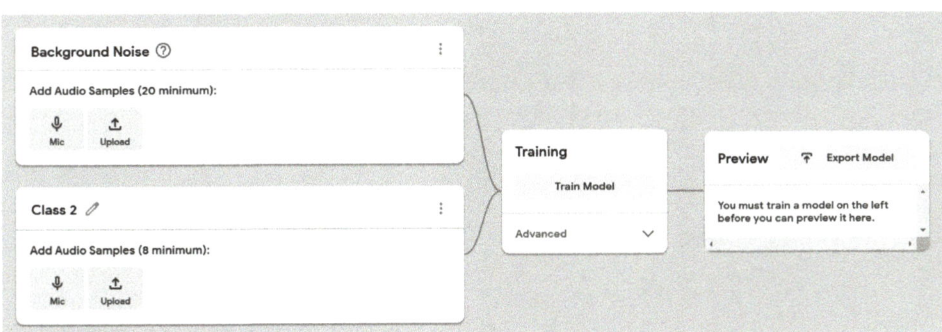

1 표본 데이터 수집

표본 데이터는 Background Noise와 분류를 원하는 소리로 구성된다.

- Background Noise에 배경 소리를 녹음한다(만약 방에서 녹음한다면, 방에서 아무 소리가 들리지 않는다고 해도 20초 정도 배경 소리를 녹음하면 된다).
- 분류를 원하는 소리를 녹음한다.

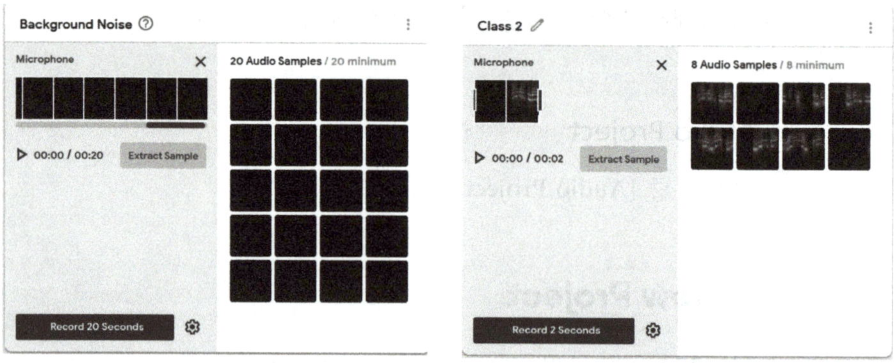

2 Training

- [Training Model]을 클릭하여 학습시킨다.

3 Preview

- 훈련된 모델을 통해 이미지를 분류하는지 확인한다.
- 학습모델로 실제 소리를 입력하였을 때 소리가 제대로 분류되지 않는다면 표본 데이터를 더 많이 수집하고 학습시켜야 더욱 정확한 값을 얻을 수 있다.

연습문제

활동 1-1 기계학습

일상생활에서 인공지능 기술을 활용하여 만들고 싶은 프로그램을 생각해 보자.

1. 만들고 싶은 자동분류 인공지능 프로그램을 구체적으로 생각해 보자(예: 홈트레이닝 자세 교정, 모창의 정확도 등).

프로그램 개발 동기	
프로그램 개발 목적	
자동분류기 동작 방법	

2. 만들고 싶은 자동분류 인공지능 프로그램은 몇 개의 분류가 필요한가? 수집할 데이터는 무엇인가?

클래스 개수	
수집 데이터	

3. 티처블 머신을 이용하여 자동분류기를 실행해 보자. 실행결과 정확도가 낮다면 그 이유가 무엇일지 생각해 보자.

활동 1-2 인공지능 사례

1. 자신의 전공 또는 분야에서 활용되고 있는 인공지능 사례를 찾아보자.

2. 조사한 사례에서 사용되는 인공지능 기술은 무엇인가?

3. 앞으로 자신의 전공 또는 분야에서 활용되었으면 하는 인공지능을 제시해 보자.

활동 1-3 영화 속의 인공지능

1. 인공지능과 관련된 영화 한 편 정하기

   ① 영화 제목

   ② 한 줄 감상평

2. 영화 속에서 어떠한 기술이 어떻게 적용되었는가?

3. 여러분이 새롭게 발견한 사실은 무엇인가?

4. 인공지능과 관련된 영화 속의 문제가 무엇이었는지 정리하시오(예시: 감정 없는 로봇의 재생산 등).

5. 자신이 인공지능과 관련된 영화를 만든다면 어떠한 기술로 이야기를 전개할 것인지 간략하게 제시하시오.

02

문제해결과 인공지능

학습목표

- 그래프의 이해를 바탕으로 실제 문제를 그래프로 표현할 수 있다.
- 너비 우선 탐색과 깊이 우선 탐색의 차이를 파악하고 문제에 활용할 수 있다.
- kruskal 알고리즘을 적용하여 최소 신장 트리를 찾아낼 수 있다.

학습목차

2.1 그래프의 이해
2.2 너비 우선 탐색
2.3 깊이 우선 탐색
2.4 트리의 이해

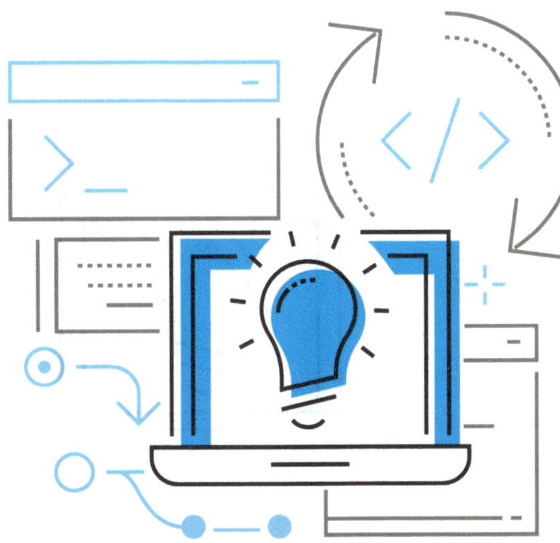

문제란 목표와 현재 상태 간의 거리를 의미한다. 그 거리를 좁혀가는 방법을 우리는 '문제해결 방법'이라 하고, 목표에 도달했을 때를 '문제해결'이라고 말한다.

문제를 해결하는 방법은 여러 가지 방법이 존재하지만 우리는 주어진 조건에서 가장 효율적인 방법을 선택한다. 이러한 효율적인 방법을 '전략'이라 한다. 전략은 하루아침에 만들어지지 않는다. 그러므로 선배들의 전략, 학자들의 전략, 조상들의 전략을 학습한다. 거창한 말 같지만, 일상생활에서 우리가 경험하는 학습법이다. 학기 초에 신입생들은 '수강신청 성공 전략'을 듣는다. 취업준비생들은 '취업 성공 전략'에 귀를 기울이기도 한다. 이 모든 것이 전략을 학습하기 위한 것이다. 같은 이유로 우리는 컴퓨터로 문제를 해결할 수 있는 전략을 배우고 그것을 실생활에 적용한다. 그 대표적인 것이 내비게이션이다. 출발지점에서 목표지점까지 갈 방법은 여러 가지이지만 그중에서 최단거리로 도달하는 전략 '최단거리 알고리즘'을 적용하여 내비게이션에 활용한 것이다.

따라서 2장에서는 인공지능과 관련된 여러 가지 문제해결 전략을 학습한다.

2.1 그래프의 이해

이번 절에서는 그래프를 소개한다. 그래프가 무엇인지 살펴보고, 그래프를 활용한 전략 중, 너비 우선 탐색과 높이 우선 탐색 방법을 학습한다.

2.1.1 그래프란?

여러분이 서울역에서 강남까지 간다고 생각해 보자. 버스로 이동하되 멀미를 하므로 버스를 오래 타지 않고 도착하고 싶다. 어느 경로로 움직이면 될까?

다음은 서울역에서 강남역까지의 이동 경로이다.

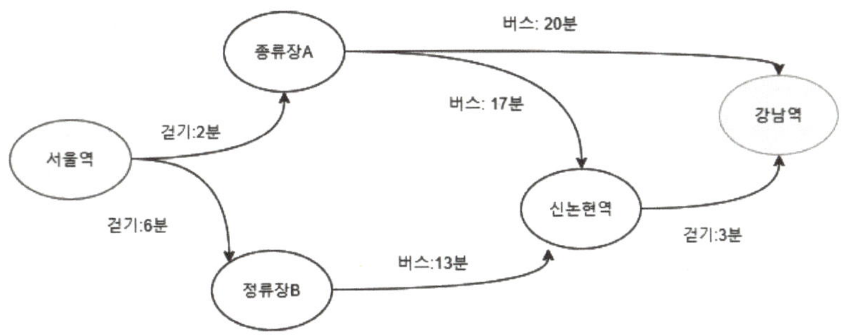

버스로 이동하는 시간이 가장 적은 경로는 무엇일까?

우선 한 단계로 갈 수 있는 곳을 표시한다.

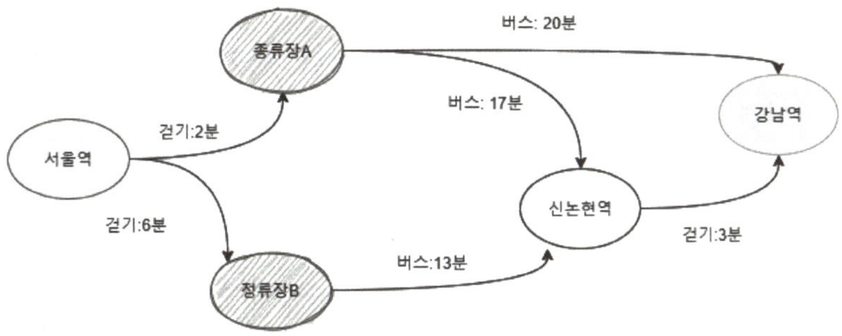

두 단계로 갈 수 있는 곳은 어디일까? 두 단계에 갈 수 있는 경로는 다음과 같이 표시

한다. 여기서는 서울역에서 정류장 A를 거쳐 버스를 20분 타고 강남역에 도착하는 경로가 있다.

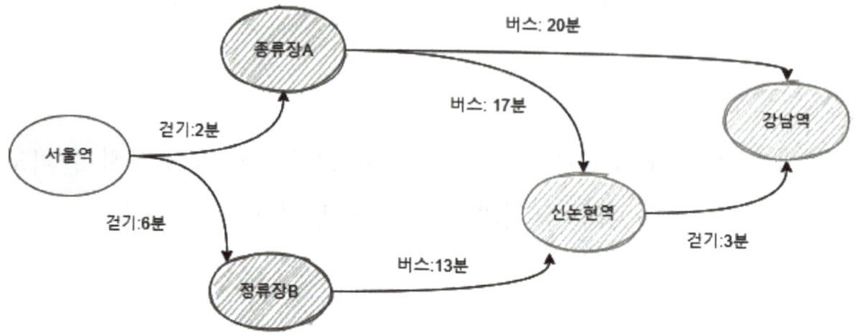

세 단계로 갈 수 있는 경로는 다음과 같이 표시한다.

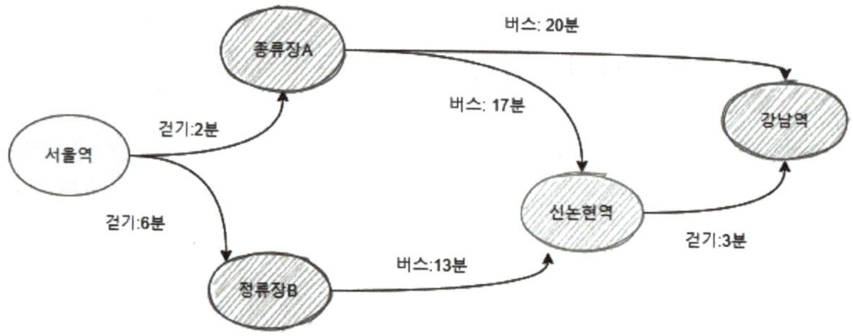

서울역에서 버스 이동시간이 적게 이동하는 경로는 모두 세 단계가 걸린다. 이 방법을 통해 최단경로가 3단계라는 것을 알게 되었다. 이런 종류의 문제를 최단경로 문제라고 한다. 우리가 최단경로 문제를 해결한 방법에서 우리는 문제를 단순하게 그래프로 표현하였다.

› 그래프란?

복잡한 문제에서 중요한 요소로 나타낸 것을 모형(모델)이라 한다. 그래프는 복잡한 연결 집합을 정점과 간선으로 모형화한 것이다.

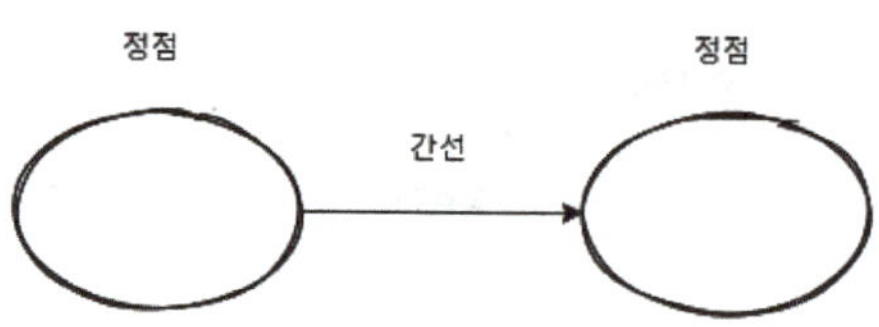

정점은 여러 개의 다른 정점과 연결될 수 있다.

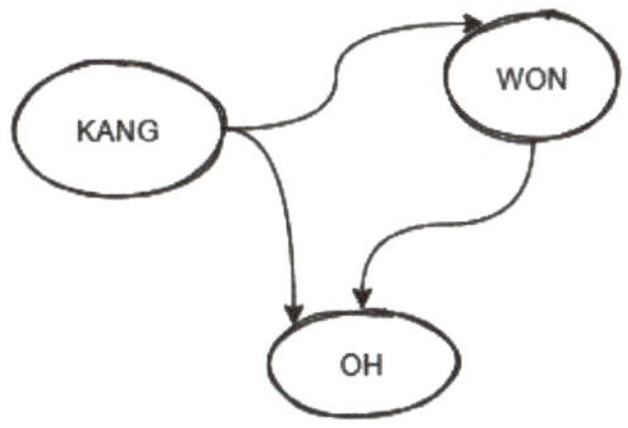

그래프는 방향이 없는 것과 있는 것이 있다. 간선으로 구분한다. 방향이 없는 그래프를 무방향 그래프라 하고, 이는 양방향 관계를 나타낸다.

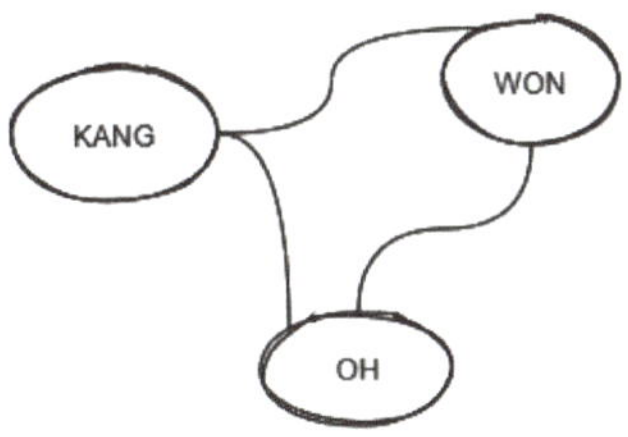

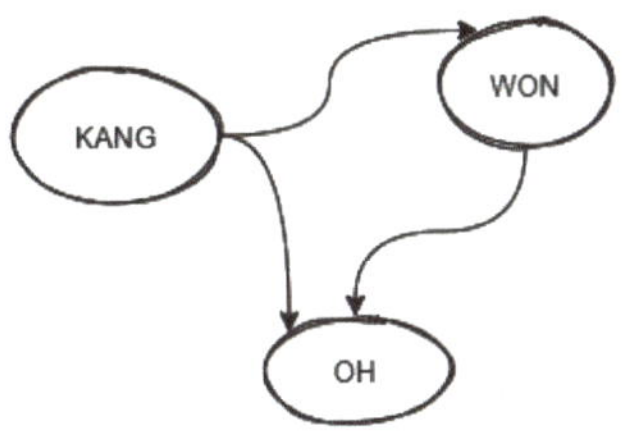

그래프의 예로 쾨니히스베르크의 다리 문제를 살펴보자.

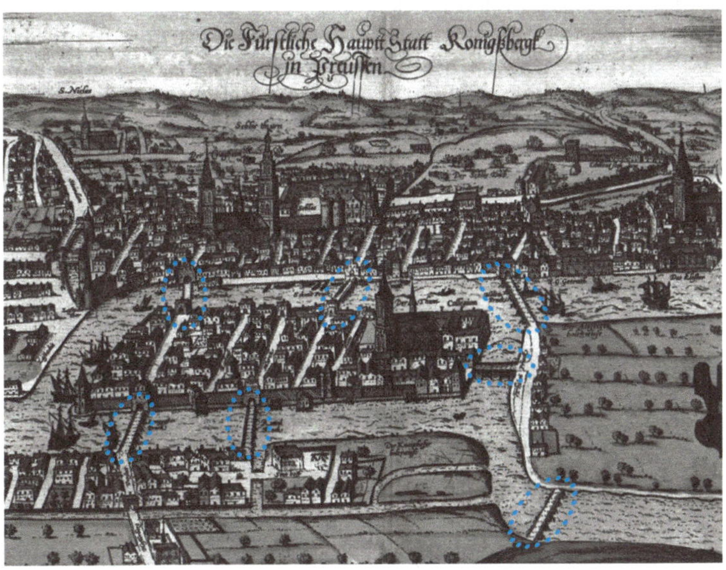

쾨니히스베르크에는 프레겔강이 흐르고 있고, 이 강에는 두 개의 큰 섬이 있다. 그리고 이 섬들과 도시의 나머지 부분을 연결하는 7개의 다리가 있다. 다리를 건너서 도달할 수 있는 그곳을 A, B, C, D로 표시하였고, 각 다리를 이용하여 건너는 경로를 선으로 연결하여 그래프로 나타내었다.

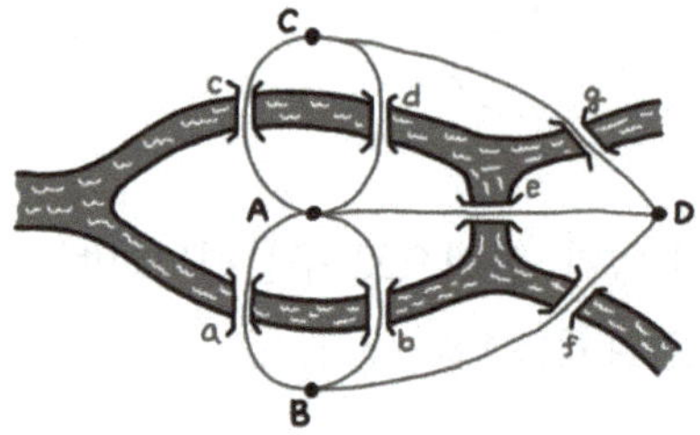

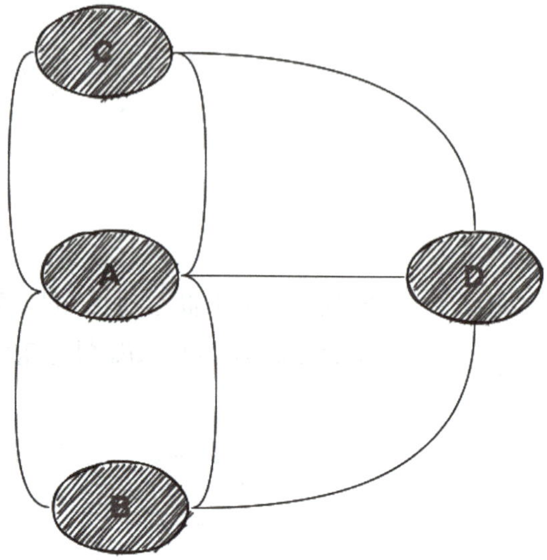

어느 방향으로도 갈 수 있으므로 무방향 그래프로 나타낸다.

실습 2.1 그래프로 표현하기

다음의 관계를 그래프로 나타내자.

- 건덕이의 친구는 꽉, 끼요옥, 고푸덕이다.
- 고푸덕의 친구는 건덕이와 다람쥐이다.
- 끼요옥의 친구는 건덕이와 거북이와 다람쥐이다.
- 꽉의 친구는 건덕이다.
- 거북이의 친구는 끼요옥이다.
- 다람쥐의 친구는 끼요옥과 고푸덕이다.

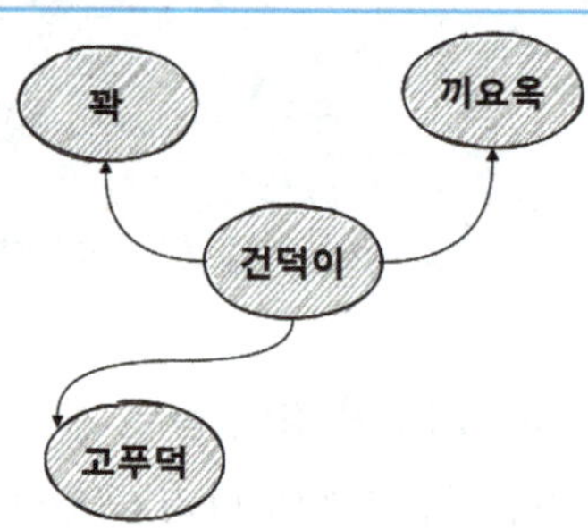	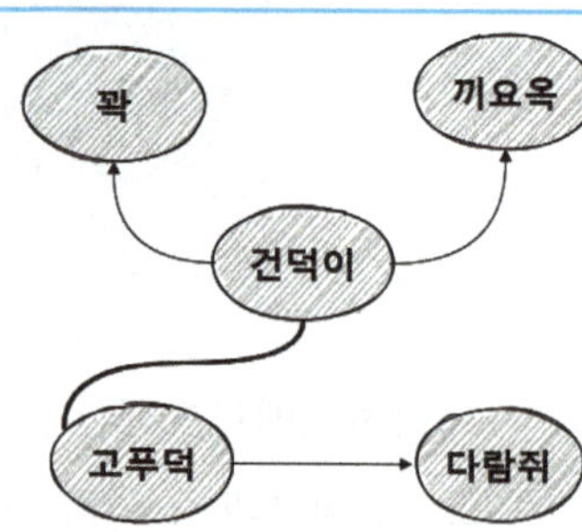
건덕이의 친구는 꽉, 끼요옥, 고푸덕이다.	고푸덕의 친구는 건덕이와 다람쥐이다.

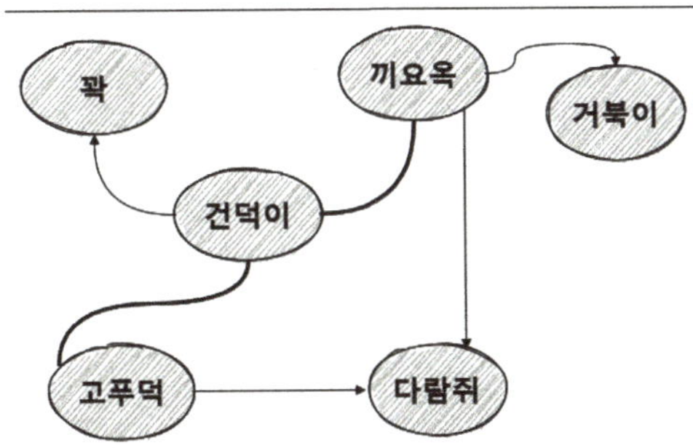

끼요옥의 친구는 건덕이와 거북이와 다람쥐이다.

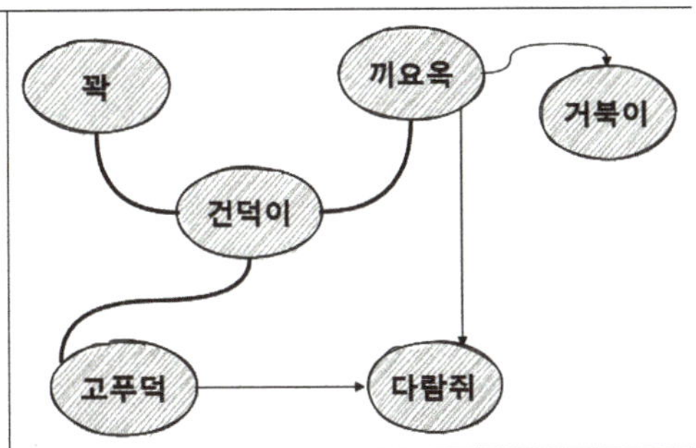

꽉의 친구는 건덕이다.

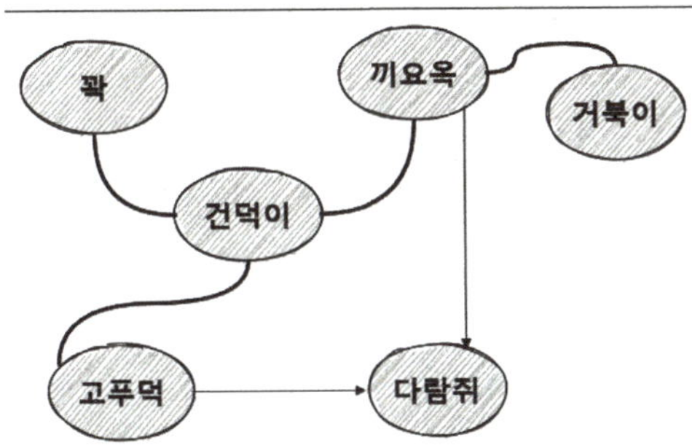

거북이의 친구는 끼요옥이다.

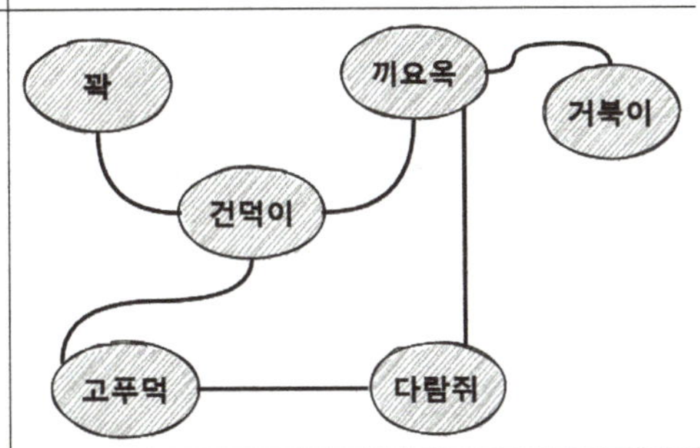

다람쥐의 친구는 끼요옥과 고푸덕이다.

실습 2.2 그래프로 표현하기

마니또 게임을 준비하고 있다. 마니또 친구에게 줄 선물은 마니또 친구의 수를 초과할 수 없다.

- 한 명이 여러 명의 마니또 친구가 될 수 있다.
- 한 명이 단 한 명의 마니또 친구가 될 수 있다.
- 마니또 친구가 없을 수도 있다(선물을 받기만 하고 주지 않아도 된다).
- 그래프의 정점에는 준비해야 할 선물의 수가 적혀있다.

누가 누구에게 선물을 주는지 방향 그래프로 나타내 보자. 이때, A가 B에게 선물을 준다면 A → B로 나타낸다. 또한, 전체 마니또 친구 간의 관계는 변하지 않는다.

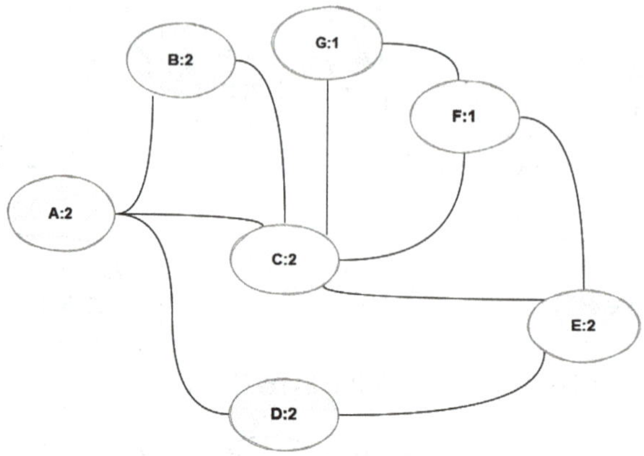

1. 준비할 선물과 친구의 수가 같은 것부터 찾아내서 표시한다.

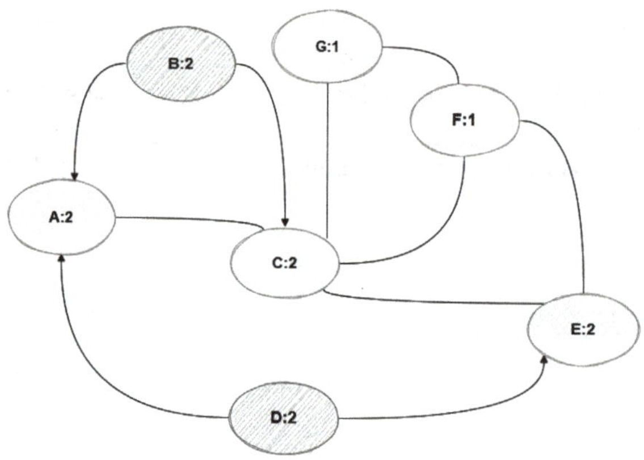

2. 각 때에 따라 그래프를 표시한다.

   만약 A가 B와 D에게 선물을 준다면 C는 A에게는 반드시 선물을 줘야 한다. (전체 마니또 친구 간의 관계가 변하지 않기 위해서) E는 2개의 선물을 C와 F에게 줘야 한다. C는 G 또는 F에게 선물을 줘야 한다. 만약 G에게 선물을 준다면 F는 C에게 선물을 줘야 하고, C가 F에게 선물을 주면 G가 C에게 선물을 줘야 한다. 여기서는 C가 F에게 선물을 준다.

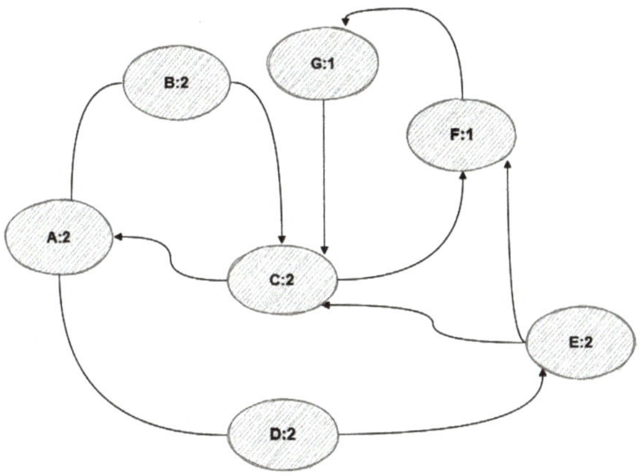

그래프를 사용하면 여러 가지 방법을 탐색할 수 있다. 이 중에서 너비 우선 탐색을 살펴보자.

2.2 너비 우선 탐색

너비 우선 탐색은 그래프를 대상으로 하는 탐색 방법이다. 너비 우선 탐색은 두 가지의 대답을 얻을 수 있다.

1. 정점1에서 정점2로 가는 경로가 존재하는가?
2. 정점1에서 정점2로 가는 최단경로는 무엇인가?

이 대답을 어떻게 얻을 수 있는지 앞에서 실습으로 다뤘던 친구 관계 그래프를 가지고 살펴보자.

› 정점1에서 정점2로 가는 경로의 존재 여부

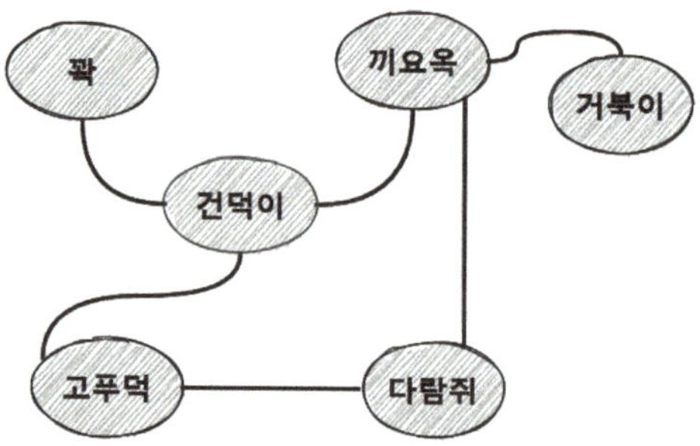

건덕이는 양식장 주인이라고 가정해 보자. 물고기를 팔아 줄 친구를 찾고자 한다.

제일 먼저, 건덕이 중심으로 친구 목록을 작성한다. 건덕이는 친구 목록에 있는 '꽉'이 물고기를 파는지 확인한다. 만약 꽉이 물고기 판매상이면 더 이상 탐색을 하지 않는다. 꽉이 물고기 판매상이 아니라면 그다음 친구 목록을 탐색한다.

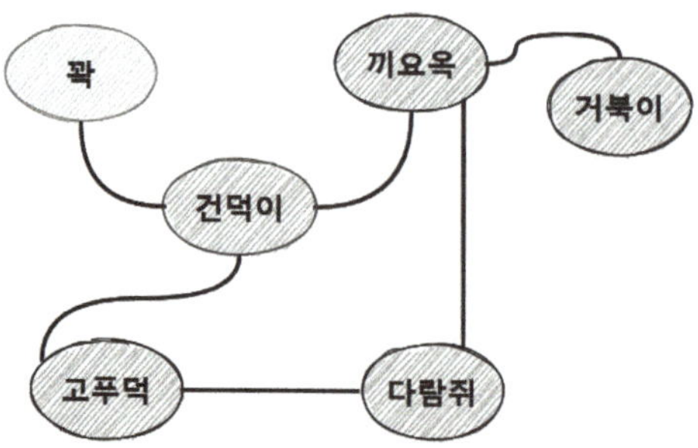

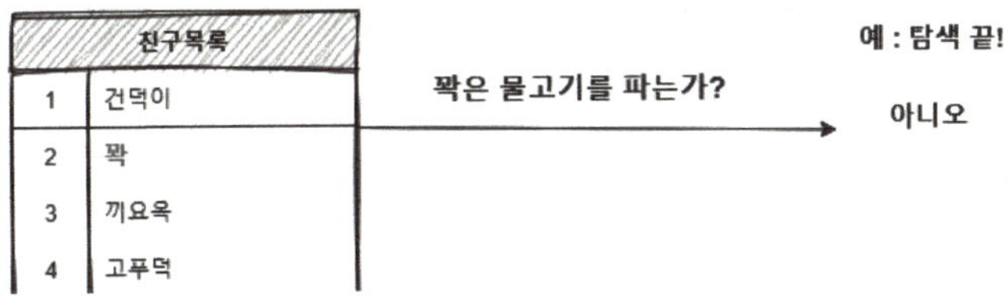

끼요옥이 물고기를 파는지 확인하고, 판매하지 않는다면 고푸덕을 확인할 것이다.

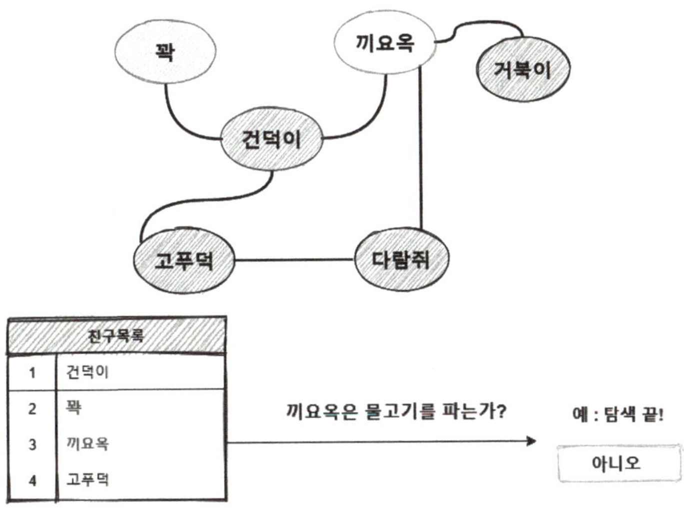

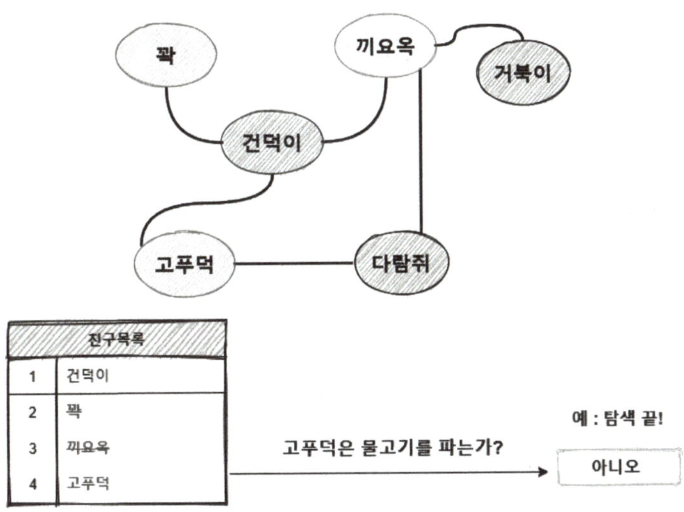

친한 친구 중에 물고기 판매상이 없으므로 건덕이는 친구들에게 부탁할 것이다. "너희 친구 중에 물고기를 판매하는 친구가 있으면 이야기해 줘"라고. 친구의 친구 목록은 친구 목록을 탐색하면서 추가한다.

만약 꽉에게 '물고기를 파는가?'라고 물어볼 때 꽉의 친구목록을 아래에 추가한다. 꽉은 친구가 건덕이 외에는 없기 때문에 추가할 친구가 없다. 그다음으로 끼요옥에게 '물고기를 파는가?'라고 물어볼 때 끼요옥 친구 거북이와 다람쥐를 추가한다.

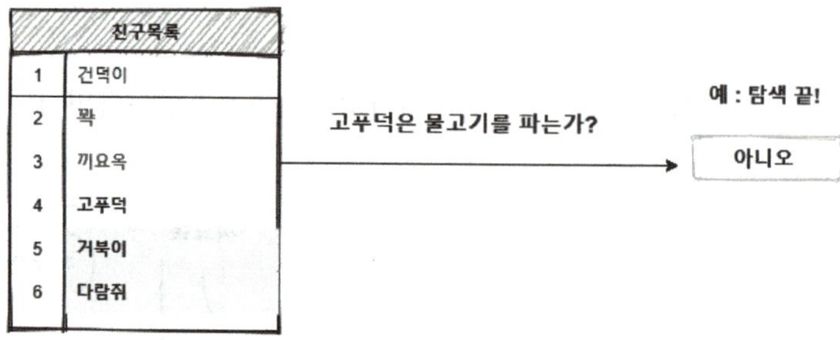

물고기 판매상을 만날 때까지 모든 친구를 탐색할 수 있다. 이러한 방법으로 가까운 모든 경로를 탐색하는 기법이 바로 너비 우선 탐색이다.

› 정점1에서 정점2까지의 최단경로

만약 물고기 판매상이 여러 명이라면 건덕이는 가장 가까운 물고기 판매상을 선택할 것이다. 직접 연결된 관계를 가장 가깝다고 본다.

너비 우선 탐색은 직접 연결된 관계를 먼저 보고, 그다음으로 연결된 관계를 탐색한다. 만약 끼요옥과 다람쥐가 물고기 판매상이라면 건덕이에게 가장 가까운 끼요옥을 먼저 탐색한다. 이러한 원리로 최단경로를 찾을 수 있다.

실습 2.3 최단경로 찾기

START에서 FINISH까지의 최단경로를 찾으시오.

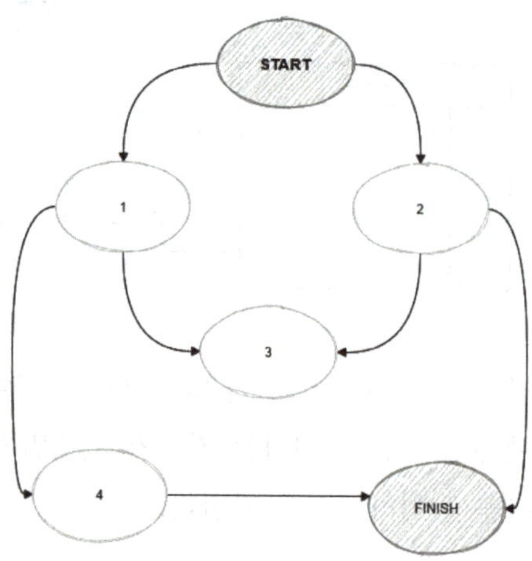

실습 2.4 일의 순서 목록

다음은 아침에 일어나서 하는 일을 나타낸 그래프이다.

양치하기 전에는 인터넷 뉴스를 볼 수 없고, 커피 내리기 전에는 커피를 마실 수 없다. 그러나 양치를 하지 않는다고 해서 커피를 내리는 데에는 전혀 지장이 없다. 이러한 특징을 고려하여 아침에 할 수 있는 일의 목록을 만들어 보자.

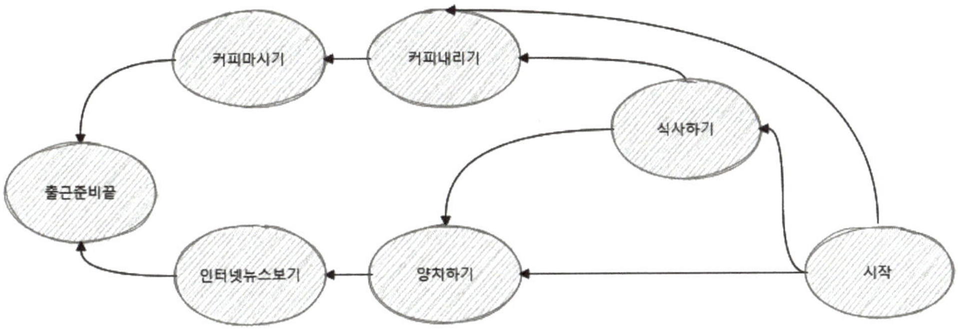

할 일 순서		
1		
2		
4		
5		

2.3 깊이 우선 탐색

우리는 미로를 탐색할 때 한 방향으로 끝까지 가다가 더 이상 갈 수 없게 되면 이전 갈림길로 돌아와 다른 방향으로 다시 탐색한다. 이와 같은 방법이 깊이 우선 탐색이다. 넓게 탐색하는 것이 아니라 깊게 탐색하는 것이다. 탐색 결과 방문 순서를 알 수 있다.

다음 그래프를 살펴보자.

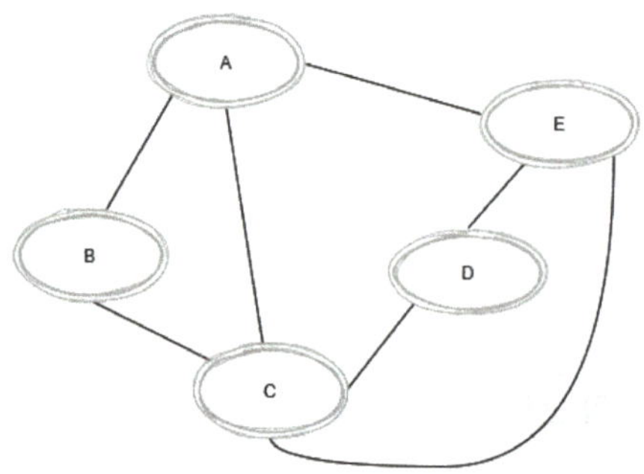

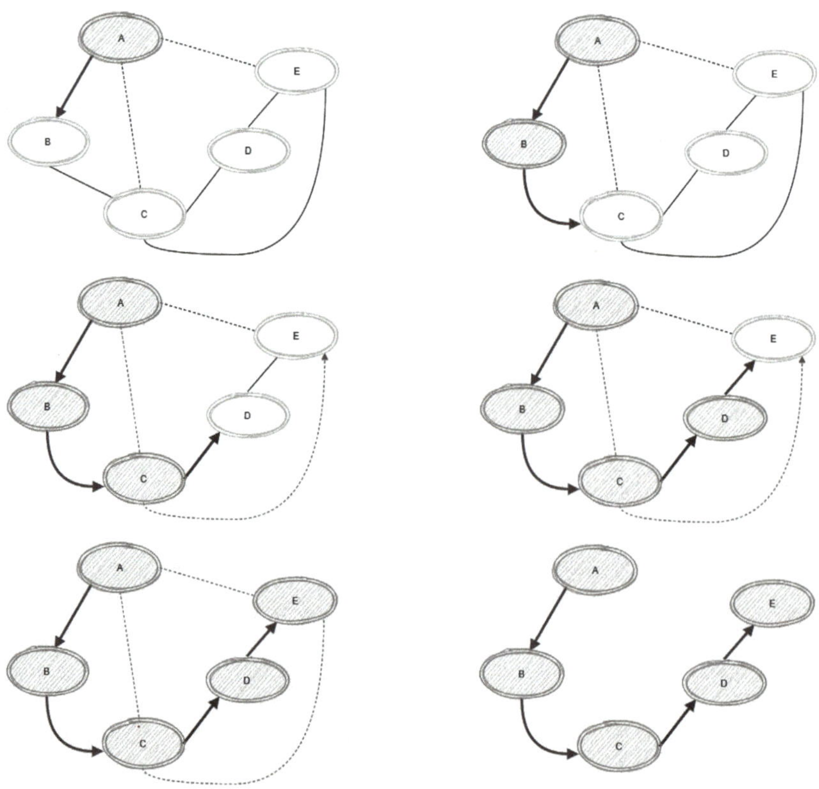

2.4 트리의 이해

트리는 흔히 조직도, 가계도에서 접해 보았을 것이다.

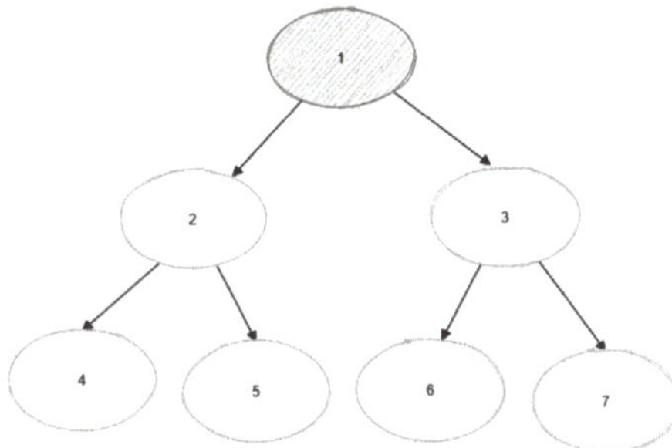

트리는 그래프의 한 종류이고, '최소 연결 트리'라고도 말한다. 이러한 트리는 계층구조로 되어 있다.

그래프와 마찬가지로 정점과 간선으로 이루어진다. 그러나 다른 점이 있다. 트리는 기본적으로 하나의 루트정점(노드)을 가진다. 또한 루트정점(노드)은 0개 이상의 자식정점(노드)을 갖는다. 그 자식정점(노드) 또한 0개 이상의 자식정점(노드)을 갖는다. 이러한 트리는 그래프와 달리 사이클이 존재하지 않는다.

실습 2.5 트리 찾기

다음 제시된 것 중에서 트리인 것을 고르시오.

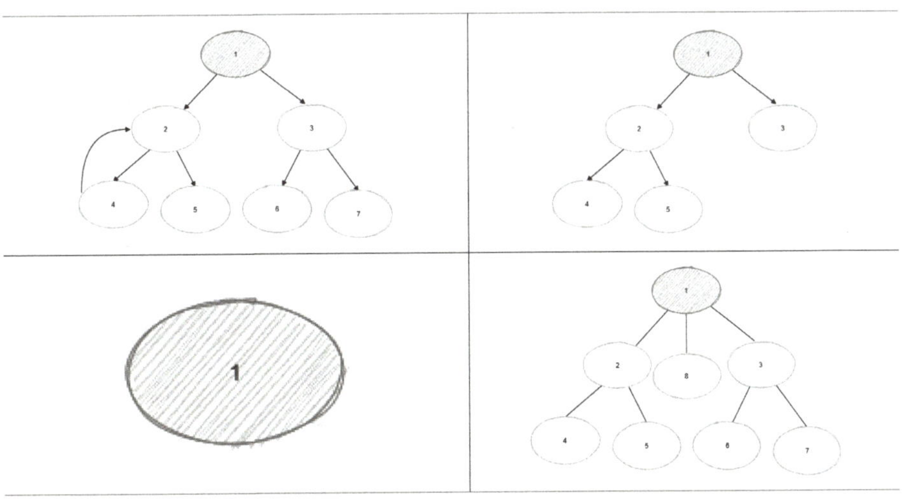

2.4.1 최소 신장 트리

> 최소 신장 트리

앞에서 우리는 너비 우선 탐색을 활용하여 최단경로를 찾아 나타내었다. 최소 신장 트리는 주어진 그래프에서 최소한의 비용으로 트리를 생성하는 것이다.

최소 신장 트리는 연결된 무방향의 가중치가 있는 그래프로 가정한다. 또한 최소 신장 트리는 다음의 조건을 만족한다.

- 본래 그래프의 모든 노드를 포함한다.
- 간선의 가중치 합이 최소이다.
- 모든 노드가 서로 연결된다.
- 사이클이 존재하지 않는다.

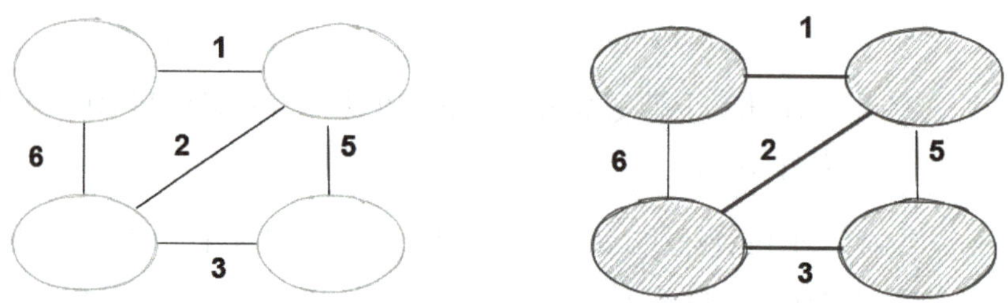

실습 2.6 최소 신장 트리

다음 그래프에서 그래프 최소 신장 트리를 나타내시오.

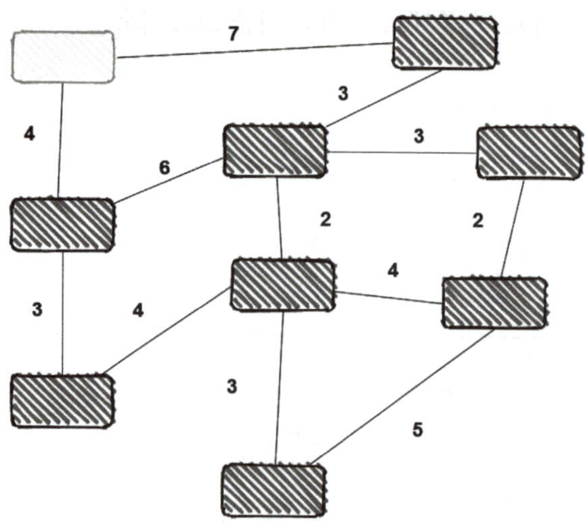

2.4.2 KrusKal Algorithm

앞에서 보았던 최소비용 신장 트리를 효율적으로 찾는 방법을 제공한다.

동작 원리

- 모든 간선의 가중치를 오름차순으로 정렬한다.
- 가중치가 가장 작은 간선을 선택한다.
- 2에서 선택한 간선이 연결되어 있지 않다면 서로 연결한다.

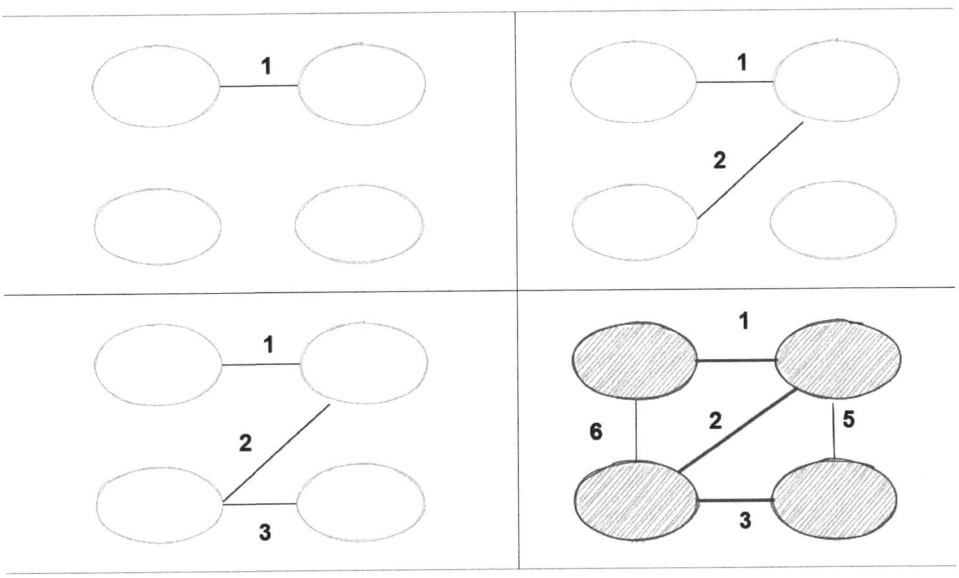

실습 2.7 KrusKal Algorithm

다음 그래프를 KrusKal Algorithm을 활용하여 최소 신장 트리로 나타내시오.

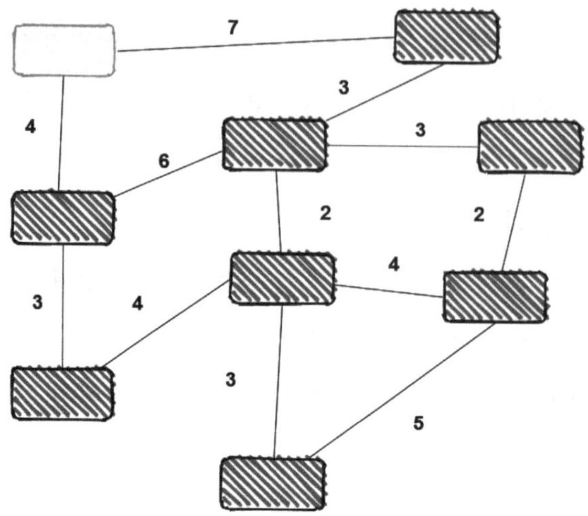

가중치가 작은 것부터 선택하여 연결한다. 이때 사이클이 발생한다면, 연결하지 않는다.

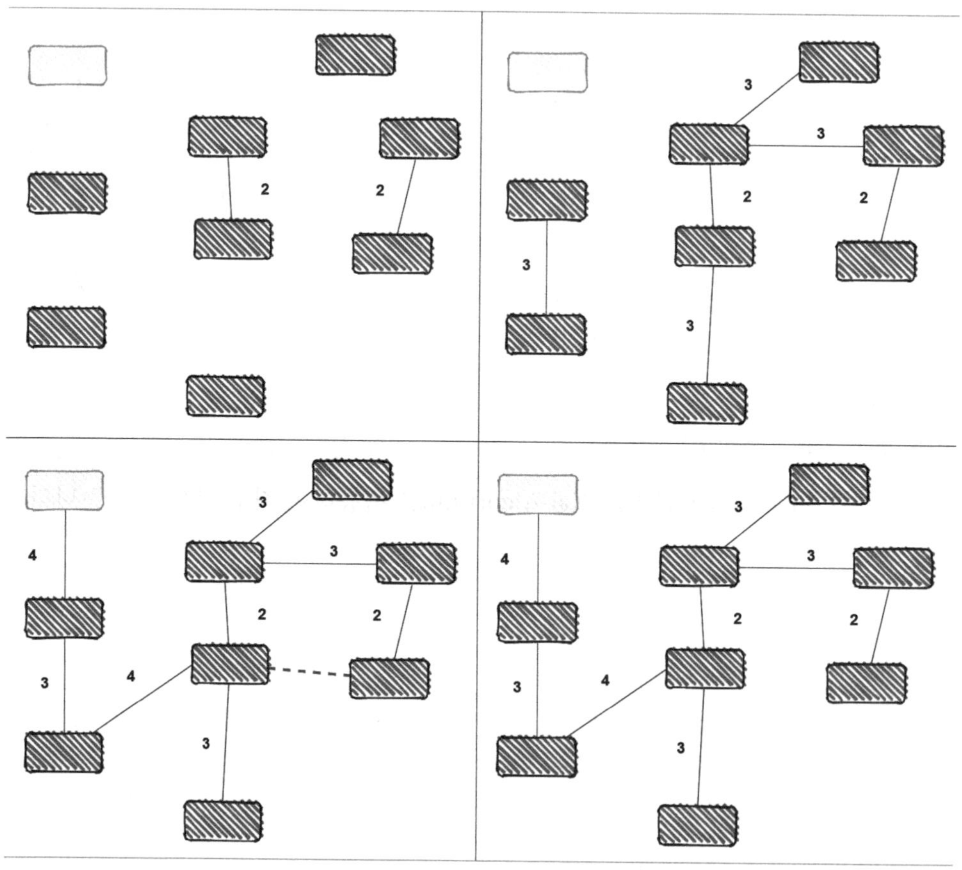

연습문제

활동 2-1 최소 신장 트리

마을지도를 나타낸 그래프이다. 각 집까지 가는데 걸리는 분 단위의 시간을 가중치로 나타냈다. 소독의 날이라 모든 집을 방문해야 한다. 가장 적은 시간이 걸리도록 안내해 주시오.

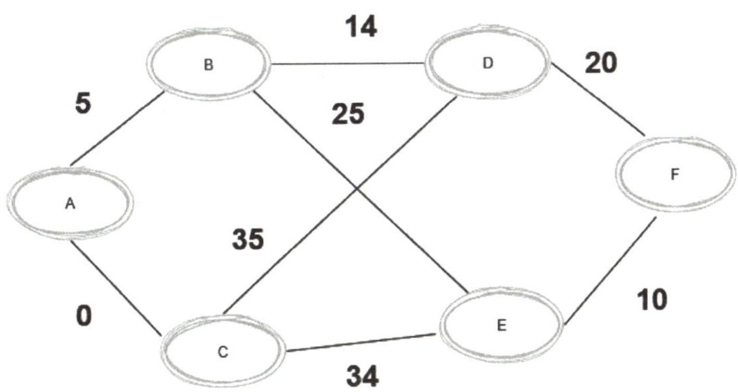

1. KrusKal Algorithm을 활용하여 최소 신장 트리로 나타내시오.

2. 모든 집을 방문하는 데 걸리는 최소시간은?

활동 2-2 너비 우선 탐색

1. 과수원 주인이 과일 상인을 찾고 있다. 너비 우선 탐색을 이용하여 과일 상인을 찾아주시오.

2. 또한, 너비 우선 탐색의 과정을 그래프로 나타내시오.

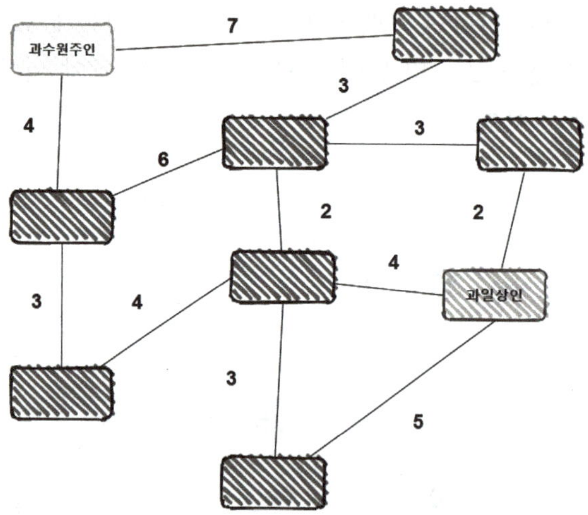

활동 2-3 깊이 우선 탐색

1. 과수원 주인이 과일 상인을 찾고 있다. 깊이 우선 탐색을 이용하여 과일 상인을 찾아주시오.

2. 또한, 깊이 우선 탐색의 과정을 그래프로 나타내시오.

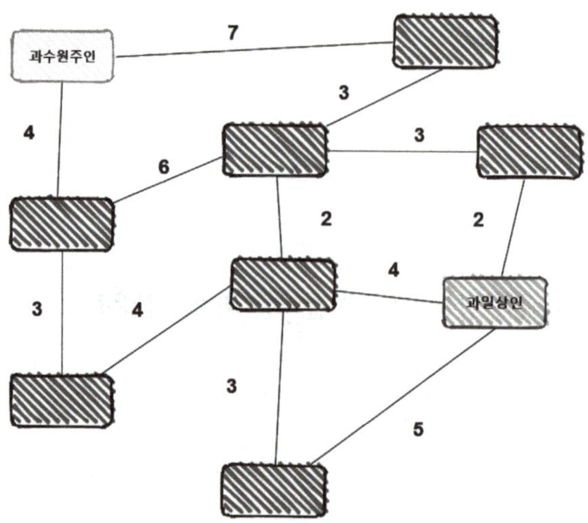

[TIP]

깊이 우선 탐색과 너비 우선 탐색 방법은 맹목적인 탐색이라 한다. 각 노드에 대한 특별한 지식 없이 정해진 순서에 따라 상태 공간 그래프를 생성해가면서 탐색하는 방법이다.

03

규칙과 조건식

학습목표

- 인공지능의 지식 표현 방법을 익혀 규칙을 생성할 수 있다.
- 프로그래밍 언어의 선택 논리를 학습하여 논리식을 만들 수 있다.
- 프로그래밍 언어에서의 IF~ELSE 문과 인공지능의 전문가 시스템의 차이점을 비교하여
- 설명할 수 있다.

학습목차

3.1 전문가 시스템
3.2 프로그래밍 언어-선택 논리

우리는 지식을 습득하고, 그것을 바탕으로 새로운 사실을 추론한다. 이러한 인간의 논리적 추론 과정을 흉내 내는 인공지능은 전문가 시스템과 대화형 시스템에 사용된다. 전문가 시스템은 전문가를 흉내 내는 프로그램이다. 전문가의 지식을 컴퓨터가 가지고 있는 것처럼 하려면 인간의 지식을 컴퓨터에 표현하는 방법이 필요하다. 따라서 3장은 인공지능의 지식 표현 방법과 프로그램 단위의 지식 표현 방법에 대해 학습한다.

3.1 전문가 시스템

컴퓨터가 전문가를 흉내 내는 프로그램을 어떻게 만들 수 있을까? 우리가 병원에서 진료를 받은 기억을 떠올려보자.

의사는 환자의 상태를 보고 질병을 판단한다. 환자의 상태를 보고 일련의 규칙을 머릿속에 적용하여 '만약 이 환자가 ~상태라면, ~일 것이다'라고 판단하여 말한다. 의사 본인이 가지고 있는 지식을 하나의 규칙으로 만들어 환자의 상태에 따라 어떠한 처방을 내려야 할지를 결정하는 것이다.

이와 같은 방법을 컴퓨터로 구현하기 위해서는 전문가의 지식을 컴퓨터에 표현해야 한다. 그리고 상황에 맞게 추론할 수 있도록 한다.

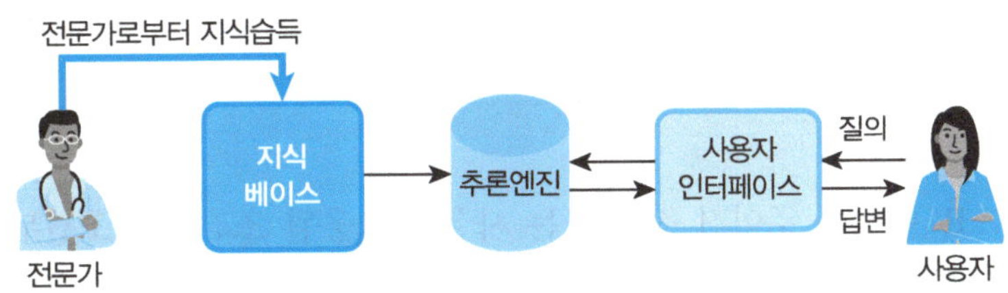

지식베이스는 전문가로부터 습득한 지식을 추가한다. 이때, 지식을 표현하는 방법으로는 논리(Logic), 의미망(Semantic Network), 프레임(Frame), 생성규칙(Production Rule), 합성(Hybrid)이 있다. 이 중에서 가장 쉽게 이해하기 쉬운 생성규칙에 대해 살펴보자.

3.1.1 지식표현

규칙은 IF 문장과 THEN 문장으로 구성된 생성규칙이다. IF 구문의 조건이 만족한 상태이면 THEN 구문이 수행되는 형태이다. IF 구문은 사실, 조건, 상황, 전제를 나타낸다. THEN 부분은 행동, 결과, 결론을 나타낸다.

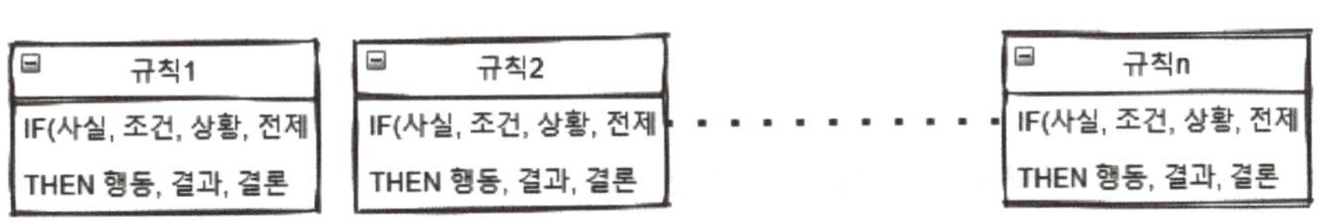

지식의 표현

무인 자동차를 위한 규칙은 지식을 통해 대상, 속성, 행동이나 판단을 추출하고, 이것을 바탕으로 생성규칙으로 표현한다.

다음의 예를 살펴보자.

> 신호등이 빨간색이면 자동차는 멈추고, 신호등이 초록색이면 자동차는 움직인다.

- 대상, 속성, 행동/판단 추출

대상	신호등
속성	빨간색, 초록색
행동/판단	멈추다, 움직인다.

- 규칙 표현

> IF 신호등이 빨간색이다.
> THEN 자동차는 멈춘다.

IF 부분은 주어진 정보 또는 사실에 대응될 조건으로 조건부(conditional part, antecedent)라 하고, THEN 부분은 조건부가 만족할 때의 판단이나 행동으로 결론부(conclusion, consequent)라 한다.

또 다른 예로 다음을 살펴보자.

> 자동차가 뒤로 움직이려면 자동차 뒤쪽에 장애물이 있으면 후진을 멈춘다.

- 대상, 속성, 행동/판단 추출

대상	자동차 뒤쪽
속성	장애물
행동/판단	후진 멈춘다.

- 규칙 표현

> IF 자동차 뒤쪽에 장애물이 있다.
> THEN 자동차는 후진을 멈춘다.

실습 3.1 지식 표현하기

> 앞차와의 간격이 좁으면 속도를 줄인다.

- 대상, 속성, 행동/판단 추출

대상	
속성	
행동/판단	

- 규칙 표현

```
IF
THEN
```

AND/OR

규칙을 만들 때는 논리적인 연산자 AND나 OR로 구성할 수 있다.

1 AND

두 가지 조건을 모두 만족할 때 참이 되는 논리연산자이다. AND 연산자는 여러 개로 표현할 수 있다.

```
IF
AND
(AND는 여러 개 나올 수 있음)
THEN
```

다음의 예를 보자.

> 하늘이 흐리고, 일기예보에서는 비가 온다고 하니 집에 있어야겠다.

두 가지 조건으로 집에 머무르겠다고 판단한 것이다.

첫 번째 조건은 '하늘이 흐리다'이고 두 번째 조건은 '일기예보에서 비가 온다'라고 한 것이다. 이 두 가지 조건을 모두 만족하기 때문에 '집에 있다는 것'을 나타낸 것이다. 이럴 때 사용하는 논리연산자가 AND이다.

- 대상, 속성, 행동/판단 추출

대상	하늘	일기예보
속성	흐리다	비
행동/판단	집에 머무른다.	

- 규칙 표현

```
IF    하늘이 흐리다.
AND   일기예보는 비이다.
THEN  집에 머무른다.
```

2 OR

두 가지 조건 중에 하나만 만족하면 실행하는 논리연산자이다. OR 연산자는 여러 개로 나타낼 수 있다.

```
IF
OR
(OR는 여러 개 나올 수 있음)
THEN
```

앞의 예를 다음과 같이 바꾸어 보자.

> **하늘이 흐리거나 일기예보에서 비가 오면 집에 있어야겠다.**

첫 번째 조건은 '하늘이 흐리다'이고 두 번째 조건은 '일기예보에서 비가 온다'고 한 것이다. 이 두 가지 조건 중에 하나만 만족할 때 집에 있다는 것을 나타낸 것이므로 OR로 나타낸다.

- 대상, 속성, 행동/판단 추출

대상	하늘	일기예보
속성	흐리다	비
행동/판단	집에 머무른다.	

- 규칙 표현

IF 하늘이 흐리다.
OR 일기예보는 비이다.
THEN 집에 머무른다.

실습 3.2 논리연산자로 지식 표현하기

무인 자동차는 어둡거나 비가 오면 라이트를 켠다.

- 대상, 속성, 행동/판단 추출

대상	빛의 밝기	날씨
속성	어둡다	비
행동/판단	라이트를 켠다.	

- 규칙 표현

IF
OR
THEN 라이트를 켠다.

숫자 중에 3 또는 6 또는 9가 나오면 손뼉을 친다.

- 대상, 속성, 행동/판단 추출

대상	숫자		
속성			
행동/판단			

- 규칙 표현

IF 숫자가 3이다.

THEN 손뼉을 친다.

>, <, >=, <=

비교연산자 >, <, >=, <=를 사용할 수 있다.

A >B	A가 B보다 크다.
A>=B	A가 B보다 크거나 같다.
A<B	A가 B보다 작다.
A<=B	A가 B보다 작거나 같다.

다음의 예로 비교연산자를 사용한 지식표현 방법을 알아보자.

> 고객의 나이가 15세보다 작고, 게임 등급이 15세 이상이면 게임을 못 한다.

- 대상, 속성, 행동/판단 추출

대상	고객 나이	게임 등급
속성	<15	>=15
행동/판단	게임을 못 한다.	

- 규칙 표현

```
IF    고객 나이<15
AND   게임 등급>=15
THEN  게임을 못 한다.
```

> 교통카드 충전금액이 5000원 이상이면 광역버스를 탄다.

- 대상, 속성, 행동/판단 추출

대상	교통카드 충전금액
속성	>=5000
행동/판단	광역버스를 탄다.

- 규칙 표현

```
IF   교통카드 충전금액>=5000
THEN   광역버스를 탄다.
```

일기예보 강수확률이 80% 이상이면, 우산을 준비한다.

- 대상, 속성, 행동/판단 추출

대상	일기예보 강수확률
속성	>=80%
행동/판단	우산을 준비한다.

- 규칙 표현

```
IF   일기예보 강수확률>=80%
THEN   우산을 준비한다.
```

실습 3.3 비교연산자로 지식 표현하기

체온이 38도 이상이면 열이 있다.

- 대상, 속성, 행동/판단 추출

대상	체온
속성	
행동/판단	

- 규칙 표현

```
IF
THEN
```

열이 하루 이상 지속되면 감염이 의심된다.

- 대상, 속성, 행동/판단 추출

대상	
속성	>=38
행동/판단	

- 규칙 표현

```
IF
THEN
```

3.1.2 추론

1절에서 나타냈던 지식이 어떻게 추론 과정을 거치는지 간단히 살펴보자.

IF A THEN B 규칙과 IF B THEN C 규칙을 주면 우리는 IF A이면 C라는 규칙을 추론할 수 있다.

추론에 대해 조금 더 쉽게 이해하기 위해 두 가지 규칙이 제시된 예를 살펴보자.

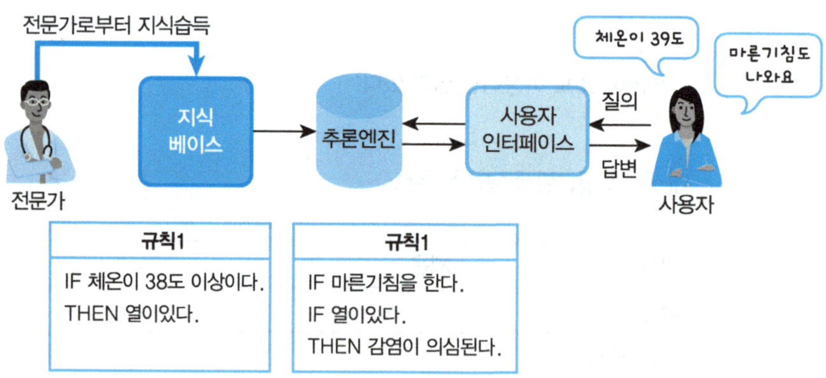


```
IF 체온>=38
THEN 열이 있다
IF 마른기침을 한다.
AND 열이 있다.
THEN 감염이 의심된다.
```

사용자가 체온이 39도라고 하였다. 추론 엔진은 사용자가 입력한 사실이 규칙1의 조건과 일치한다는 것을 파악한다. THEN 부분인 '열이 있다'가 새로운 사실로 추가된다. '열이 있다'라는 사실과 '마른기침을 한다'라는 사실로 인해 감염이 의심된다는 추론을 할 수 있다.

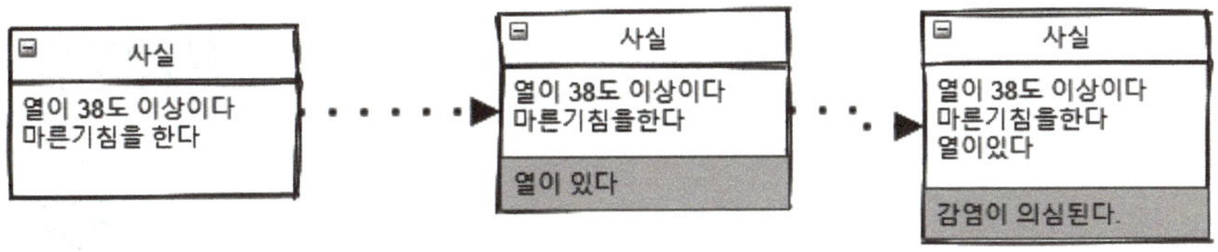

이처럼 전문가 시스템에서는 관찰된 사실과 지식베이스에 있는 규칙을 이용하여 새로운 사실을 생성한다.

프로그래밍 언어에서는 선택 구조로 IF~ELSE 문을 제공한다. 전문가 시스템과 다른 점이 있다. 알고리즘을 통해 항상 같은 결과물을 얻기 때문에 반복만 할 뿐, 새로운 사실들이 생성되지 않는다. 그러나 전문가 시스템은 추론의 과정을 거쳐서 새로운 사실을 생성하기 때문에 모호한 데이터까지 다룰 수 있다.

3.1.3 더 알아보기

지식기반 시스템의 가장 큰 단점은 지식베이스에 저장된 조건과 사용자가 입력한 데이터가 일치하지 않으면 엉뚱한 대답을 하는 경우가 발생한다. 이러한 부분을 개선하기 위해 유사도 기반분석을 통한 추론, 순환신경망을 이용한 자연어처리 방법으로 제공된다.

국내 코로나19 비대면 심리 솔루션 '심심이'는 유사도 기반분석을 통한 추론을 사용한 것이다.

CHATTING ROBOT
SimSimi

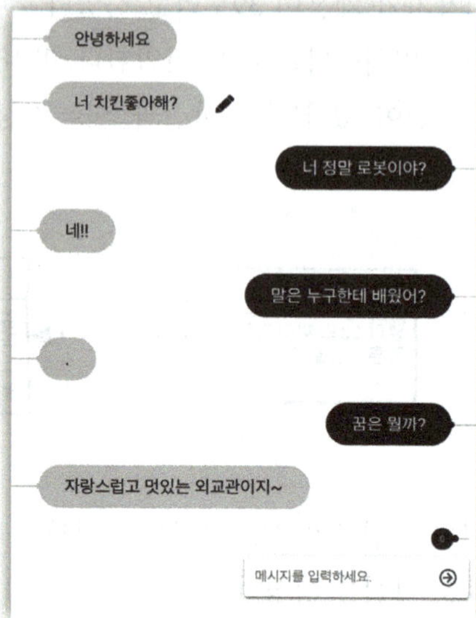
안녕하세요
너 치킨좋아해?
너 정말 로봇이야?
네!!
말은 누구한테 배웠어?
.
꿈은 뭘까?
자랑스럽고 멋있는 외교관이지~
메시지를 입력하세요.

3.2 프로그래밍 언어-선택 논리

프로그램에서는 문제를 해결하기 위해 조건을 제시한다. 조건은 항상 참이거나 거짓을 가져야 한다. 조건을 표현하기 위해 관계연산자와 논리연산자를 사용한다. 여기서는 컴퓨터에 설치된 파이썬 프로그램을 사용하거나 https://colab.research.google.com/에 접속하여 실행해 보는 것도 도움이 될 것이다.

3.2.1 관계연산자

관계연산자는 두 수를 비교하여 크고 작음을 참 또는 거짓으로 결과를 보여준다. 일반적으로 다음과 같은 관계연산자를 사용할 수 있다.

연산자	사용법	실행결과
>	4> 3	True
<	4<3	False
>=	4>=3	True
<=	4<=3	False
==	4==3	False
!=	4!=3	True

실습 3.4 관계연산자

※ 다음의 조건식 결과를 확인하자.

1 나이가 15세 이상

- 나이>=15 또는 15<=나이

[파이썬 코드 예시]

```
나이=int(input("나이 입력:"))
print(나이>=15)
if 나이>=15:
  print("실습 문제1")
```

[실행결과]

```
나이 입력:34 Enter
True
실습 문제1
```

2 나이가 20세 미만

- 나이<20 또는 20>

[파이썬 코드 예시]

```
나이=int(input("나이 입력:"))
print(나이<20)
if 나이<20:
    print("실습 문제2")
```

[실행결과]

```
나이 입력:34 Enter
True
실습 문제1
```

※ 다음 빈칸을 채우시오.

3 A, B 두 과목의 점수의 합이 120점 이상

- A+B >=80 또는 80 <=A+B

[파이썬 코드 예시]

```
a, b=80, 40
print(          )
```

[실행결과]

```
True
```

4 A, B 두 과목의 점수의 합이 100점이 아닌 경우

- A+B != 100

[파이썬 코드 예시]

```
a, b=80, 40
print(a+b!=120)
```

[실행결과]

____

3.2.2 논리연산자

논리연산자는 두 개의 오퍼랜드(operand) 값을 and, or와 not으로 연결하여 참 또는 거짓으로 결과를 보여준다.

› AND

두 개의 오퍼랜드 값이 모두 참이면 참이 된다. 만약 두 개의 오퍼랜드 중 하나가 거짓이면 거짓으로 결과가 나온다.

operand 1	operand 2	실행결과
False	False	False
False	True	False
True	False	False
True	True	True

[파이썬 코드 예시]	[실행결과]
print(False and False) print(False and True) print(True and False) print(True and True)	False False False True >>>

› OR

두 개의 오퍼랜드 값 중에서 하나라도 참이면 참이 된다. 만약 두 개의 오퍼랜드 모두 거짓이면 거짓으로 결과가 나온다.

operand 1	operand 2	실행결과
False	False	False
False	True	True
True	False	True
True	True	True

[파이썬 코드 예시]	[실행결과]
print(False or False) print(False or True) print(True or False) print(True or True)	False True True True >>>

› NOT

NOT 연산은 오퍼랜드가 참이면 거짓, 거짓이면 참으로 바꾸어 주는 연산자이다.

operand 1	실행결과
False	True
False	True
True	False
True	False

실습 3.5 논리연산자

1. A, B 두 과목의 점수가 모두 90점 이상인 조건식을 작성하시오.

2. 성별이 남성이고 나이가 20세 이상인 조건식을 작성하시오.

3. 입력된 숫자가 1이 아닌 조건식을 작성하시오. (NOT 연산자 사용할 것)

연습문제

활동 3-1 전문가 시스템 설계하기

개인 또는 팀으로 전문가 시스템을 설계해 보자.

1. 주제 정하기

2. 지식베이스 만들기

지식베이스를 만들기 위해서는 인터넷 검색을 통해 데이터 수집을 하여, 6개 이내의 지식으로 표현해 보자.

[예시]

<table>
<tr><th colspan="3">예시</th></tr>
<tr><td>대상</td><td>혈당수치</td><td rowspan="3">IF 혈당수치>=120mg/dl
THEN 당뇨이다</td></tr>
<tr><td>속성</td><td>>=120mg/dl</td></tr>
<tr><td>행동/판단</td><td>당뇨이다.</td></tr>
</table>

3. 다른 개인 또는 팀에게 질의하기
   질의한 내용

4. 질의한 내용에 대해 답변을 하기 위한 추론 과정을 제시하시오.

5. 설계한 전문가 시스템에서 개선해야 할 부분을 한 가지만 제시하시오.

규칙 1

대상	
속성	
행동/판단	

규칙 2

대상	
속성	
행동/판단	

규칙 3

대상	
속성	
행동/판단	

규칙 4

대상	
속성	
행동/판단	

규칙 5

대상	
속성	
행동/판단	

규칙 6

대상	
속성	
행동/판단	

활동 3-2 프로그램 논리식

※조건식을 작성하시오.

1. 주소가 "경기도"와 같은 경우

2. A 값이 100이 아닌 경우

3. 학교식당 예매 앱을 개발한다고 가정하자. 앱에서 사용할 조건식 3개 이상을 나타내 보자.

4. A, B, C, D 4과목 중에서 최소 한 과목 이상이 90점 이상인 조건식을 작성하시오.

[참고] 파이썬 설치와 실행

➤ 파이썬 설치하기

1. 파이썬 홈페이지(http://www.python.org)에 접속하여 자신의 운영체제에 맞는 파이썬 언어를 선택하여 다운로드

- 이때 python3.x로 시작하는 버전 중 가장 안정적인 3.7x를 선택하기

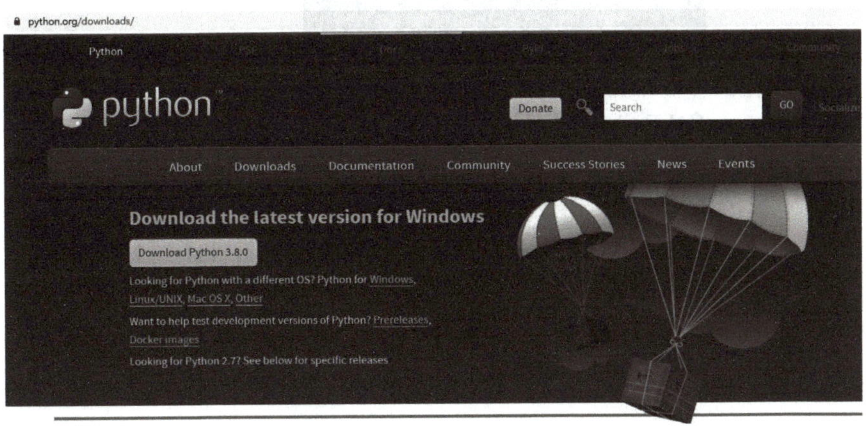

2. 내려받은 파이썬 설치 프로그램을 실행

- 반드시 path를 표시한 후 Install Now를 클릭하기

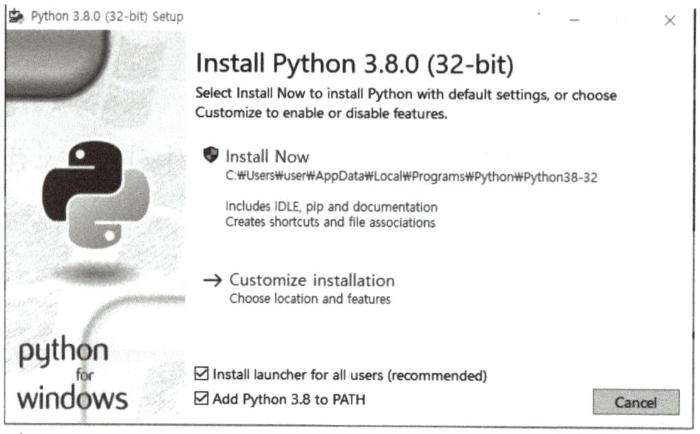

3. 설치가 다 되면 [close] 버튼을 클릭하기

4. python 메뉴 확인

- 프로그램 메뉴에서 확인하기

› 파이썬 실행하기

1. IDLE을 선택하여 실행하기

- Python IDLE(Integrated Development and Learning Environment)은 파이썬 프로그램을 편하게 작성할 수 있도록 통합개발환경을 제공한다.

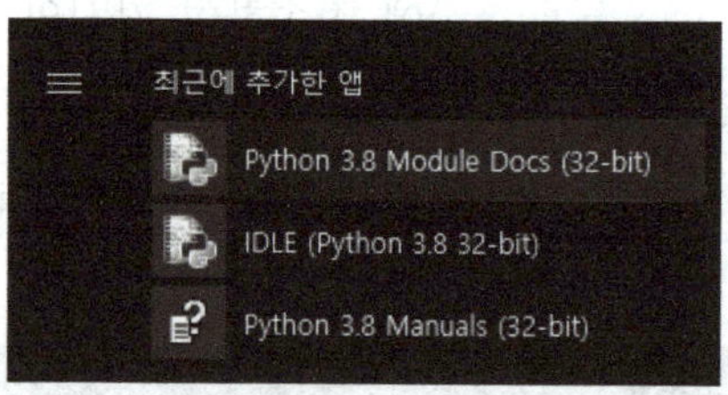

- IDLE Shell 창이 먼저 나온다.

  : 파이썬을 곧바로 실행할 수 있지만, 저장은 불가능하다.

  : IDLE 편집 창에서 작성한 코드의 실행결과를 확인할 수 있다.

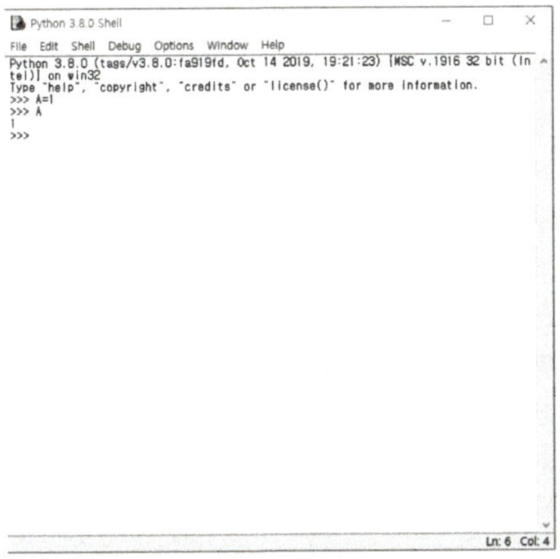

2. 저장을 위해 프로그램은 IDLE 편집 창에서 작성하기

- IDLE Shell 창에서 [File]-[New File]을 선택하여 편집 창을 실행하기

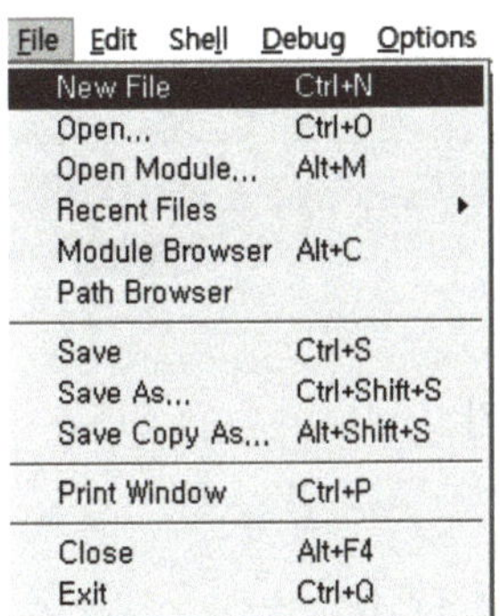

- 다음 코드 작성하기

```
print("반갑습니다")
```

3. 코드 실행하기

- 메뉴에서 [Run → Run Module]을 선택하기(단축키: F5)

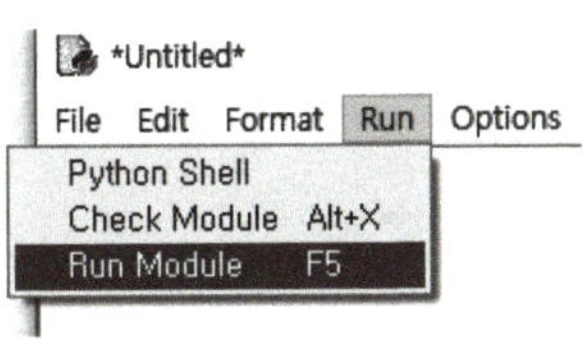

- 프로그램을 실행한 후 파일을 저장하라는 경고 창이 나오면 [확인] 클릭하기

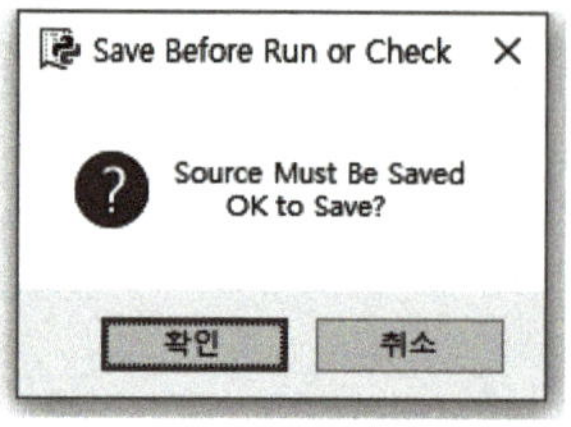

- 저장 창에서 ':문서 python' 디렉터리를 생성한 후 one.py로 저장하기

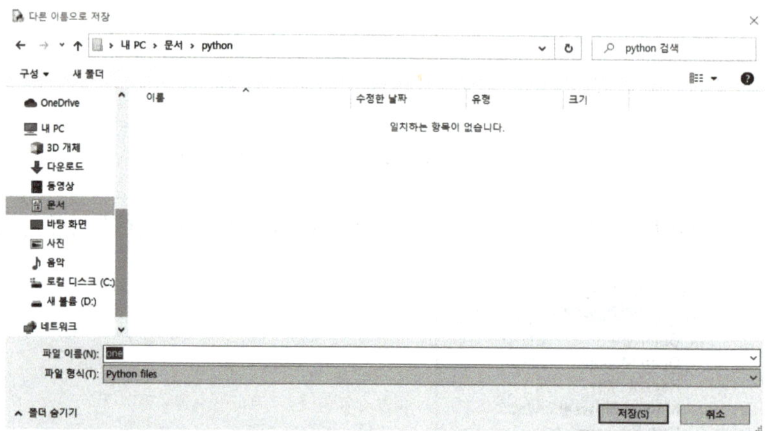

- 실행결과를 IDLE shell 창에서 확인하기

04

알고리즘과 절차

학습목표

- 알고리즘의 개념과 특징을 설명할 수 있다.
- 알고리즘의 구조와 표현 방법을 익혀 다양한 문제에 적용할 수 있다.

학습목차

4.1 알고리즘의 이해

4.2 알고리즘 실습

4.1 알고리즘의 이해

알고리즘이란 문제를 해결하기 위해 절차적으로 나열한 것이다. 이러한 알고리즘은 일상생활에서도 적용할 수 있다. 조금 더 빨리 이동하는 방법, 라면을 끓이는 방법, 팀 프로젝트를 잘 해내는 방법 등 우리가 이미 일상생활에서 문제 해결을 위해 사용하고 있는 방법이다. 하나의 문제에 해결방법이 여러 가지가 존재하듯 알고리즘의 방법도 여러 가지가 존재한다. 우리는 그중 가장 효율적인 것 하나를 선택한다. 컴퓨터 알고리즘도 문제를 해결하는 과정을 절차화하고, 절차화된 문제 해결 방법 중에서 가장 효율적인 것 하나를 선택하는 것이다. 인공지능도 알고리즘을 사용하고, 효율적인 방법을 모색하는 데 노력하고 있다.

4.1.1 컴퓨터 알고리즘 개념과 특징

➤ 컴퓨터 알고리즘이란?

일상생활에서 팀 프로젝트를 잘 해내는 능력, 라면을 잘 끓이는 방법을 안다고 컴퓨터 알고리즘을 잘 작성할지는 아무도 알 수 없다.

일상생활에서의 문제 해결 절차와 컴퓨터 알고리즘은 차이가 있다. 컴퓨터 알고리즘은 컴퓨터로 해결 가능한 문제를 다뤄야 한다. '현재 위치에서 가장 빠른 길 찾기'라면 컴퓨터로 해결할 수 있게끔 만들 수 있다. 그러나 '착한 사람 찾기'라고 한다면 기준이 모호하기 때문에 프로그램으로는 해결 가능한 문제가 아니다. 또한, 과정이 상세해야 한다. 다음의 예를 보자. 전기밥솥의 예를 생각해 보자.

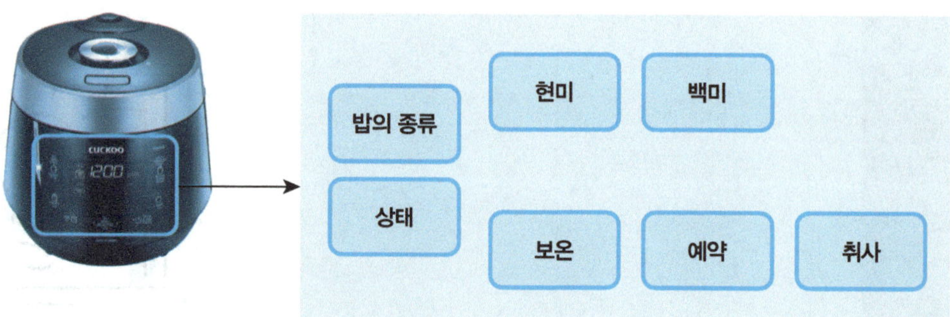

현미 버튼을 누르면 현미에 맞게 취사가 된다. 밥솥에서 밥을 짓는 과정이지만 이것은 컴퓨터 알고리즘은 아니다. 취사를 누르면 밥솥 안에서 어떻게 처리해야 하는지 상세하게 나타내야 한다. 현미밥이 되기까지의 모든 과정을 알려주지 않으면 컴퓨터는 이해하지 못한다.

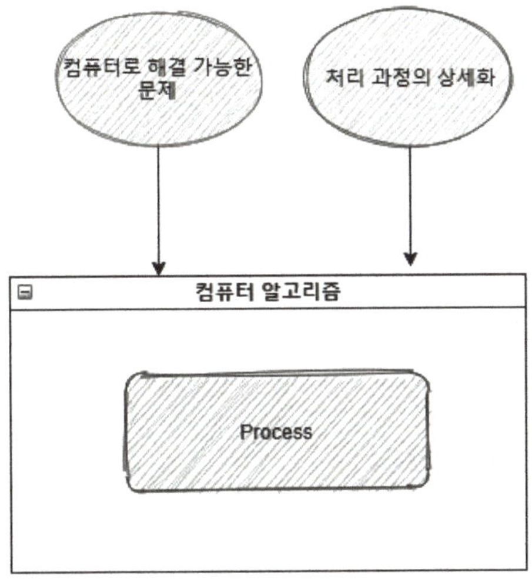

우리가 컴퓨터에 원하는 것을 말하기 위해 논리적인 절차를 상세하게 만드는 것이 알고리즘이다. 알고리즘을 컴퓨터에서 직접 실행하도록 구현하기 위해 프로그래밍 언어로 나타내기 때문에 'The Art of Computer Programming' 저자인 크누스는 프로그래밍을 컴퓨터에 원하는 것을 말하고 표현하는 예술이라고 말하였다.

› 컴퓨터 알고리즘의 특징

컴퓨터 알고리즘은 다음과 같은 특징이 있다.

① 0개 이상의 입력이 존재한다.

② 1개 이상의 출력이 반드시 존재한다.

③ 유한 시간 내에 종료한다.

④ 명확한 단계를 거쳐야 한다.

⑤ 효율적인 복잡도를 가져야 한다(문제를 해결하기 위한 각 과정은 수행 가능해야 한다).

앞에서 보았던 전기밥솥을 입력, 처리, 출력으로 간단하게 표현하면 원하는 밥의 종류를 선택하는 것이 입력되고, 우리 눈에는 보이지 않지만, 프로그램으로 절차화 되어야 하는 내용인 시간, 온도, 압력 등을 적절히 조정하여 진행하는 것이다. 마지막으로 출력은 원하는 상태의 밥이 만들어지는 것으로 사용자에게 '취사 완료 알림'을 음성으로 보여준다.

입력	처리	출력
원하는 밥의 종류	시간, 온도, 압력 등을 적절히 조정	원하는 상태의 밥이 완료 취사 완료 알림

여기서는 알고리즘을 입력, 처리, 출력으로 간단하게 표현했지만 처리 부분에 상세하고 명확한 단계로 나열하게 된다면 컴퓨터 알고리즘 설계가 완료된다.

4.1.2 알고리즘의 표현과 구조

알고리즘의 표현

알고리즘은 순서도, 글, 의사 코드로 나타낼 수 있다. 순서도는 기호와 흐름선으로 수행과정을 한눈에 알아보기 쉽고 학습 단계에서 알고리즘의 구조를 학습하는 데 도움이 된다. 그러나 복잡한 대규모의 알고리즘을 표현할 때는 적합하지 않다. 의사 코드는 코드를 흉내를 낸 표현법으로 대규모 알고리즘에 표현할 때 적합하지만 실제 프로그래밍 언어가 아니므로 실행할 수는 없다. 글은 우리가 사용하는 언어로 모호성이 존재하기 때문에 컴퓨터 알고리즘으로 표현하는 데는 한계가 있다.

두 숫자를 입력받아 합을 구하는 프로그램의 알고리즘 표현을 살펴보자.

1 의사 코드로 표현하기

의사 코드는 특정 프로그래밍 언어로 표현한 것이 아니다. 프로그래밍 언어를 흉내만 냈기 때문에 실제로 실행을 할 수 없다. 그러나 대략적인 알고리즘의 구조와 흐름을 파악하는 데 쉽다.

의사 코드1	의사 코드2	의사 코드3
두 수를 입력	A, B에 두 수를 입력한다.	input a, b
두 수 더하기	A, B 두 수를 더한다.	c=a+b
2의 결과 출력	2의 결과를 출력한다.	output c

2 순서도로 표현하기

종류	설명	종류	설명
	순서도의 시작과 끝		조건에 따라 참과 거짓 판단
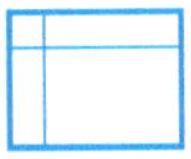	변수와 초기화 선언		입출력되는 데이터를 기술
	처리하여야 할 작업을 명시		순서도 기호의 연결, 실행의 흐름을 표시

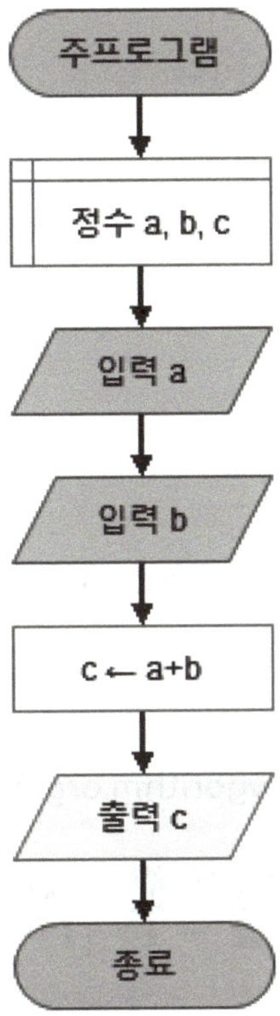

알고리즘의 구조

알고리즘은 크게 순차 구조, 선택 구조, 반복 구조로 구성된다.

우리가 차례대로 일을 해결하는 것은 순차 구조이고 쉽게 표현할 수 있다. 선택 구조는 조건식의 결괏값이 참 또는 거짓이냐에 따라 실행되는 명령문이 결정되는 구조이다. 반복문은 반복적으로 명령문을 실행해야 하는 경우 효율적인 코드의 구성을 위해 사용한다.

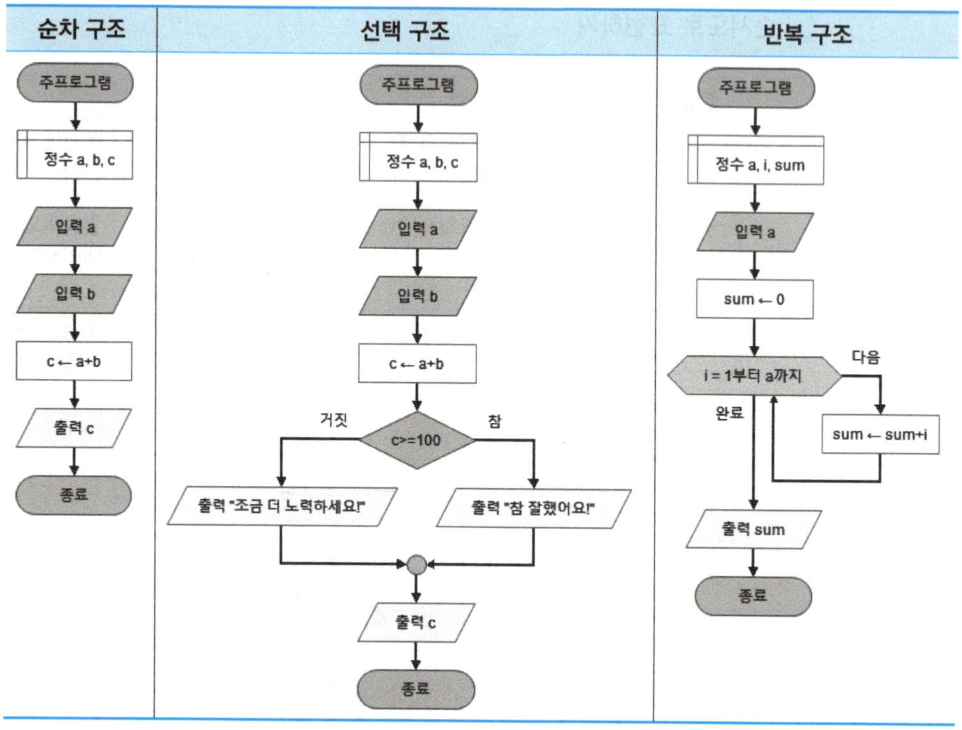

› 플로우고리즘 설치

순서도로 손쉽게 알고리즘을 설계하기 위해 플로우고리즘을 사용한다.

플로우고리즘의 설치 방법은 다음과 같다.

1 http://www.flowgorithm.org 접속하여 운영체제에 맞게 내려받기

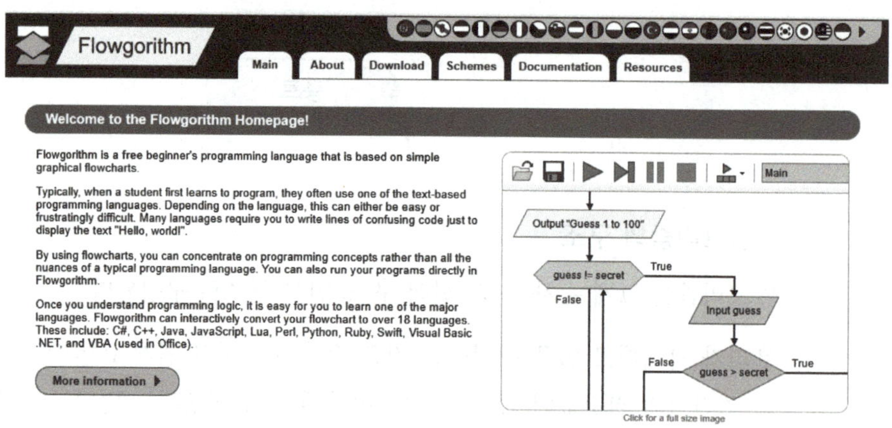

2 내려받은 파일의 압축을 해제하고, 압축이 해제된 폴더에 들어가서 Flowgorithm Setup 파일을 더블클릭하여 설치를 진행한다.

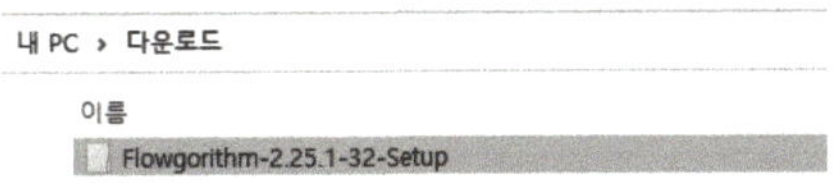

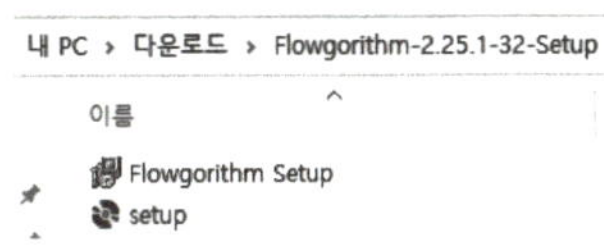

3 설치가 완료되면 시작 메뉴에서 Flowgorithm을 클릭하여 실행한다.

이때 한국어로 언어를 설정한다.

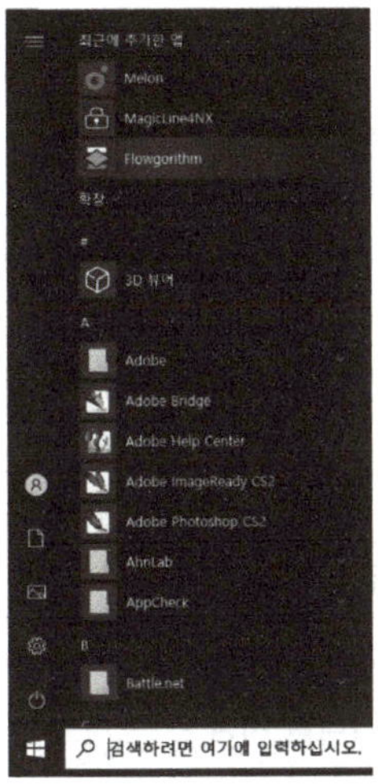

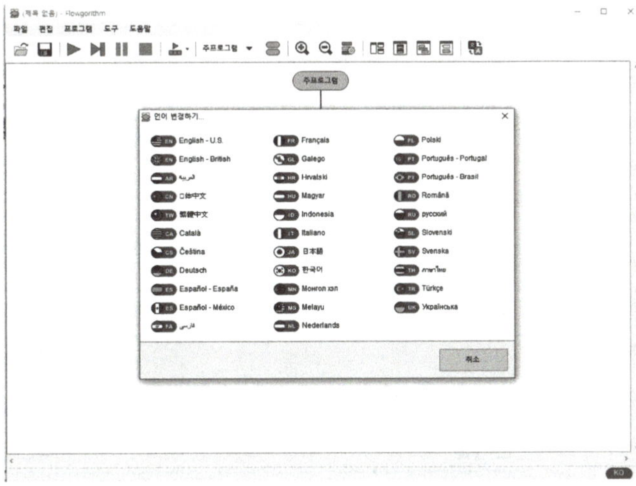

› 플로우고리즘 기호

플로우고리즘에서 제공되는 기호는 여러 가지이지만 이 중에서 파이썬과 관련된 몇 가지 기호를 살펴본다.

1 선언

기호	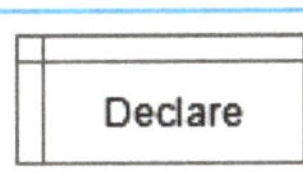	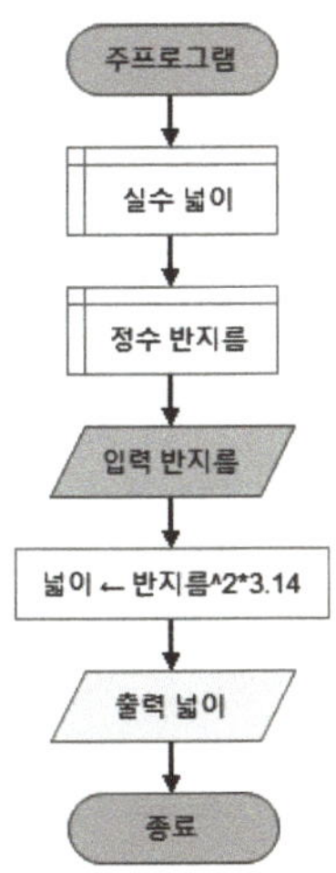
설명	• 변수와 배열을 만드는 데 사용한다. • 프로그램이 실행되는 동안 데이터를 저장하는 데 사용된다. • 이름을 쉼표로 구분하여 여러 변수를 선언할 수 있다. • 오른쪽 예에서는 '넓이'와 '반지름'을 선언한다.	

※ 변수를 선언할 때 데이터 타입을 정해야 한다.

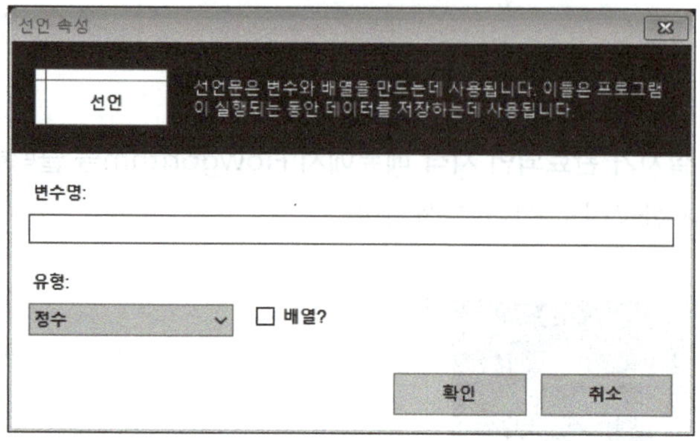

※ 데이터 타입은 다음과 같다.

데이터 타입	설명
논리값	true 또는 false를 저장
실수	실수를 저장
정수	정수를 저장
문자열	텍스트 데이터를 저장

2 입력과 출력

기호	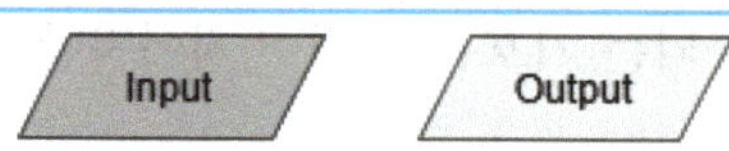	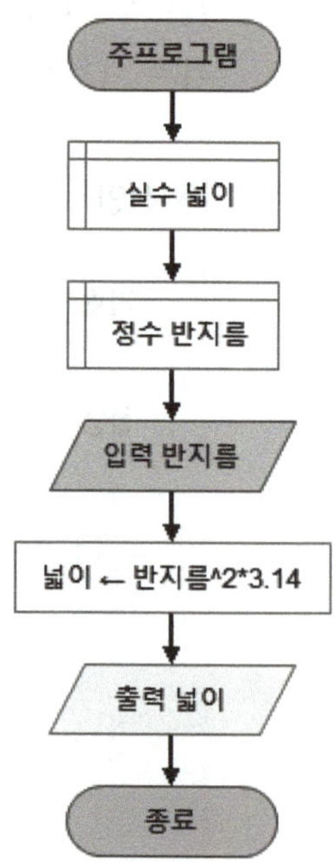
설명	• 입력문은 키보드에서 값을 읽고 그 결과를 변수에 저장한다. • 출력문은 결과를 화면에 표시한다. • 오른쪽 예는 값을 입력받아 '반지름'에 저장하고, '넓이'의 값을 출력한다.	

3 배정

기호	Assign	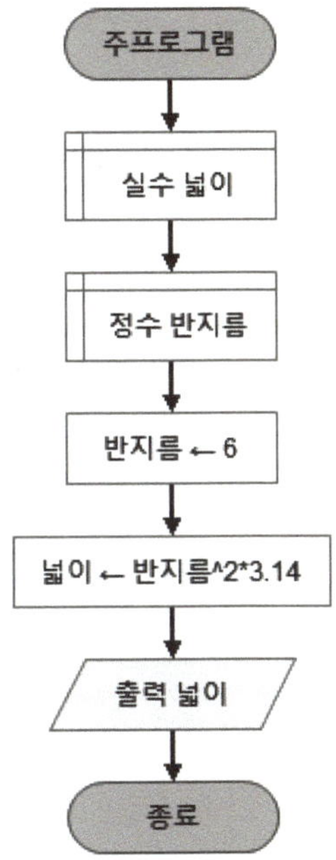
설명	• 할당은 계산 결과를 변수에 저장하는 데 사용된다. • 오른쪽 예에서는 '반지름'에 6을 할당하였고, 원의 넓이를 계산해서 '넓이' 변수에 할당하였다.	

※ 플로우고리즘에서 제공하는 연산자는 다음과 같다.

산술연산자	설명	사용 예
곱셈	*	3*2
나눗셈	/	3/2
덧셈	+	3+2
뺄셈	-	3-2
제곱	^	1 + 3 ^ 2
나머지	%	10%3
문자열의 연결	&	"안녕"&"하세요"

4 선택문

<table>
<tr><td>기호</td><td>
</td><td rowspan="2">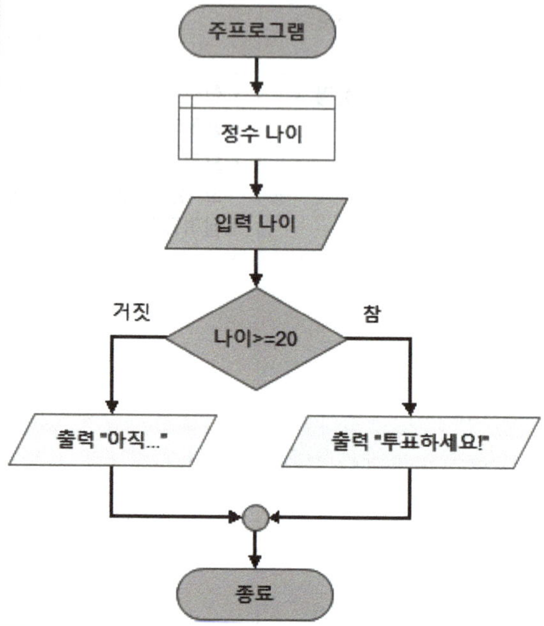
</td></tr>
<tr><td>설명</td><td>• 조건식을 확인한 다음 결과에 따라 참 또는 거짓으로 분기하여 실행한다.</td></tr>
<tr><td>예제 설명</td><td colspan="2">• '나이'라는 정수를 선언한다. 입력값을 나이에 저장한다.
• 마지막으로 선택문은 나이가 20세 이상인지 확인한다. 이를 기반으로 거짓 분기를 가져와 "아직…."을 출력하거나 참 분기를 가져와 "투표하세요!"를 출력한다.</td></tr>
</table>

※ 조건식에서 사용되는 비교연산자는 다음과 같다.

비교연산자	설명	사용 예
A==B	A와 B는 같다.	1==2
A!=B	A와 B는 같지 않다.	1!=2
A<=B	A는 B보다 작거나 같다.	1<=2
A>=B	A는 B보다 크거나 같다.	1>=2
A<B	A는 B보다 작다.	1<2
A> B	A는 B보다 크다.	1> 2
결괏값은 True or False		

5 횟수 반복

<table>
<tr><td>기호</td><td>
</td><td rowspan="2">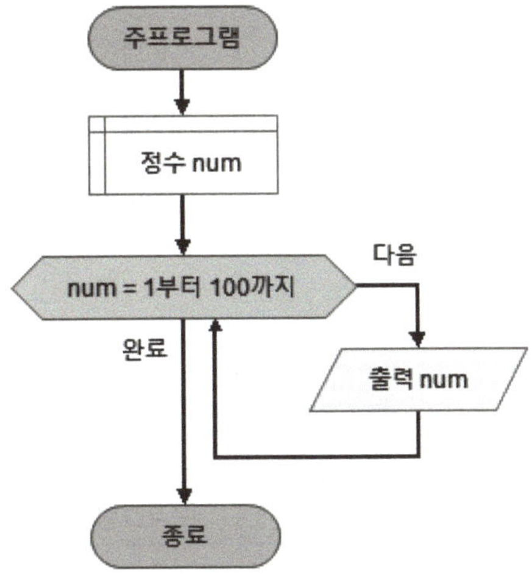
</td></tr>
<tr><td>설명</td><td>• 값 범위를 통해 정해진 횟수 만큼 변수를 증가하거나 감소하면서 명령문을 반복
• 한다.</td></tr>
<tr><td>예제 설명</td><td colspan="2">• 1에서 100까지의 숫자를 출력한다. 반복은 100번 실행된다. 'num' 값은 1에서 시작하여 반복될 때마다 1씩 증가한다. 반복은 'num'이 100에 도달하면 종료
• 된다.</td></tr>
</table>

6 선조건 반복

<table>
<tr><td>기호</td><td>
</td><td rowspan="2">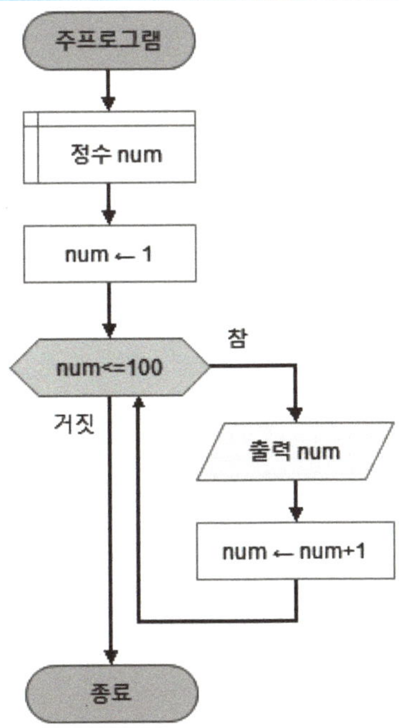
</td></tr>
<tr><td>설명</td><td>• 반복 조건식을 평가한 다음 참이면 명령문을 실행한다. 명령문을 실행하면 while 문은 식을 다시 확인한다. 만약 조건식이 거짓이면 반복은 종료된다.</td></tr>
<tr><td>예제 설명</td><td colspan="2">• 1부터 100까지의 숫자를 출력한다. 할당문 "num = num + 1"은 반복될 때마다 변수 'n'을 1씩 증가시킨다.</td></tr>
</table>

7 함수 호출

기호		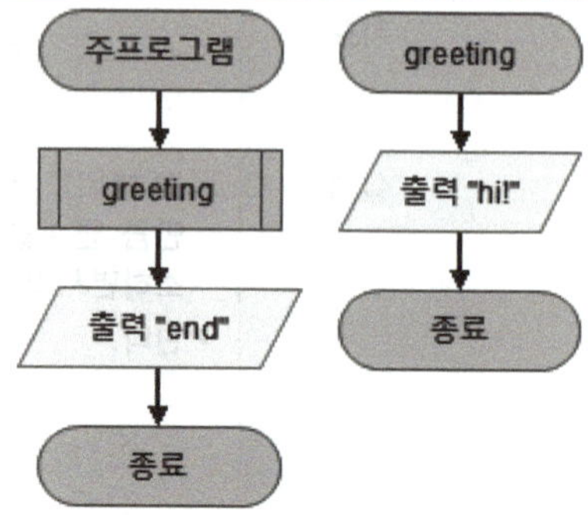
설명	• 함수를 호출하는 것으로 함수에 정보를 전달할 수 있고, 이것을 인수라 한다.	
예제 설명	• 다음 예제에서는 Call Shape를 사용하여 'greeting'이라는 함수를 실행한다. • 프로그램이 실행되면 첫 번째 모양이 인사말 함수를 호출한다. "hi!"를 출력한 후 주 프로그램으로 돌아와서 "end"를 출력한다.	

※ 플로우고리즘에서 제공되는 함수

Len(s)	문자열의 길이
Char(s, i)	문자열의 인덱스 i 문자를 반환
Random(n)	0부터 n-1까지 수 중에서 하나를 랜덤하게 추출
Size(a)	배열의 크기

4.2 알고리즘 실습

여러 가지 문제를 통해 논리적인 절차를 순서도로 작성하는 연습을 해보자.

순차 구조

4과목의 점수를 입력받아 합계와 평균을 출력하시오.
방법1과 2중에서 어느 것이 효율적일지 고르고, 그 이유를 설명하시오.

방법 1. 변수를 2개 사용하여 작성

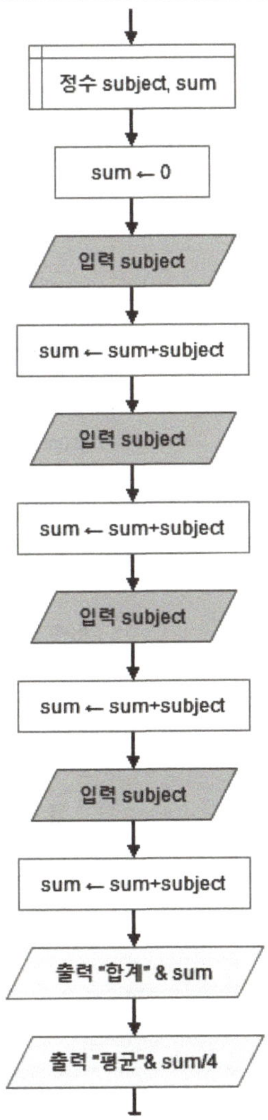

방법 2. 변수를 4개 사용하여 작성

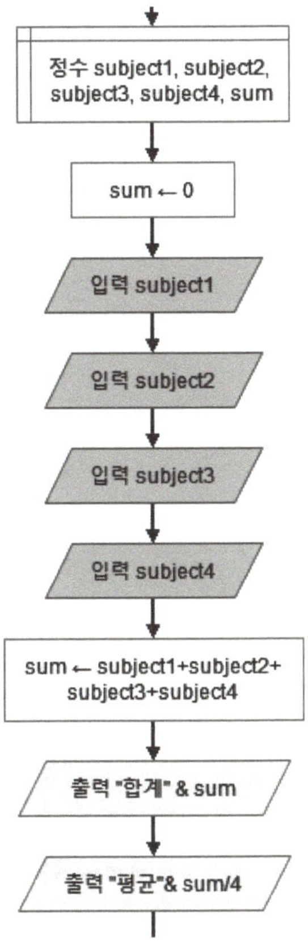

수강과목의 성적비율은 다음과 같다.

출석:30%, 중간:10%, 과제:30%, 퀴즈:25%, 기말:5%

각 항목의 점수를 100점 만점으로 입력받을 때 전체 총점을 구하시오.

방법1과 2중에서 어느 것이 효율적일지 고르고, 그 이유를 설명하시오.

방법 1. 변수를 2개 사용하여 작성	방법 2. sum에 계속 누적하기

방법 1. 변수를 2개 사용하여 작성

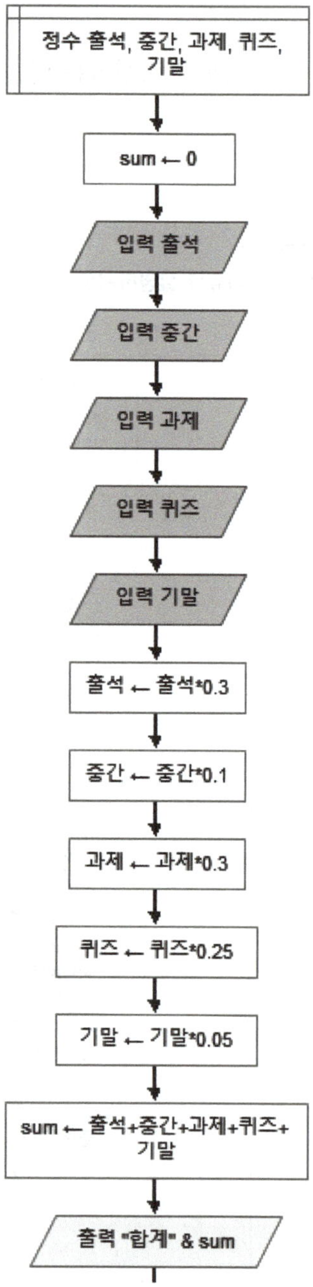

방법 2. sum에 계속 누적하기

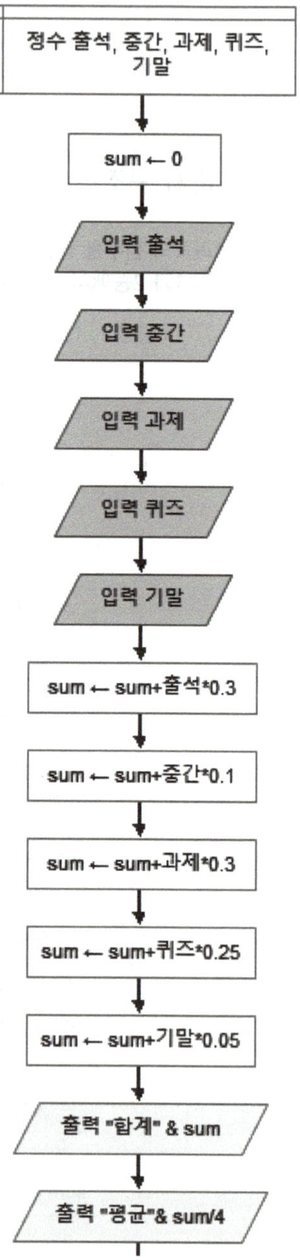

분 단위의 시간을 입력받아 시, 분, 초로 출력하시오.

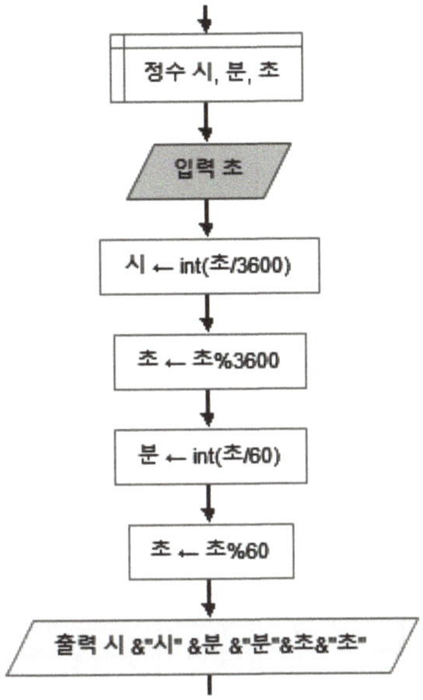

플로우고리즘에서 나눗셈의 결과 몫만 취해 주기 위해서는 int() 함수를 사용하면 된다.
나머지 연산은 %를 사용한다.

› 선택 구조

1~100 사이의 수를 랜덤하게 생성하여 홀수인지 짝수인지 출력하시오.

방법 1. 변수를 2개 사용하여 작성

랜덤한 수를 생성하여 num 변수에 저장하기

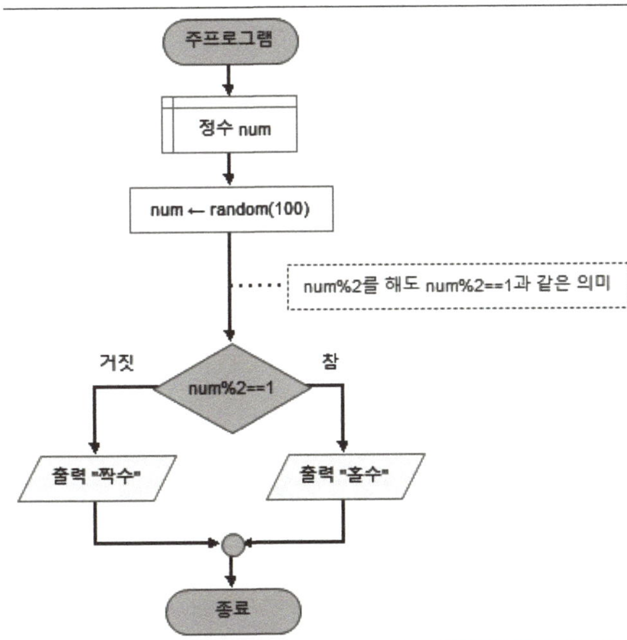

num을 2로 나누었을 때 1이면 "홀수"를 출력하고, 1이 아니면 "짝수"를 출력한다.

1~100 사이의 수 하나를 입력하면 그 수에 3 또는 6 또는 9가 몇 개 들어있는지 출력하시오.	
방법 1. 변수를 2개 사용하여 작성	방법 2. 또 다른 방법 찾아보기
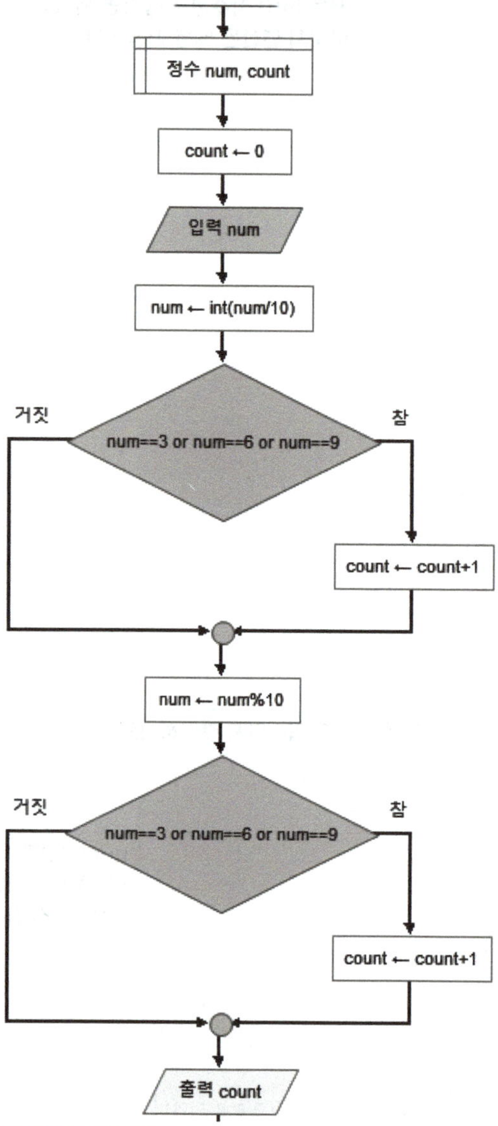	

반복 구조

1~100까지의 짝수를 출력하시오.

방법 1. 변수를 2개 사용하여 작성

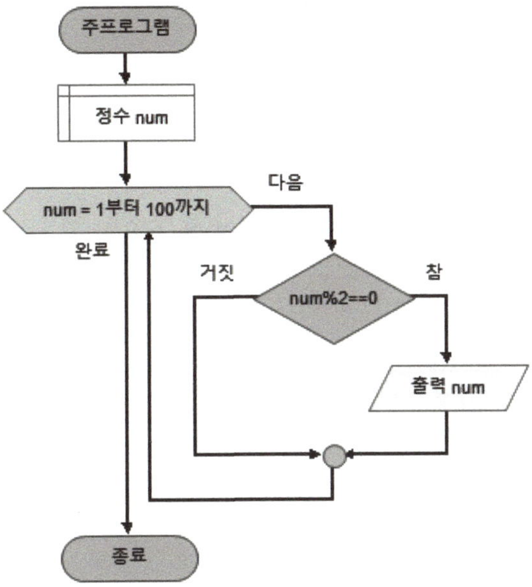

- 반복 범위: num값을 1부터 100까지 1씩 증가하면서
- 반복 명령문: 2로 나누어떨어지는지 확인한다. 만약 2로 나누어떨어지면 num값을 출력한다.

id와 비밀번호가 일치하면 "로그인" 출력하기
(설정된 아이디:apple, 설정된 비밀번호:'1234')

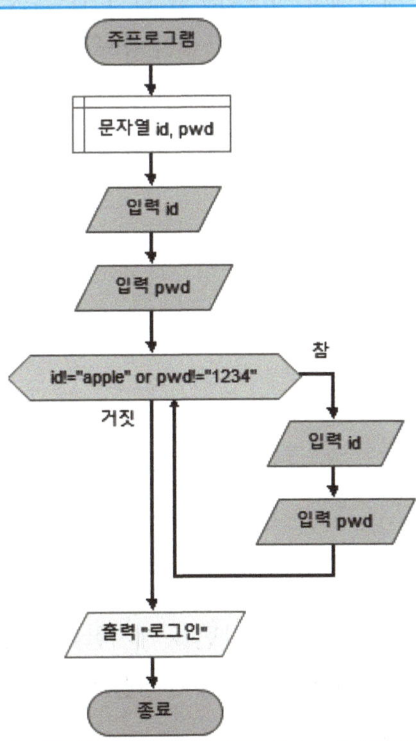

- 반복 조건: 입력한 아이디와 비밀번호 중에 하나라도 설정된 아이디와 비밀번호와 일치하지 않으면
- 반복 명령문: 아이디와 비밀번호를 계속해서 입력받는다.
- 입력한 아이디와 비밀번호가 일치하면 "로그인"을 출력한다.

연습문제

활동 4-1 순서도 작성

회원가입할 때, 아이디의 최대 길이는 7이다. 만약 7문자가 넘으면 다시 아이디를 입력받는다. 그렇지 않다면 "회원가입 완료"를 출력한다.

- 플로우고리즘에서 문자열의 길이는 len(문자열)을 사용한다.

활동 4-2 순서도 작성

비밀번호가 일치하지 않으면 계속해서 비밀번호를 다시 입력받는다. 그러나 오류횟수가 5회가 되면 더 이상 입력받지 않고 프로그램이 종료된다. 비밀번호가 일치하면 "문이 열렸습니다"를 출력한다.

- 프로그램 도중에 중단될때는 플로우고리즘의 기호 중 중단점을 사용한다.

활동 4-3 시나리오와 순서도

인공지능 챗봇은 사용자가 하는 말에 따라 답변을 제시한다. 챗봇은 대화 시나리오가 존재한다. 이 시나리오에 따라 사용자가 질문 문장을 말하면 답변 문장으로 답을 하라는 자동 명령이 적용된 것이다.

- 우리가 챗봇을 만든다면 만들려는 목적이 무엇인지 문제를 정확히 분석해 보자. 그런 다음 어떤 일을 챗봇을 만들고 싶은지 생각해 보고 시나리오를 작성해 보자. 복잡한 시나리오를 만들 수는 없지만 간단하게 시나리오를 만들어서 설계해 보자.

1. 챗봇의 개발 목적:
2. 챗봇이 하는 일:

[예시]

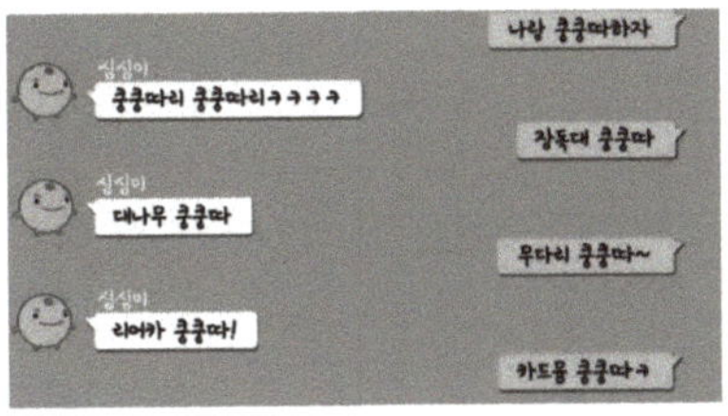

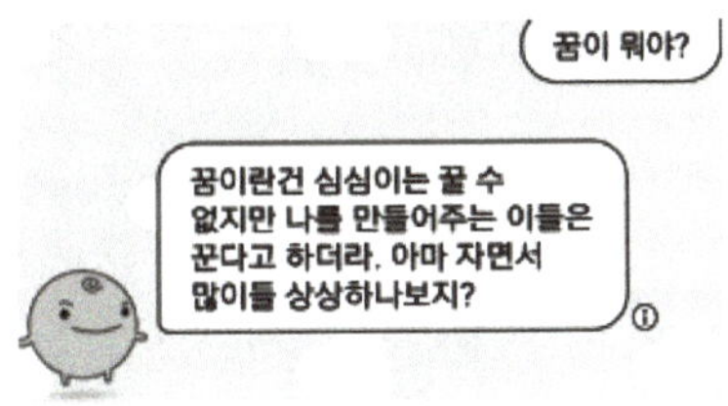

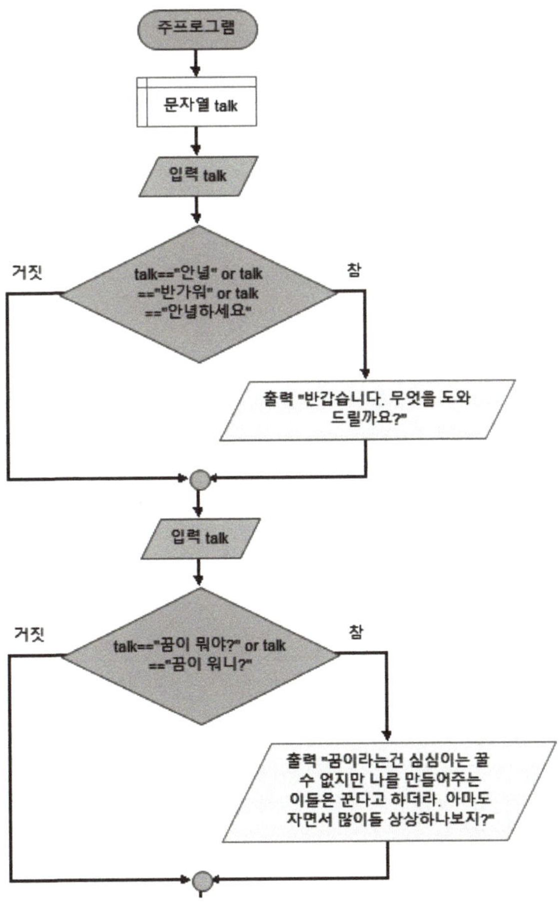

3. 챗봇 이름

4. 알고리즘 설계

05

변수와 연산자

학습목표

- 변수의 개념을 알고, 값을 대입할 수 있다.
- 파이썬에서 사용하는 데이터 타입을 알고, 데이터 타입을 이용하여 코딩을 작성할 수 있다.
- 파이썬에서 사용할 수 있는 연산자의 종류를 알고, 문제해결에 필요한 연산자를 선택하여 코딩을 작성할 수 있다.

학습목차

5.1 변수
5.2 연산자

5.1 변수

4장에서는 문제해결을 논리적으로 해결하는 과정을 표현하는 순서도를 학습했다. 5장부터는 순서도로 표현한 알고리즘을 컴퓨터가 이해할 수 있도록 프로그래밍으로 구현하는 내용을 학습한다. 파이썬에서 알아야하는 몇가지 내용을 살펴보도록 한다.

파이썬에서의 변수

변수는 프로그램을 실행하는 동안 값을 저장하기 위한 공간이다. 우리는 변수를 쉽게 불러서 사용하기 위해 이름을 붙인다. 이것이 '변수명'이다.

1 파이썬에서의 변수명은 다음과 같은 규칙을 가지고 있다.

- 알파벳 대·소문자, 한글 문자, 숫자, 밑줄(_)만 사용 가능함
- 첫 문자는 숫자가 올 수 없음
- 예약어 키워드를 사용할 수 없음
- 대문자와 소문자를 구별함
- 공백이 들어가서는 안 됨

다음 변수명이 가능한지 살펴보자.

변수명의 예	가능 여부	불가능 이유
for	불가능	예약어
for1	가능	
1For	불가능	숫자로 시작
_for	가능	
f 1	불가능	공백이 있음

파이썬 예약어는 다음과 같다.

```
>>> import keyword #예약어 종류 알려주는 모듈 불러오기
>>> keyword.kwlist #키워드리스트
['False', 'None', 'True', '__peg_parser__', 'and', 'as', 'assert',
'async', 'await', 'break', 'class', 'continue', 'def', 'del', 'elif',
```

```
'else', 'except', 'finally', 'for', 'from', 'global', 'if', 'import',
'in', 'is', 'lambda', 'nonlocal', 'not', 'or', 'pass', 'raise',
'return', 'try', 'while', 'with', 'yield']
```

'변수명'은 길어도 상관없지만 너무나 길게 되면 사용하기 어려워서 명확하고 간단하게 표현하는 것이 좋다.

2 변수의 실제 메모리 주소를 알고 싶으면 id() 함수를 사용한다.

변수 실제 주소

```
>>> a=4
>>> id(a)
1938745747856 #컴퓨터마다 다를 것이다.
```

3 변수를 삭제할 때는 del이라는 예약어를 사용한다.

변수 삭제 예제

```
>>> a=4
>>> id(a)
1938745747856
>>> del(a)
>>> a
Traceback (most recent call last):
    File "<pyshell#46>", line 1, in <module>
        a
NameError: name 'a' is not defined
```

4 변수의 값 할당

변수에 값을 할당할 때는 l-value에는 변수만 올 수 있고, 오른쪽 값(r-value)에는 상수[1]와 수식 등이 위치해야 한다.

```
>>> a=34
>>> 35=a+1
SyntaxError: cannot assign to literal.
```

1 상수(constant) : 한번 값이 결정되면 절대로 변하지 않는 수를 말한다. 파이썬에서는 변수 선언 시 자료형을 선언하지 않아도 되기 때문에 변수와 비슷한 용도로 사용해도 문제가 없다. 변수를 정의할 때, 변수명 전체를 대문자로 정의하여 상수로 구분하면 편리하다(ex. PI=3.14).

```
>>> a=34
>>> b=1
>>> a+b=c
SyntaxError: cannot assign to operator
```

변수를 사용하기 전에는 값이 할당되어 있어야 한다. 값이 할당되지 않는다면 사용할 수 없다.

```
>>> C=C+1
Traceback (most recent call last):
    File "<pyshell#53>", line 1, in <module>
        C=C+1
NameError: name 'C' is not defined
```

5 여러 변수의 값 할당

파이썬에서는 한 문장에 여러 변수의 값을 할당할 수 있다. 이때 변수와 값의 개수가 같아야 한다.

```
>>> a, b=110,112
>>> a, b
(110, 112)
```

또한, 한 문장에서 변수의 값을 교환할 수도 있다.

```
>>> a, b=110,112
>>> a, b=b, a
>>> a, b
(112, 110)
```

› 파이썬의 데이터 타입

파이썬은 변수의 타입을 선언하지 않는다. 값이 할당되면 그때 변수의 타입이 결정된다.

```
>>> a = 5 #정수형 변수 선언
>>> a = 5.3 #실수형 변수 선언
>>> a = "python" #문자형 변수 선언
```

```
>>> a = True #논리형 변수 선언
>>> a = False
```

1 데이터 타입은 type() 함수를 사용하여 확인할 수 있다.

```
>>> type(a)
<class 'int'>
```

2 데이터 타입

다음은 파이썬에서 변수에 저장할 수 있는 데이터 타입이다.

데이터 타입

boolea(논리형), int(정수형), float(실수형), complex(복소수형), string(문자열), list(리스트), dictionary(사전), tuple(튜플), set(세트)

다음 예제를 통해 데이터 타입을 살펴보자.

[boolean]
- 참과 거짓
- True는 정수 1을, False는 정수 0을 나타냄

```
>>> a=True
>>> type(a)
<class 'bool'>
>>> a=a*False
>>> a
0
>>> type(a)
<class 'int'>
```

[int] 정수형

```
>>> a
123
>>> type(a)
<class 'int'>
>>>
```

[float] 실수형

```
>>> a=123.12
>>> a
123.12
>>> type(a)
<class 'float'>
>>>a = 1.3e1
>>>a
13.0
```

[complex] 복소수형

```
>>> a=5+5j
>>> a
(5+5j)
>>> type(a)
<class 'complex'>
```

[string]

- 유니코드로 나타낼 수 있는 모든 문자열

- 작은따옴표(') or 큰따옴표(")로 묶어서 표현

```
>>> a="hello"
>>> a
'hello'
>>> type(a)
<class 'str'>
```

[list]

- 순서가 있는 데이터의 집합

```
>>> a
[1, 2, 3, 4]
>>> type(a)
<class 'list'>
```

[dictionary]
- 키와 값으로 이루어진 데이터 집합

```
>>> a
{1: 'python', 2: 'Java'}
>>> type(a)
<class 'dict'>
```

[tuple]
- 수정할 수 없는 데이터 집합

```
>>> a
(1, 2, 3, 4)
>>> type(a)
<class 'tuple'>
```

[set]
- 중복을 허용하지 않는 데이터 집합

```
>>> a
(1, 2, 3, 4)
>>> type(a)
<class 'tuple'>
```

› 파이썬에서의 출력문

파이썬에서의 출력은 print() 함수를 사용한다. print()는 값을 출력하고 줄을 자동을 바꾼다.

print()에 대한 도움말은 help() 함수를 사용하여 확인한다.

```
>>> help(print)
Help on built-in function print in module builtins:
print(...)
print(value, ..., sep=' ', end='\n', file=sys.stdout, flush=False)

    Prints the values to a stream, or to sys.stdout by default.
    Optional keyword arguments:
    file: a file-like object (stream); defaults to the current sys.stdout.
```

```
sep: string inserted between values, default a space.
end: string appended after the last value, default a newline.
flush: whether to forcibly flush the stream.
```

1 print()의 사용 예

print("안녕")	
print("안녕","하세요")	
print("안녕"+"하세요")	문자열 타입끼리 연결해 준다.
print("안녕""하세요")	문자열 타입끼리 연결해 준다.
print("안녕", end=" ") print("하세요")	

2 이전 버전의 format 형식

이전 버전의 format 형식 출력문 예

```
>>> a, b=80, 99
>>> name="보라"
>>> print("%s: 영어:%d, 수학:%d"%(name, a, b))
보라: 영어:80, 수학:99
```

"%형식문자"로 지정하면 % 뒤의 출력 대상들이 1대1로 대응되어 출력된다. 형식에는 문자열, 정수, 실수 등이 있다.

%s	문자열	
%d	정수	%04d: 정수를 4칸에 맞추고 앞의 빈칸은 0 출력
%f	실수	%7.4f: 실수를 전체 7칸 소수 이하 4칸에 맞추어 출력

이전 버전의 다양한 형식지정 출력문 예제

```
>>> a, b=80, 99
>>> name="보라"
>>> print("%s: 영어:%04d, 수학:%7.4f"%(name,a,b))
보라: 영어:0080, 수학:99.0000
```

3 파이썬 3 포맷팅 방식

"출력형식".format{ }으로 지정하면 { }안의 출력 대상들이 format() 함수 안의 변수 또는 값과 1대1로 대응되어 출력된다. { }안에 숫자를 지정하여 format() 함수 안의 변수(또는 값)와 대응되어 출력할 수도 있다. 출력방법은 다음과 같다. 참고로, 문자열의 반복은 *연산자를 사용한다.

format()을 활용한 출력문

```
>>> name="보라"
>>> age=17
>>> print("이름:{}, 나이:{}".format(name, age))
이름:보라, 나이:17
>>> print("이름 :{0}, 나이: {1} 세 ".format(name, age))
이름 :보라, 나이: 17세
>>> print("삼삼칠 박수: {0}!,{0}!,{1}!".format("짝"*3, "짝"*7))
삼삼칠 박수 : 짝짝짝! 짝짝짝! 짝짝짝!
```

파이썬에서의 입력문

파이썬의 입력문은 input() 함수를 사용한다.

input()에 대한 도움말은 help() 함수를 사용하여 확인한다.

```
>>> help(input)
Help on built-in function input in module builtins:

input(prompt=None, /)
    Read a string from standard input. The trailing newline is stripped.

    The prompt string, if given, is printed to standard output without a
    trailing newline before reading input.

    If the user hits EOF (*nix: Ctrl-D, Windows: Ctrl-Z+Return), raise
EOFError.
On *nix systems, readline is used if available.
```

input() 함수는 키보드로부터 값을 입력받는다. 만약 input('문자열')으로 작성하면 '문자열'을 출력하고 키보드로부터 값을 입력받는다. 입력된 값은 데이터 타입이 문자열이다.

1 input() 사용 예

input() 사용 예제

```
>>>age = input('나이 입력: ');
나이 입력:10
>>> print("나이:{},type:{}".format(age, type(age)))
나이:10, type:<class 'str'>
```

2 형 변환

input() 함수는 문자열로 입력이 되기 때문에 숫자로 변환하기 위해서는 int() 또는 float() 함수로 변환해서 사용해야 한다.

형 변환 입력문 예제

```
>>> age=int(input("나이 입력:"))
나이 입력:10
>>> print("나이:{},type:{}".format(age, type(age)))
나이:10, type:<class 'int'>
>>> h=float(input("키입력:"))
키입력:160.3
>>> print("키:{},type:{}".format(h, type(h)))
키:160.3, type:<class 'float'>
```

주석

코드에 설명을 넣고 싶을 때는 주석을 사용한다. 한 줄 주석은 '#'으로 표시하고, 여러 줄의 주석은 작은따옴표(') 또는 큰따옴표(")를 세 개씩 묶어서 사용한다.

주석처리의 예는 다음과 같다.

주석 예제

```
'''
작성자: 보라
프로그램명: test01.py
작성일: 2021년
설명: 주석 작성방법을 알려주는 예제
'''
```

```
print("안녕")
print("안녕","하세요.")
print("안녕"+"하세요.")
print("안녕""1")
print("안녕",end=" ")          # 여러 줄로 나눈 값을 한 줄로 나타낼 수 있다.
print("하세요.")
```

5.2 연산자

➤ 산술연산자

파이썬에서 사용하는 산술연산자는 다음과 같다.

연산자	설명
+	더하기
-	빼기
*	곱하기
/	나누기
//	몫
%	나머지
**	거듭제곱

예제 5.1

두 수를 입력받아 사칙연산 결과 출력하기

```
a=int(input("1st:"))
b=int(input("2st:"))
print("a+b=",a+b)
print("a-b=",a-b)
print("a*b",a*b)
print("a/b",a/b)
```

▶ [실행결과]

```
1st:45
2st:66
a+b= 111
a-b= -21
a*b 2970
a/b 0.6818181818181818
```

예제 5.2

동전 교환기 :500원으로 교환하기

```
m=int(input("1000원 지폐 개수 입력:"))
money=1000*m
c_500=money//500
print("투입금액:{}, 500원 개수:{}".format(money, c_500))
```

▶ **[실행결과]**

```
1000원 지폐 개수 입력:15
투입금액:15000, 500원 개수:30
```

➤ 대입연산자

대입연산자는 순서도에서 '배정'이라는 기호를 사용한 것과 같은 의미이다. 즉 변수에 값을 할당하는 의미이다. 이때 사용하는 연산자가 '='이다. 산술연산자와 함께 사용할 경우 간결하게 표현할 수 있다.

연산자	사용 예	의미
=	a=8	
-=	a-=1	a=a-1
+=	a+=1	a=a+1
*=	a*=2	a=a*2
/=	a/=2	a=a/2
%=	a%=3	a=a%3
//=	a//=10	a=a//10
**=	a**=2	a=a**2

```
>>> a=8
>>> a-=1
>>> a+=1
>>> a*=2
>>> a/=2
>>> a%=3
>>> a//=10
```

```
>>> a**=2
>>> a
0.0
```

비교연산자

비교연산자는 두 개의 값의 크고 작음을 비교하여 그 결과를 참 또는 거짓으로 출력한다.

연산자	사용 예	결과
>	4> 5	False
>=	4>=5	False
<	4<5	True
<=	4<=5	True
==	4==5	False
!=	4!=5	True

```
>>> 4> 5
False
>>> 4>=5
False
>>> 4<5
True
>>> 4<=5
True
>>> 4==5
False
>>> 4!=5
True
```

논리연산자

파이썬에서 사용하는 논리연산자는 다음과 같다.

연산자	사용 예	설명
and	4> 5 and 4<5	두 개 모두 참일 경우 참
or	4>5 or 4<5	두 개 중 하나만 참이면 참
not	not 4<5	논리 결과 참이면 거짓, 거짓이면 참

```
>>> 4>5 and 4<5
False
>>> 4>5 or 4<5
True
>>> not 4<5
False
```

연습문제

활동 5-1

세 개의 과목 점수를 입력받아 총점과 평균을 구하는 프로그램을 실행해 보자.

```
#세 과목의 점수 동시에 입력받기
subject1,subject2,subject3=input("세 과목 점수입력:").split()
total=int(subject1)+int(subject2)+int(subject3)
avg=total/2
print('sum:',total)
print('avg:',avg)
```

```
[실행결과]
세 과목 점수입력:99 77 80
sum: 256
avg: 128.0
```

활동 5-2

다음 코드의 실행결과를 작성하시오.

```
a=2
a+=1
a-=2
a//=2
a%=3
print(a)
```

[실행결과]

활동 5-3

토익점수가 800점 이상이거나 기초영어 과목 점수가 60점 이상인 조건을 만족하는 조건식을 완성하시오.

```
>>> t=int(input("토익점수:"))
토익점수:800
>>> e=int(input("기초영어점수:"))
기초영어점수:500
>>> ______________________________
```

```
[실행결과]
True
```

활동 5-4

초 단위의 시간을 입력받아 시간, 분, 초로 출력하는 프로그램이다. 빈 곳을 채워 완성하시오.

```
s=______________________________
h=s//3600
s=s%3600
m=s//60
s=s%60
print("{}시, {}분, {}초". format(______________))
```

```
[실행결과]
초 단위의 전체 시간 입력: 560
0시, 9분, 20초
```

활동 5-5

키(cm)를 입력받아 표준체중을 출력하는 프로그램이다. 빈 곳을 채워 완성하시오. 단, 출력은 format()을 사용하시오.

- 표준체중(kg) = [키(cm) − 100] * 0.9

```
이름=__________________
키=__________________
표준체중=(키-100)*0.9
print(________________________________)
```

```
[실행결과]
이름 입력:보라
키 입력:163.2
보라님, 표준체중은 56.879999999999999입니다
```

활동 5-6

수를 입력받아 각 자릿수를 출력하는 프로그램을 완성하시오.

```
num=int(input("수입력:"))

[                                    ]

print("백의 자리:",n_100)
print("십의 자리:",n_10)
print("일의 자리:",num)
```

```
[실행결과]
수입력:897
백의 자리: 8
십의 자리: 9
일의 자리: 7
```

활동 5-7

커피숍에서 단 하루 동안 구매금액의 25%를 할인하는 프로모션을 진행한다. 구매금액의 총금액을 자동으로 계산해 주는 프로그램을 작성하시오. 커피숍의 메뉴는 총 1개만 있다고 가정한다.

- 아메리카노: 2000원

```
주문개수=int(input("커피 주문 수:"))
```

[실행결과]
커피 주문 수:8
총금액: 16000
할인금액: 4000.0
총주문금액: 12000

활동 5-8

이번 학기 수강하는 과목의 성적비율은 다음과 같다.

- 출석:30%, 중간:10%, 과제:30%, 퀴즈:25%, 기말:5%
- 각 항목당 100점 만점으로 입력된다고 가정하였을 때 총점을 구하는 프로그램을 완성하시오.
- 또한, 총점이 90점 이상인지 결과를 출력하시오.

```
출석=int(input("출석"))
중간=int(input("중간"))
과제=int(input("과제"))
퀴즈=int(input("퀴즈"))
기말=int(input("기말"))
```

```
print("총점",total)
print("90점 이상:", )
```

```
[실행결과]
출석 80
중간 100
과제 90
퀴즈 98
기말 100
총점 90.5
90점 이상 True
```

06

선택 구조

학습목표

- 선택 구조를 파이썬으로 표현하는 방법을 알아 코드로 작성할 수 있다.
- 단순 선택문의 사용방법을 익혀 주어진 문제를 해결할 수 있다.
- 중첩 선택문의 사용방법을 익혀 다양한 조건을 나타낼 수 있다.
- 선택문을 활용하여 다양한 문제를 해결할 수 있다.

학습목차

6.1 파이썬 선택문

6.1 파이썬 선택문

파이썬의 선택문은 if, if~else, if~elif, if~elif~else, if~in~else로 구성된다.

if문의 조건식은 참 또는 거짓이 판별할 수 있도록 작성해야 하고, 조건식 끝에는 콜론(:)으로 마무리를 해야 한다. 콜론(:)을 통해 컴퓨터는 조건식을 만족했을 때 들여쓰기로 구분된 명령문들을 실행한다는 의미로 받아들인다.

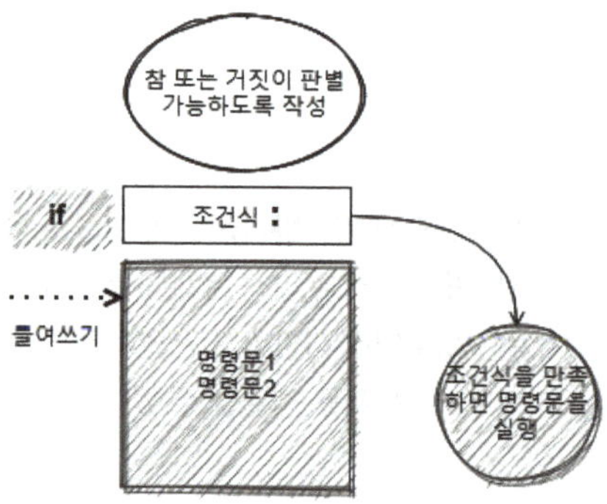

조건식

선택문의 조건식은 참 또는 거짓이라는 결과가 나와야 한다. 조건식을 만족하면 참, 만족하지 않으면 거짓의 결괏값을 이용하여 명령문을 실행할지 말지를 결정할 수 있다. 따라서 비교연산자와 논리연산을 이용한다.

다양한 조건식의 예를 살펴보자.

성적이 80점 미만일 때 만족하는 조건식

```
>>> score=90
>>> score<80
False
```

입력받은 수가 짝수일 때 만족하는 조건식

```
>>> num=int(input("수입력:"))
수입력:99
>>> nub % 2==0
False
```

1학년이거나 3학년을 만족하는 조건식

```
>>> 학년=3
>>> 학년==1 or 학년==3
True
```

입력받은 비밀번호와 설정된 비밀번호(1234)가 같지 않으면 만족하는 조건식

```
>>> 비밀번호=input("비밀번호입력:")
비밀번호입력:3344
>>> 비밀번호!="1234"
True
```

입력받은 수가 1에서 100 미만을 만족하는 조건식

```
>>> num=int(input("수입력:"))
수입력:98
>>> 1<=num<100
True
```

단순 선택문(if, if~else)

조건식을 만족하는 경우 명령문을 실행하는 단순한 구조이다.

1 if문

형식	구조
if 조건식 : (들여쓰기) 명령문1 명령문2	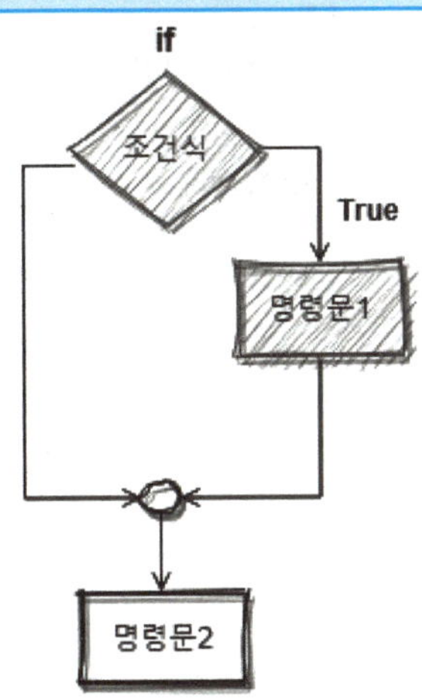
사용 예	

`if 4> 5:`
`   print("4는 5보다 크다")`
`print("end")`	

[실행결과] end	

2 if~else문

형식

```
if 조건식 :
(들여쓰기) 명령문1
else:
(들여쓰기) 명령문2
명령문3
```

사용 예

```
if 4>5:
   print("4는 5보다 크다")
else:
   print("4는 5보다 작다")
print("end")
```

```
[실행결과]
4는 5보다 작다
end
```

구조

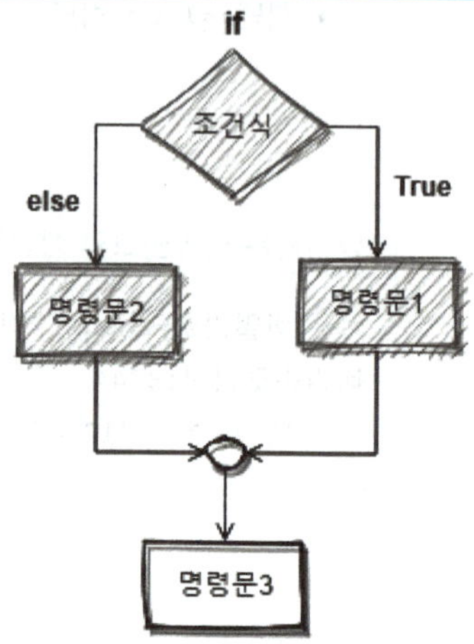

예제 6.1

나이를 입력받아 15세 이상이면 "영화관람", 15세 미만이면 "다음에…."를 출력하는 프로그램이다.

코드

```
age=int(input("나이 입력:"))
if age>=15:
   print("영화관람")
else:
   print("다음에….")
```

```
[실행결과]
나이 입력:88
영화관람
```

구조

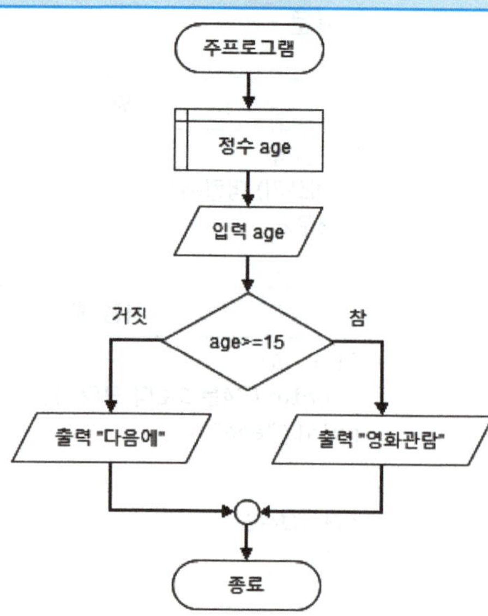

예제 6.2

서로 다른 두 수를 입력받아 큰 수를 출력하는 프로그램을 완성하시오.

코드

```
a=int(input("1st:"))
b=int(input("2st:"))
if ______:
  print(a)
else:
  print(b)
```

```
[실행결과]
1st:88
2st:45
88
```

구조

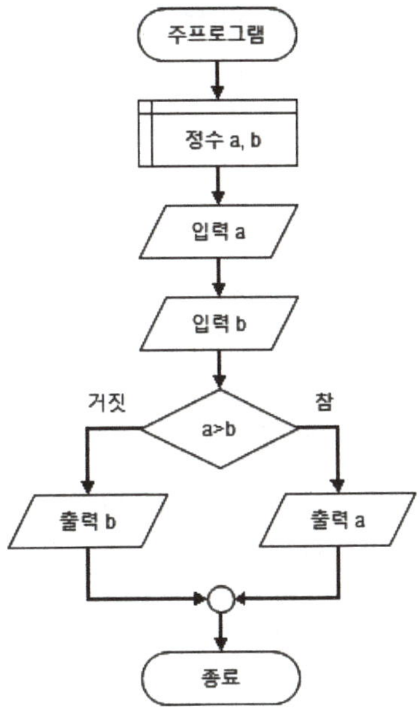

예제 6.3

성적을 입력하여 80점 이상이면 유튜브 영상페이지가 열리고, 80점 미만이면 학습페이지가 열리는 프로그램을 작성해 보자.

※ 웹브라우저를 연결하여 창을 띄우는 방법

- import webbrowser #웹브라우저 모듈을 사용하겠다는 의미
- webbrowser.open(http://유튜브영상주소)

[코드]

```
import webbrowser
score =int(input("성적을 입력하시오: "))
if score >= 80:
    webbrowser.open("http://유튜브영상주소")
else:
    webbrowser.open("학습페이지 URL")
```

› 다중 선택문(if~elif와 if~elif~else)

조건이 거짓일 경우 다시 선택 조건식을 제시하여 조건의 결과에 따라 명령문을 수행하는 구조이다.

1 if~elif문

조건식1을 만족하면 명령문1을 실행하고, 만족하지 않으면 조건식2를 확인한다. 조건식2를 만족하면 명령문2를 실행한다. 명령문3은 조건식과 상관없이 실행된다.

<table>
<tr><th>형식</th><th>구조</th></tr>
<tr><td>if 조건식1 :
(들여쓰기) 명령문1
elif 조건식 2:
(들여쓰기) 명령문2
명령문3</td><td rowspan="4">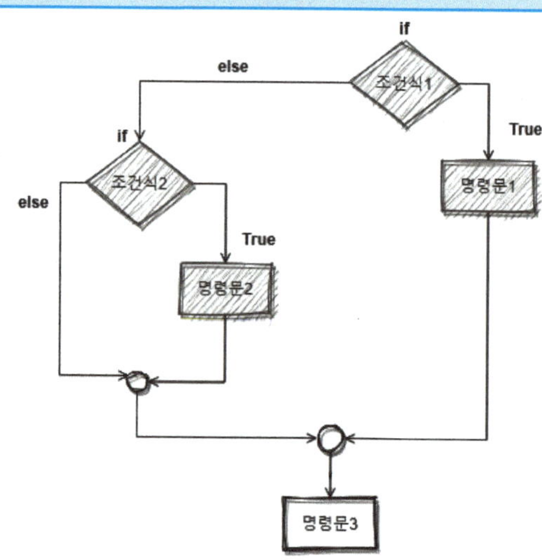
</td></tr>
<tr><th>사용 예</th></tr>
<tr><td>if 1<0:
  print("1은 0보다 작다")
elif 1==0:
  print("1은 0과 같다")
print("end")</td></tr>
<tr><td>[실행결과]
end</td></tr>
</table>

2 if~elif~else문

<table>
<tr><th>형식</th><th>구조</th></tr>
<tr><td>if 조건식 :
(들여쓰기) 명령문1
elif 조건식:
(들여쓰기) 명령문2
else:
(들여쓰기) 명령문3
명령문4</td><td>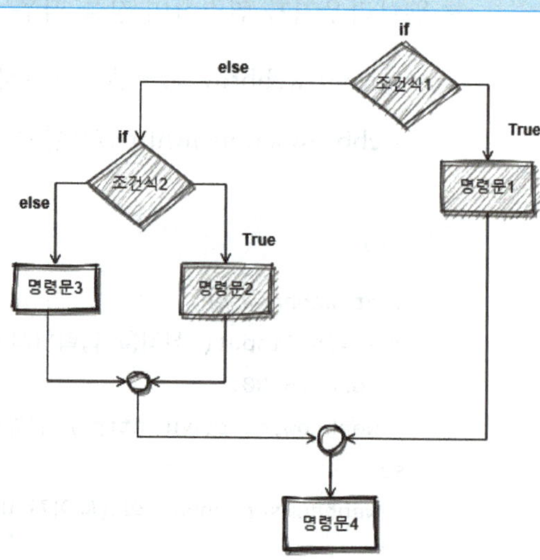
</td></tr>
</table>

조건식1을 만족하면 명령문1을 실행하고, 만족하지 않으면 조건식2를 확인한다. 조건식2를 만족하면 명령문2를 실행하고, 만족하지 않으면 명령문 3을 실행한다. 명령문4는 조건식과 상관없이 실행된다.

두 수를 입력받아 두 수 중에서 큰 수를 출력하고, 두 수가 같으면 '두 수는 같습니다'를 출력하는 예제이다.

사용 예	실행결과

`a=int(input("1st:"))`
`b=int(input("2st:"))`
`if a>b:`
`  print(a)`
`elif a<b:`
`  print(b)`
`else:`
`  print("두 수는 같습니다")`
`print("end")`
	1st:45
	2st:45
	두 수는 같습니다
	end

다음의 예제는 점수를 입력받아 점수의 범위를 조건식으로 작성하여 조건식을 만족하는 경우 학점을 출력하는 프로그램이다. 순서도를 보면서 파이썬 코드의 조건식을 완성하여 실행해 보자.

예제 6.4

한 과목의 점수를 입력받아 100~90이면 A 학점, 89~80이면 B 학점, 79~70이면 C 학점, 70점 미만은 F 학점을 출력하는 프로그램을 완성하시오.

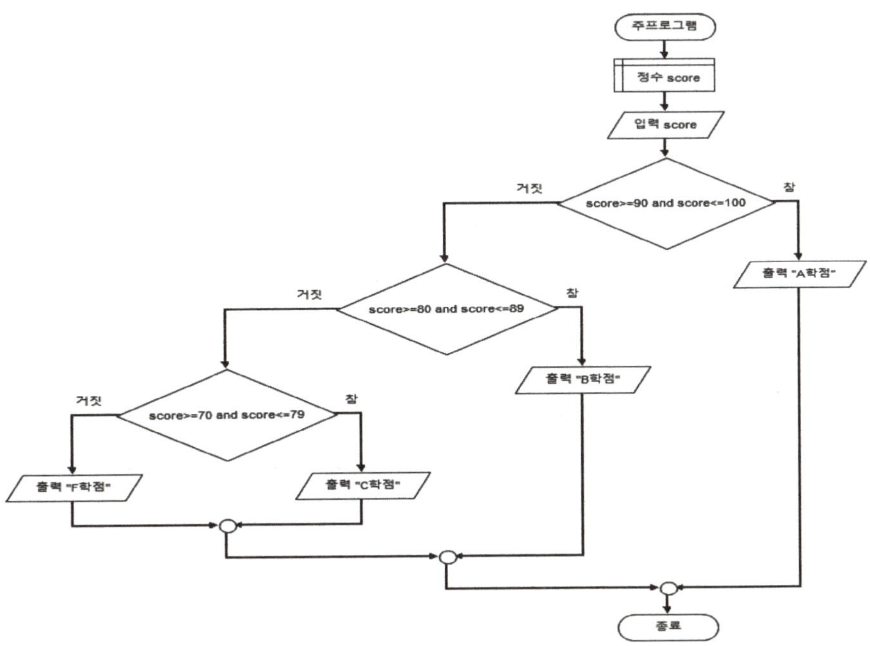

코드	실행결과

score=int(input("점수입력:"))
if ________________:
  print("A 학점")
elif ________:
  print("B 학점")
elif ________:
  print("C 학점")
else:
  print("F학점")
	점수입력:88
	B 학점

다음의 예제는 랜덤한 수를 생성하여 입력한 수와 크기를 비교하는 프로그램이다. 랜덤하게 생성된 수가 입력한 수를 비교하는 조건식을 통해 어느 수가 더 큰지를 알려준다.

예제 6.5

사용자 수를 입력받아 컴퓨터의 수의 경우 컴퓨터 수를 출력하고 종료하는 프로그램을 완성해 보자. 이때, 사용자 수가 더 크면 '사용자 수가 더 큽니다'를 출력하고, 컴퓨터 수가 더 크면 '컴퓨터 수가 더 큽니다'를 출력한다.

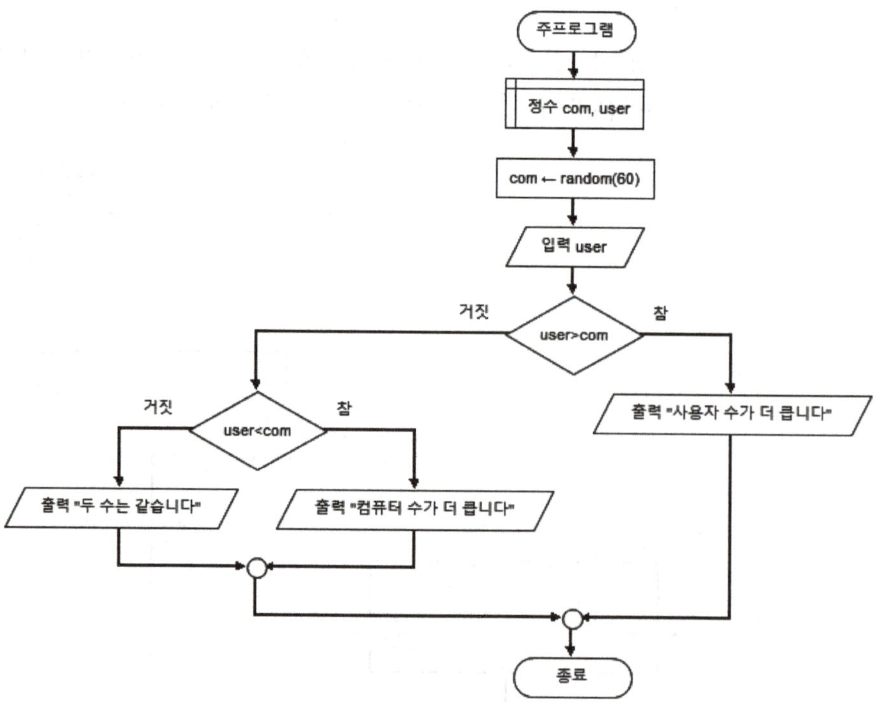

[코드]

```
import random
com_num= random.randint(1, 60)
user_num = int(input('number: '))
if ________________:
    print('사용자 수가 더 큽니다 ')
elif ________________:
    print(컴퓨터 수가 더 큽니다.')
else:
    print("두 수는 같습니다")
```

› 중첩 선택문

복잡한 문제의 경우 조건 문안에 조건문이 중첩되어 나타나는 경우가 있다. 조건문 안에 또 다른 조건문안에 if문을 중첩하여 표현하는 것을 중첩 선택문이라 한다.

형식	구조

if 조건식1 :
(들여쓰기) 명령문1
  if 조건식 2:
    명령문2
  else:
    명령문3
elif 조건식 3:
(들여쓰기) 명령문4
 	
명령문5
	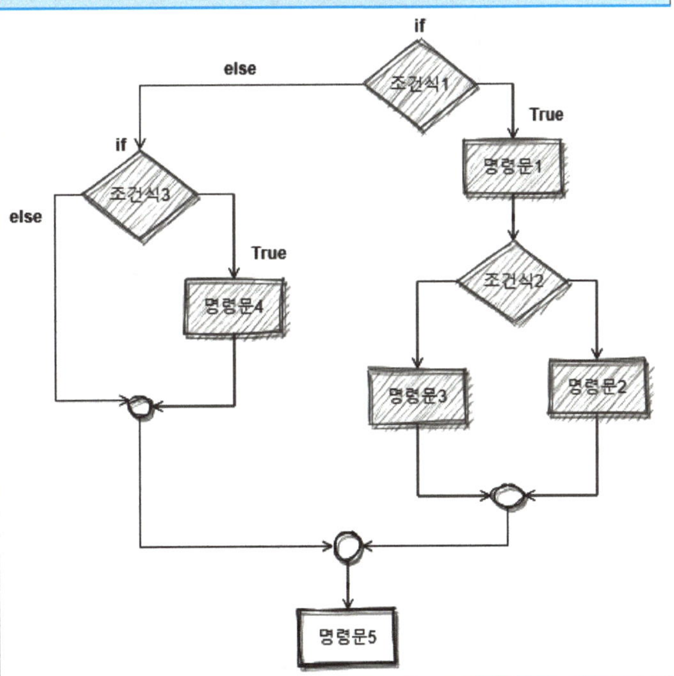

조건식1을 만족하면 명령문1을 실행한 후에 조건식2를 판단한다. 조건식2를 만족하면 명령문2를 실행하고, 만족하지 않으면 명령문3을 실행한다. 조건식1을 만족하지

않으면 조건식3을 판단한다. 조건식3을 만족하면 명령문4를 실행한다. 명령문5는 조건식과 상관없이 실행한다.

다음의 예는 비회원과 회원 로그인을 하는 과정을 나타낸 것이다. 회원인지 확인하고, 회원이라면(설정된 id가 입력한 id와 같다면) 비밀번호를 확인한다. 비밀번호가 설정한 비밀번호("1234")와 일치하면 로그인하고, 그렇지 않으면 오류를 출력한다. 비회원이면 '비회원 로그인'을 출력한다.

예제 6.6

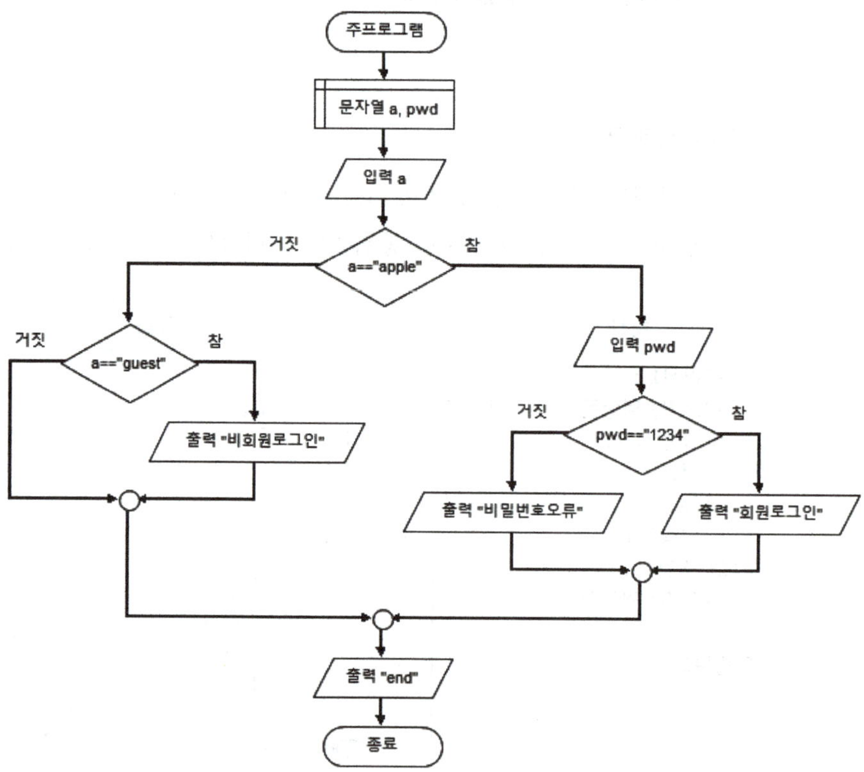

[코드]

```
a=input("아이디 입력:"))
if a=="apple":
    pwd=input("비밀번호입력:")
    if pwd=="1234":
        print("비밀번호 일치")
        print("회원 로그인")
    else:
```

```
        print("비밀번호 오류")
elif a=="guest":
    print("비회원 로그인")
print("end")
```

```
[실행결과]
아이디 입력:guest
비회원 로그인
end
```

학교에 처음 방문한 경우, 식당을 안내하는 프로그램이다. 건물 9, 16, 20에 식당이 있다. 맨 처음 식당이 있는 건물번호로 입력했는지 판단하는 조건식을 통해 입력값의 오류여부를 알려주도록 하였다. 식당이 있는 건물번호가 맞다면, 각 건물번호와 입력한 번호가 일치하는지 비교연산자'=='를 통해 각 건물의 식당위치를 출력하는 예제이다.

건물번호	건물명	학생식당 층
9	도서관	지하 1층
16	새천년관	지하 1층
20	학생회관	1층과 지하 1층

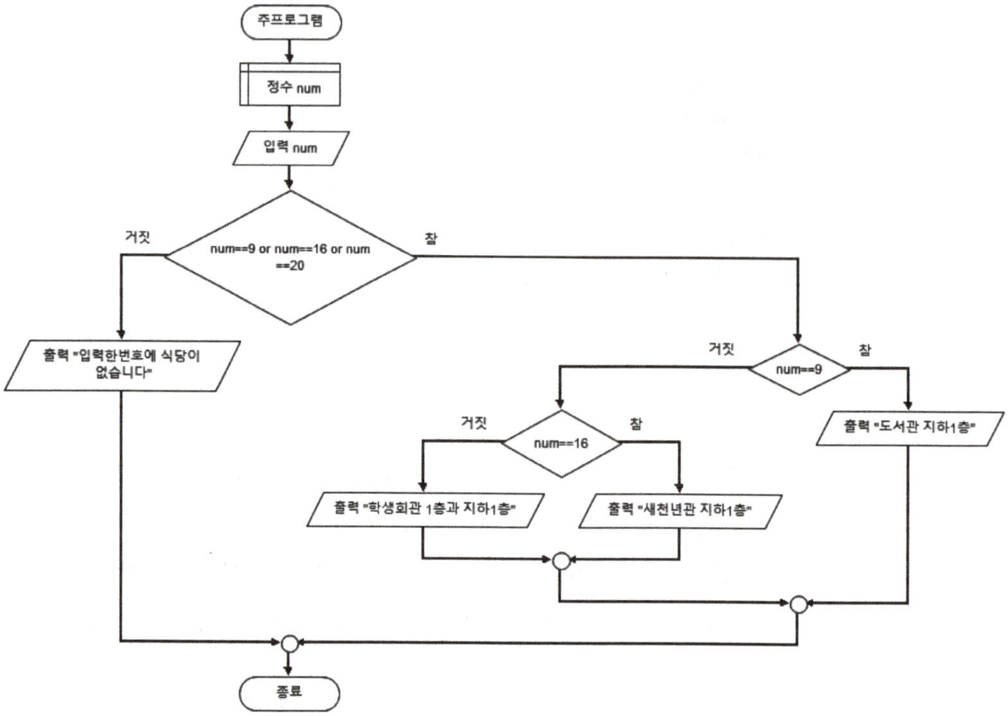

예제 6.7

```
num=int(input("건물번호입력:"))
if num==9 or num==16 or num==20:
    if num==9:
        print("도서관 지하 1층")
    elif num==16:
        print("새천년관 지하 1층")
    else:
        print("학생회관 1층과 지하 1층")
else:
    print("입력한 번호에 식당이 없습니다.")
```

▶ 실행결과

```
건물번호입력:16
새천년관 지하 1층
```

› in 연산자

in 연산자는 멤버인지를 확인하는 연산자이다. 여러 개의 항목을 담은 시퀀스 자료형 안에 값이 있는지 판별한다. 시퀀스 자료형은 8장에서 다루므로 여기서는 간단하게 살펴보자.

in 연산자 예	실행결과
>>> 3 in [1, 2, 3]	True
>>> 'a' in 'apple'	True
>>> "python" in ["java","C++","C#"]	False

앞에서 다뤘던 식당 예제를 in 연산자를 사용하여 나타내면 다음과 같다.

예제 6.8 조건식에서의 in 연산자

```
num=int(input("건물번호입력:"))
if num in [9, 16, 20]:
    if num==9:
        print("도서관 지하 1층")
    elif num==16:
        print("새천년관 지하 1층")
    else:
        print("학생회관 1층과 지하 1층")
else:
    print("입력한 번호에 식당이 없습니다.")
```

연습문제

활동 6-1 3, 6, 9게임 프로그램 만들기

1에서 100 사이의 수 하나를 입력받아 3, 6, 9의 개수만큼 박수를 출력한다. 사용자가 입력한 수는 num에 저장된다.

- 파이썬 코드 작성할 때 조건식에 in 연산자를 사용하시오.

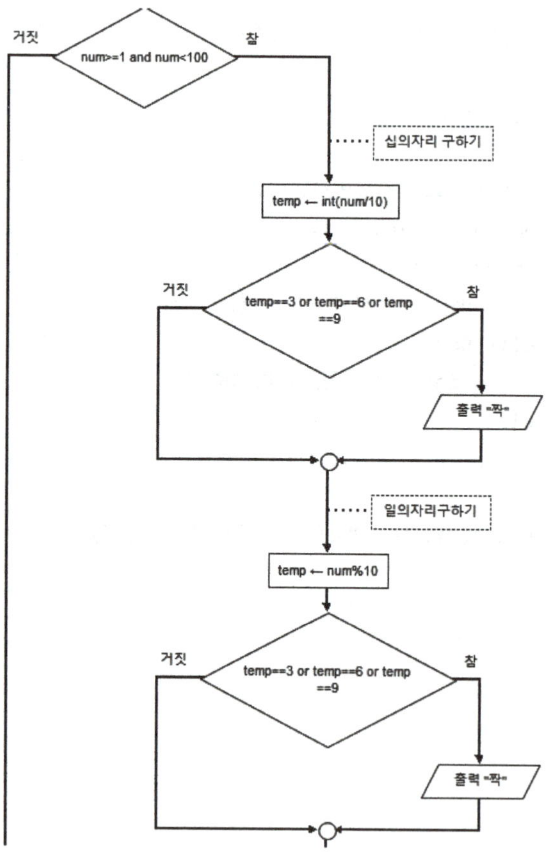

[코드작성]

```
num=int(input("수 입력:"))
if 1<=num<100:

else:
print("수 범위 오류!")
```

활동 6-2

두 수와 산술연산자를 입력받아 계산 결과를 출력하는 프로그램이다. 순서도를 완성하고, 파이썬 코드로 작성하시오.

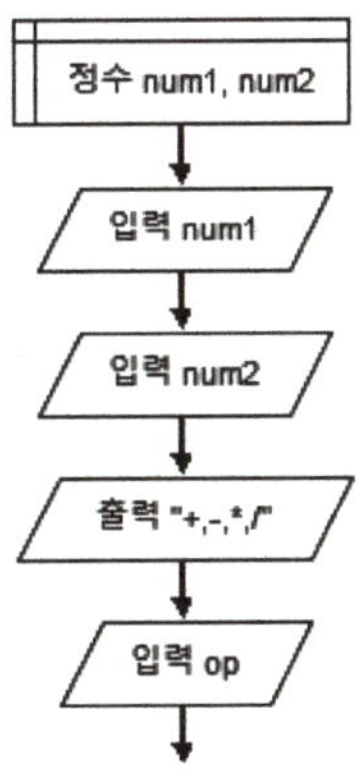

[순서도 완성]

[코드작성]

[실행결과]

```
1st:45
2st:67
+,-,*,/:*
3015
```

활동 6-3

삼겹살 무인 자판기가 있다. 상품 중에 구매할 상품을 선택하고 수량을 누르면 주문 항목과 총금액이 출력된다. 만약, 메뉴에 없는 번호를 누르면 "번호 오류"를 출력한다.

[메뉴]

- 01번: 수입 삼겹살(독일) 500g – 6000원
- 02번: 국내 삼겹살 500g – 8000원
- 03번: 수입 삼겹살(미국) 500g – 6200원

[순서도]

[코드작성]

[실행결과]

```
원하는 삼겹살을 선택하세요(독일 1, 국내 2, 미국 3):2
수량입력:3
국내 삼겹살 500g 3개
총금액: 24000원
```

활동 6-4

자격증 시험의 합격 여부를 출력하는 프로그램이다.

[합격조건]

- 4과목의 평균 점수가 60점 이상이고 모든 과목은 40점을 넘어야 합격이다(한 과목이라도 40점 이하면 불합격이다).

[순서도]

[코드작성]

[실행결과]

```
1st:50
2st:60
3st:90
4st:100
합격
>>>
1st:35
2st:60
3st:90
4st:100
불합격
```

활동 6-5

업다운게임을 만들어보자.

- 컴퓨터가 어떤 수를 생각하면 사용자가 그 수를 알아맞히는 게임이다.
- 사용자가 입력한 수가 컴퓨터가 생각한 수보다 큰지 작은지 아니면 맞혔는지를 출력한다.

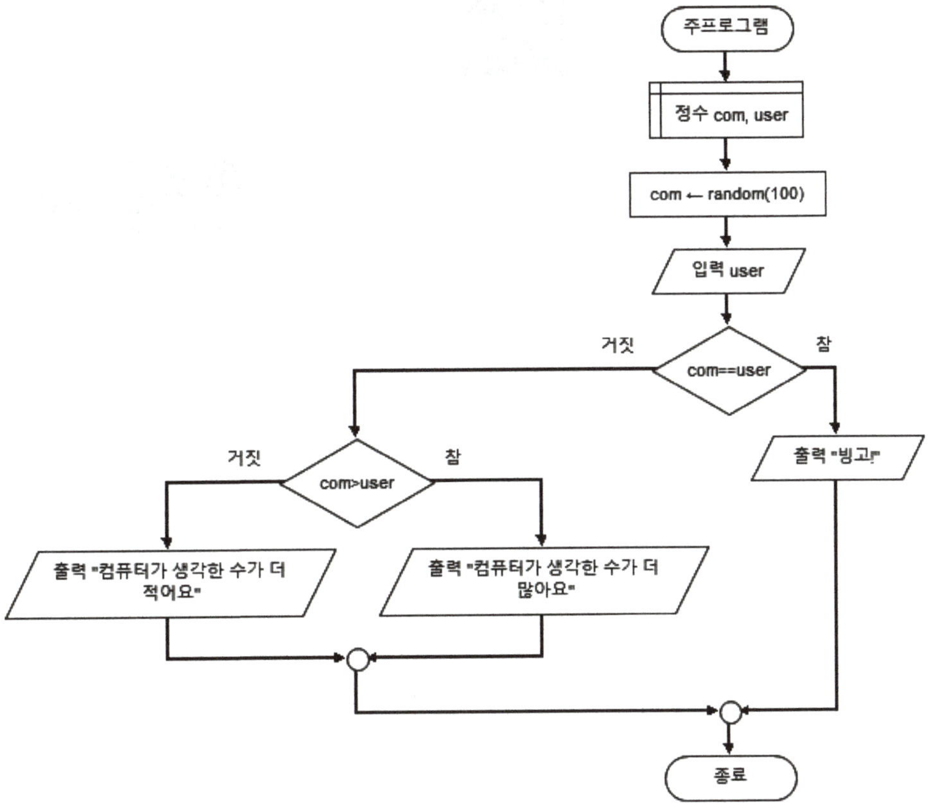

[코드작성]

활동 6-6

챗봇 심심이 이야기 게임처럼 만들어보자.

- https://www.simsimi.com/storygame/play?sg_id=358

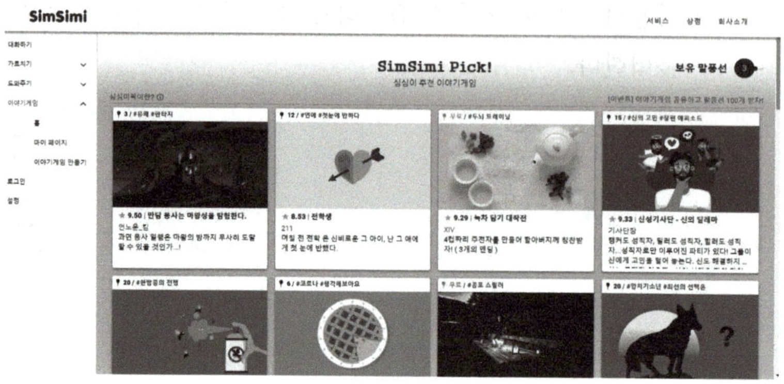

- 여러 가지 선택문으로 시나리오를 작성한 후, 파이썬 코드로 작성하기

1. 이야기 주제
2. 시나리오작성

[코드작성]

07

기계학습

학습목표

- 기계학습의 개념에 대해 배울 수 있다.
- 지도학습과 비지도학습의 개념과 차이점이 무엇인지 파악할 수 있다.
- 강화학습에 대해 알 수 있다.

학습목차

7.1 기계학습이란?
7.2 기계학습의 종류

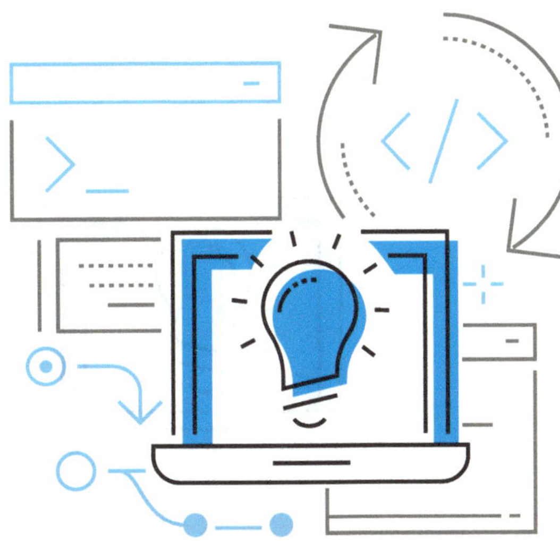

인공지능 분야 중 학습에 관한 내용으로 다루고자 한다. 그렇다면 학습이란 무엇인가? 국어사전에 따르면 학습은 "배워서 익히는 것", 영어로는 learning이다. 이를 통해 다시 정리하면 "학습은 지식을 습득하는 것"이다. 사람은 학습을 통해 직접 경험 또는 간접 경험을 통해서 스스로 지식을 습득한다. 이처럼 인공지능을 이용하여 사람처럼 스스로 생각하고 판단하게 하도록 컴퓨터에 사람처럼 학습을 시키기 위해 많은 정보를 모아놓은 데이터 안에서 특정한 패턴을 찾고 이렇게 찾은 패턴들을 이용하여 모델을 생성할 수 있도록 하는 과정을 학습이라고 한다. 인공지능 분야에서의 학습에는 대표적으로 기계학습이 있다. 이를 통해 7장에서는 기계학습의 개념과 기계학습에는 어떤 종류가 있는지 살펴보자.

7.1 기계학습이란?

여러분은 혹시 기계학습(Machine Learning, 머신러닝)이라는 말을 들어본 적이 있는가? "인공지능, 딥러닝, 빅데이터라는 말은 들어봤는데 기계학습(또는 머신러닝)은???"이라는 사람도 있을 것이고, "나는 들어봤어!!"라고 말하는 사람도 있을 것이다. 또한 앞의 1장에서 간단하게 우리는 기계학습에 대해 살펴보았다.

설령 앞에서 배웠던 내용이 기억이 안난다거나 들어본 적이 없다고 좌절할 필요는 없다. 이번 장을 통해 여러분은 기계학습이 무엇인지를 가볍게나마 다룰 수 있으므로 걱정하지 않아도 된다.

지금부터 기계학습은 무엇이고, 우리가 들어봤던 인공지능과 딥러닝과는 어떤 관계가 있는지 살펴보자.

7.1.1 기계학습의 개념

기계학습이란 영어로는 "Machine Learning"이라고 하고 우리는 이를 영어를 그대로 읽어 "머신러닝" 또는 번역한 형태의 해석인 "기계학습"이라고 읽는다.

기계학습이란 다음과 같이 정의된다.

1959년 아서 사무엘(Arthur Samuel)이 "컴퓨터가 명시적으로 프로그램되지 않고도 학습할 수 있도록 하는 연구 분야(Field of study that gives computers the ability to learn without being explicitly programmed)"라고 정의했다. 그러나 이 정의는 너무 모호하고 오래된 것이다 보니 지금의 현실에서는 기계학습에 대한 정의를 다시 정의해야 할 필요가 있었다. 이에 1998년 카네기멜론 대학교의 톰 미첼(Tom Mitchell)은 "만약 컴퓨터 프로그램이 태스크 T를 수행할 때 경험 E로부터 성능 P만큼 개선되었다면 그 컴퓨터 프로그램은 태스크 T와 성능 P에 대해 경험 E에 대해 학습을 했다고 할 수 있다.(A computer program is said to learn from experience E with respect to some class of tasks T and performance measure P, if its performance at tasks in T, as measured by P, improves with experience E)"라고 다시 기계학습을 조금 더 명확하게 현시대에 발맞춰 재정의했다.

무슨 말인지를 이해했는가? 도대체 무슨 말인지 모르겠다면 좀 더 쉽게 풀어 정리해 보자. 사람은 다양로 직/간접의 경험을 통해 학습하고 이를 바탕으로 지식을 습득한다. 이와 마찬가지로 컴퓨터 스스로 어떤 상황에 생각하고 판단할 수 있도록 다양한 경험을 통해 지식을 습득하도록 하는 과정을 기계학습(머신러닝, Machine Learning)이라고 보면 된다.

우리는 지금까지 기계학습의 개념에 대해 간단하게 다뤄봤다. 그렇다면 인공지능이 더 큰 개념일까? 아니면 기계학습이 더 큰 개념일까? 또한 요즘 딥러닝이라는 말을 많이 들어봤는데 도대체 어떤 관계인지 궁금할 것이다. 1장에서 간단하게 봤던 그림을 다시 보면서 생각해보자.

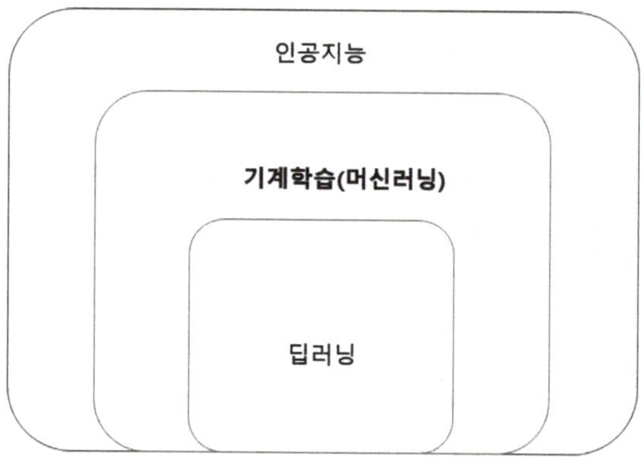

그림 7-1 인공지능, 기계학습, 딥러닝의 관계

그림에서 보는 것과 같이 기계학습(머신러닝)은 인공지능과 딥러닝의 중간에 자리잡고 있다. 즉, 다음과 같이 설명할 수 있다. 인공지능이 가장 큰 개념이고 인공지능을 구현하는 방법인 기계학습, 그리고 기계학습의 여러 방법의 하나가 딥러닝인 셈이다.

따라서, 기계학습은 인공지능을 이해하는 하나의 단계가 될 수 있다.

그렇다면 기계학습은 어디에서 유용하게 활용이 될까? 일반적으로 기계학습은 다양한 곳에서 활용이 된다. 대표적인 예로 IoT(사물인터넷)와 연결을 통해 제조업에서뿐만 아니라 의료, 운송 등에서 사용할 수 있고, 쇼핑몰에서 구매자가 좋아할 만한 상품을 추천해주고, 금융에서는 주식거래, 대출 승인, 사기 감지, 위험 평가 등의 문제 해결에 매우 유용하게 활용되고 있다.

7.2 기계학습의 종류

7.2.1 기계학습의 종류

기계에 학습을 시키는 방법은 크게 2가지 또는 3가지로 말한다. 2가지일 때는 크게 지도학습(supervised learning)과 비지도학습(unsupervised learning)으로 나뉘고, 3가지로 나눌 때는 위의 2가지에 알파고를 통해 알려진 강화학습(reinforcement learning)이 포함된다.

여기서는 3가지 종류에 대해 가볍게 짚고 넘어가겠다.

분류	내용
지도학습 (supervised learning)	사람이 문제와 정답을 미리 다 알려주고 풀게 하는 방식
비지도학습 (unsupervised learning)	사람이 문제는 알려주지만, 정답을 알려주지 않고 스스로 분석하여 푸는 방식
강화학습 (reinforcement learning)	현재 상태에서 어떤 행동을 할 때마다 이와 관련하여 상과 벌(보상과 처벌)을 주는 방식

이제 각각의 분류에 대해 살펴보자.

7.2.2 지도학습

기계학습 방법의 하나인 지도학습(supervised learning)은 사람이 문제와 정답을 미리 다 알려주거나 또는 직접 이를 풀게 하는 방식이다. 즉, 부모가 어린아이에게 그림을 하나하나씩을 보여주거나 직접 경험하게 하면서 가르치는 방식과 흡사하다. 예를 들어 사과를 보여주면서 "이게 사과야", "사과는 동그랗게 생겼어", "사과는 새콤하고 맛있어", "사과는 빨간색과 초록색이 있어." 등과 같이 정해진 정답과 연결하여 알려주는 방식이다. 이러한 경험이 어린아이가 자라면서 계속 경험을 하게 되면 아이의 머릿속에 "사과"에 대한 모델이 만들어져서 어떤 물건을 보여주었을 때 또는 맛을 봤을 때 이것이 사과인지 아닌지를 판별할 수 있다. 이와 마찬가지로 컴퓨터에도 문제와 정답을 알려주고 학습시켜 모델을 만들어 어떤 문제를 줬을 때 해당 정답인지 아닌지를 구분할 수 있게 하는 과정을 배우게 된다. 이것이 바로 기계학습 방법의 하나인 지도학습이다. 지도학습 종류로 분류와 예측(회귀)에 대해서 간단하게 다루겠다.

› 분류(classification) 모델

분류란 지도학습 중 하나의 방법으로 말 그대로 분류하는 것이다. 그렇다면 어떻게 정의할 수 있을까? 분류는 어떤 입력값이 들어왔을 때 이를 판단하여 2개 이상의 결과를 나타낼 수 있는 것이다.

분류는 지도학습의 하나의 방식으로 이미 만들어놓은 학습 데이터(문제와 정답)를 컴퓨터가 지도학습으로 수행하여 이후 어떤 새로운 데이터가 들어오면 이를 학습에 의한 분류를 통해 판단한다.

예를 들어 우리 일상생활에서는 어떤 것들이 있을까? 오늘 받은 메일이 정상 메일인지 아니면 스팸메일인지를 구별하는 것, 시험성적으로 인해 학점을 받는 부분에 있어서 어떤 점수가 어떤 등급을 받는지 분류하는 것, 언어라면 입력받은 단어가 한국어/영어/일본어/중국어 등인지를 분류하는 것 등 여러 가지가 있다.

이 중 하나의 예를 통해 분류를 다시 그림으로 정리해보자.

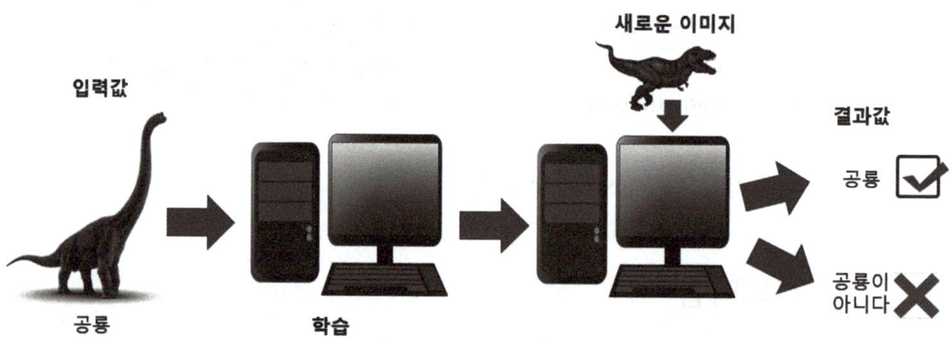

그림 7-2 분류 예시

› 예측(predictive) 모델

예측 역시도 분류와 마찬가지로 지도학습의 방식 중 하나이다. 분류와 같은 학습 데이터를 이용하는 방법이나 조금 다른 점이 있다. 바로 상관관계의 함수식으로 표현한다는 것이다. 무슨 말이냐면 이는 좀 더 쉽게 말해 다음과 같이 설명할 수 있다.

분류의 경우는 위의 예처럼 "공룡이다"나 "공룡이 아니다"라고 반드시 결과값이 둘 중 하나여야 한다. 반면 예측은 해당 범위 내의 어떤 값도 나올 수 있는 것이다. 따라서 어떤 값이 나올지 알 수가 없어 그 안에서 관계성을 이용하여 가장 합리적인 값을 예측할 뿐이다.

회귀(regression)

회귀란 일반적으로 연속적인 숫자의 값들을 이용하여 그 안에서 관계성을 이용하여 가장 합리적인 값을 예측한다. 가장 많이 활용되는 부분은 대부분 주식에서의 주가나 금융에서 환율에 대한 분석, 부동산에서는 아파트 가격 관련, 면적에 따른 주택가격, 그 밖에도 일상 생활에서 보면 학습량과 성적 관계, 부모의 키와 자녀의 키 관계, covid-19로 인한 연령에 따른 실업률 예측, CPU/GPU 속도와 프로그램 실행 시간 예측 등과 같은 곳에서 많이 사용된다.

학생으로서 여러분에게 가장 많이 접할 수 있는 예제로 학습량과 성적 관계에 대해 회귀분석을 하는 방법을 살펴보자. 우리는 "공부시간(학습량)에 따라 성적이 좌우한다"라고 늘 들어왔다. 정말 그런지 확인해보자. 이를 통해 정말 학습량이 성적을 좌우하는지를 예측해보자.

학습량 (x)	1시간	2시간	5시간	7시간	9시간
성적 (y)	87	86	94	96	99

컴퓨터는 $y = ax + b$라는 식 외에는 모른다고 가정할 때, 이 값들을 각각 대입하여 학습을 시켜보면 다음과 같은 그래프로 표현할 수 있다.

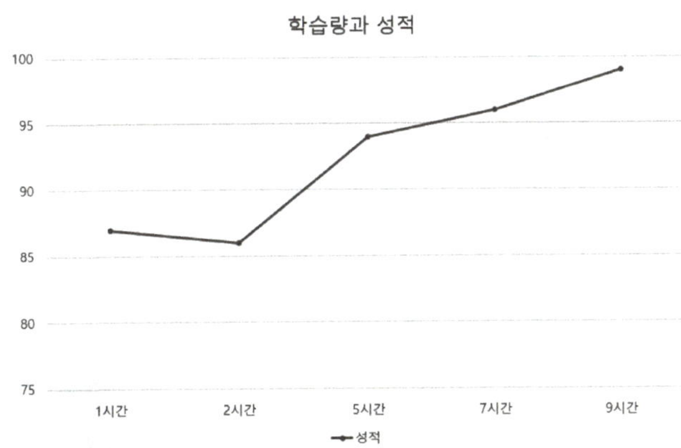

그림 7-3 학습량과 성적 회귀 예시 (a) 순수 시간별 성적 입력

학습이 끝난 후 임의의 데이터값을 하나 입력하여 어떤 결과가 나올지를 예측해 보자. 예를 들어 6시간을 공부했다면 어느 정도의 점수를 받을 수 있을까?에 대해 예측할 수 있을까?

이를 풀기 위해서는 $y = 1.66x + 66.24$ 라는 식이라고 가정하고 이 식에 맞춰서 예측값을 통해 6시간 공부를 했을 때의 값을 구해보자.

학습량 (x)	1시간	2시간	5시간	7시간	9시간
성적 (y)	87	86	94	96	99
예측값	67.9	69.56	74.54	77.86	81.98

이를 통해 6시간일 때는 76.2점이라는 점수를 예측할 수 있다. 이를 통해 그래프로 그림을 표현해보면 다음과 같다.

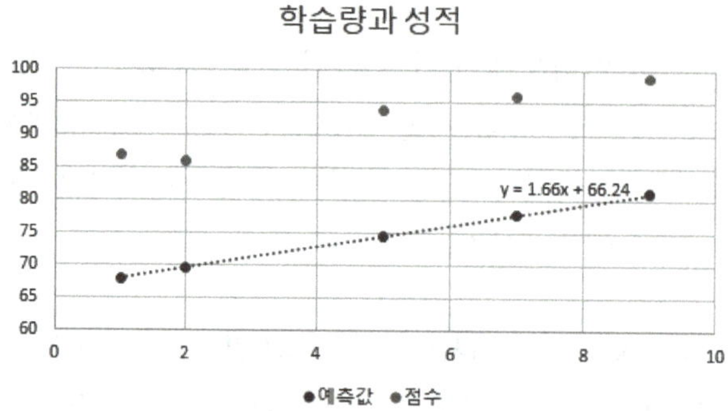

그림 7-4 학습량과 성적 회귀 예시 (b) 함수를 통해 식을 구한 후 6시간일 때 예측

› 지도학습 실습하기

티처블 머신(Teachable Machine, https://teachablemachine.withgoogle.com)은 앞의 1장에서 다뤄봤지만 다시 살펴보자. 티처블 머신이란 구글에서 웹기반 도구로 전문가가 아니여도 일반인도 쉽고 빠르게 누구나 기계학습을 통해 학습을 시키고 자신만의 모델을 만들 수 있도록 만든 기계학습 모델이다. 이를 이용하여 개념으로 이해했던 지도학습이 무엇인지를 다시 정리해 보자.

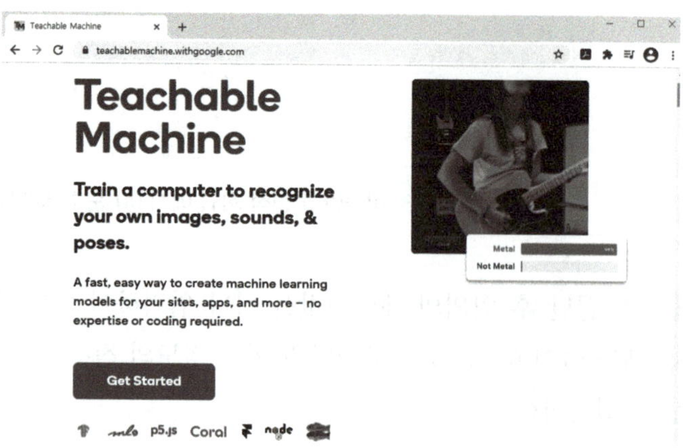

그림 7-5 티처블 머신(티처블 사이트)

이를 위해서는 우선 사용 방법을 간단하게 설명하겠다(더 자세한 내용은 해당 사이트의 설명 방법을 읽기 바란다).

크게 3단계로 정답이 될 자료(이미지) 모으기 → 훈련 → 내보내기로 나뉜다.

우선 첫 번째 단계로 정답이 될 자료(이미지)를 모아준다. 웹캠을 이용하거나 기존에 있던 파일로 사용이 가능하다.(이미지, 오디오, 포즈도 인식 가능) 그 다음 훈련 단계에서는 수집된 데이터를 학습시켜서 모델을 만든다. 마지막 내보내기 단계는 훈련된 모델을 테스트해 볼 수 있는 단계이다.

그림 7-6 티처블 머신 사용법(티처블 사이트)

› 지도학습 실습 시작하기

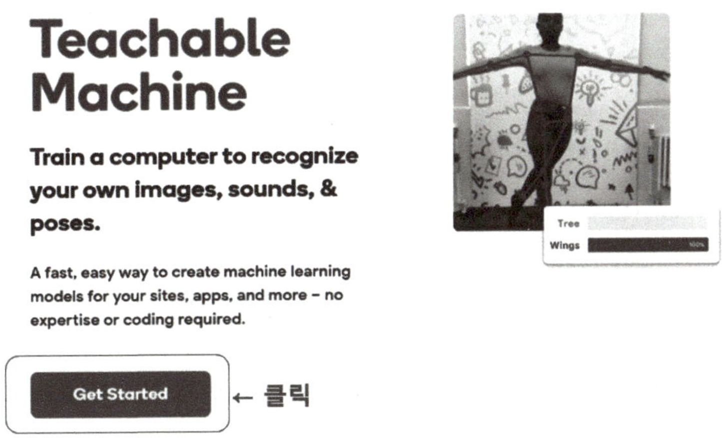

그림 7-7 티처블 머신 시작하기

› 새로운 프로젝트 만들기

강아지와 고양이를 판별하는 지도학습을 만들어보자. 여러 장의 이미지가 기반이 되어야 하기 때문에 "Image Project"를 선택한다.

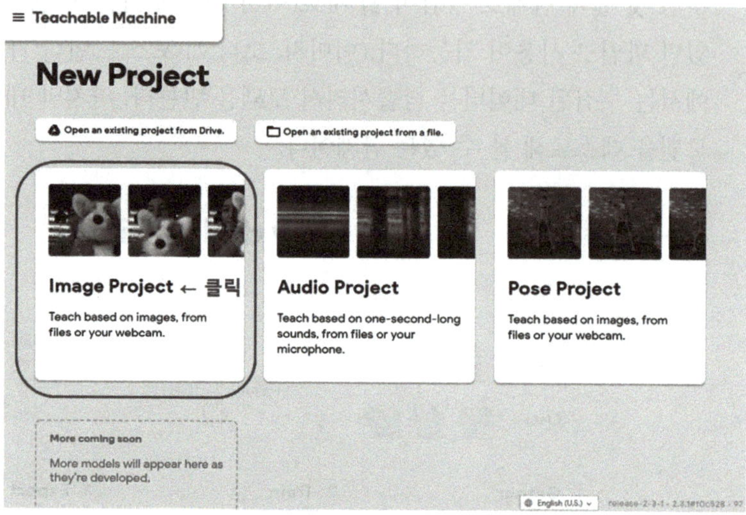

그림 7-8 티처블 머신-새로운 프로젝트 만들기

› 클래스 이름 변경하기(강아지, 고양이)

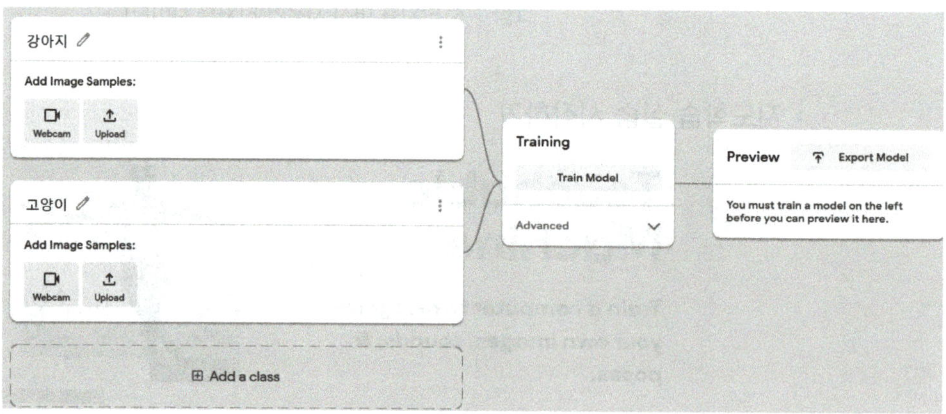

그림 7-9 티처블 머신-클래스 이름 변경하기(class1 → 강아지, class2 → 고양이)

첫 번째 클래스(class 1)에는 강아지로 두 번째 클래스(class 2)에는 고양이로 이름을 변경해준다.

> 학습할 이미지 수집하기

그 다음 이와 관련 학습할 이미지 사진을 수집한다. 이때 웹캠을 이용하여 이미지를 모을 수도, 기존에 가지고 있던 이미지를 통해 파일을 업로드할 수 있다.

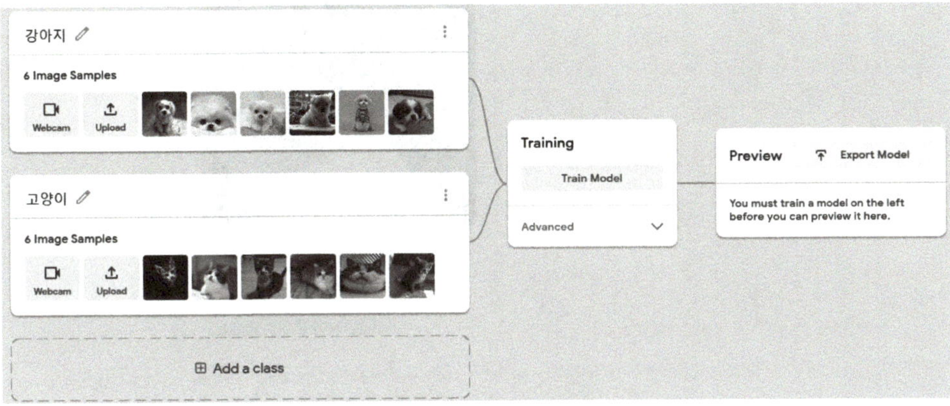

그림 7-10 티퍼블 머신-강아지, 고양이 이미지 넣기

> 데이터 학습하기(Training)

이 다음 데이터를 학습시키기 위해 Training에서 Traing Model을 클릭한다.

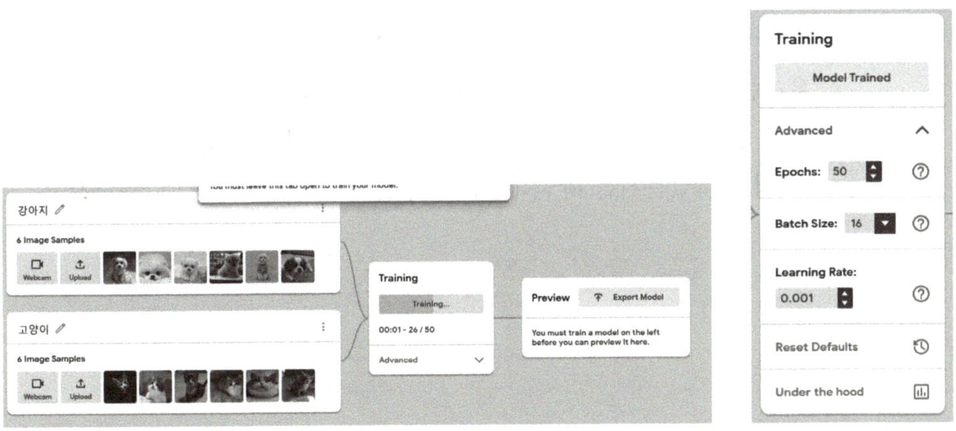

그림 7-11 티처블 머신- 데이터 학습시키기

> 테스트하기

학습이 완료되면 다른 경우도 잘 적용되는지 확인하기 위해 사진 파일을 직접 업로드 확인해본다. 만약 잘 작동하지 않는다면 데이터가 적어서 또는 좀 더 확실한 사진을 선택하여 다시 추가하여 기계학습 모델을 수정해주면 된다.

그림 7-12 티처블 머신-테스트하기

이를 통해 강아지 이미지를 비춰보았더니 그림에서 보는 것처럼 강아지일 확률이 97%정도라고 나타내었다.

실습 7.1 구글 티처블 머신(Teachable Machine) 이용하여 지도학습 다뤄보기

우리는 위에서 구글의 티처블 머신 사용방법을 배웠다. 이를 이용하여 이번에는 자신의 얼굴 사진을 웹캠을 이용하여 저장 후 어느 특정 연예인(자신이 정할 것)과 어느 정도 닮았는지를 확인해보는 과정을 통해 지도학습을 다뤄보시오.

7.2.3 비지도학습

기계학습 방법의 또 다른 방법 중 하나인 비지도학습(unsupervised learning)은 사람의 개입이 없이 스스로 문제의 답을 찾아낼 수 있도록 하는 방법이다. 조금 더 쉽게 설명하면 문제는 알려주고 정답을 알려주지 않은 상태에서 컴퓨터가 해당 데이터들이 어떤 연관성이 있는지 특징을 찾도록 노력하여 비슷한 것끼리 모아서 답을 찾아내는 방법이다. 그렇다면 어떻게 비슷한 것끼리 찾아서 분석을 할 수 있을까? 바로 연관(association)과 군집(clustering)을 이용하여 답을 찾아낸다. 그 외에도 차원 축소, 시각화 등이 있으나 여기서는 연관과 군집에 대해서만 간단하게 다루겠다.

군집 분석(clustering analysis)

비슷한 것들끼리 찾아서 묶은 후 이들을 그룹으로 만드는 것을 군집이라고 한다. 앞에서 배운 분류가 떠오르면서 "분류와 같은 것 아닌가?"라는 생각이 들 수 있다. 그러나 분류(classification)와 군집(clustering)은 엄연히 다르다. 군집은 어떤 특정 대상들을 구분해서 그룹으로 만들어 놓은 것이라면, 이렇게 만들어진 그룹들 중 A가 어디에 속하는지를 판단해서 배치하는 것을 분류라고 볼 수 있다.

그렇다면 어떻게 비슷한 그룹으로 묶을 수 있을까? 바로 데이터 간의 거리(유클리드 거리)를 계산하여 각 데이터 간의 거리차 값이 작으면 비슷하다(유사성을 가진다)고 생각하고 그룹으로 묶어준다. 이와 같은 방법이 바로 군집이다.

대표적인 예로 온라인 쇼핑몰에서의 내가 관심 있는 제품에 대해 추천해주는 시스템 등이 있다.

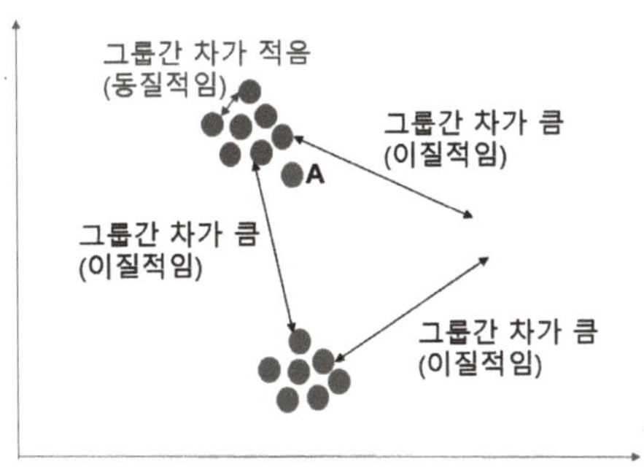

그림 7-13 군집의 예시: A는 어디에 속할까?

연관 분석(association analysis)

말 그대로 연관성을 이용하여 분석하는 방법이다. 특정 데이터가 있을 때 이 데이터가 다른 데이터와 어떤 연관 규칙이 존재하는지를 확률적으로 알아보기 위해 사용되는 방법이다. 이는 주로 온라인 쇼핑, 마트 등의 마케팅에서 많이 사용된다. 즉, 상품의 구매 규칙을 통해 구매 패턴을 예측할 수 있다고 하여 장바구니 분석이라고도 불린다.

다시 말해 "만약 A를 하면(사면) B도 하더라(사더라)"와 같은 형태로 if A then B 구조를 이용하여 확률을 살펴보는 방법이다.

예를 들어, "빵을 먹는 사람의 40%가 커피를 함께 마신다."라고 한다면 빵과 함께 커피를 세트로 구매할 수 있게 하는 방안을 마련할 수 있다. 또 다른 예로 "주말에 마트에서 남성이 맥주를 사고 기저귀를 살 확률이 몇 퍼센트인가?"와 같은 것을 통해 어떤 연관성이 있는지를 분석하고 이를 이용하여 마트에서 물품을 어디에 배치해야 함께 구매가 발생하는지 또는 추천할 수 있는지 등에 적용할 수 있다.

7.2.4 강화학습

2016년 우리에게 잊을 수 없는 세기의 대결인 이세돌 9단과 구글 DeepMind의 인공지능 프로그램인 알파고(AlphaGo)의 대결을 기억할 것이다. 바로 이 알파고가 강화학습의 대표적인 예이다. 강화학습(reinforcement learning)은 기계학습의 하나로 기계학습의 꽃으로도 불린다. 강화학습은 컴퓨터가 사람의 지도 없이도 스스로 해당 목표를 달성하기 위해 어떻게 판단해야하는지를 결정할 수 있도록 훈련된 학습 방법이다. 이렇게 보면 "비지도학습과 무엇이 다르지?"라고 생각할 수 있다. 강화학습이 비지도학습과의 차이점은 바로 시행착오를 통해 받는 보상과 처벌이다.

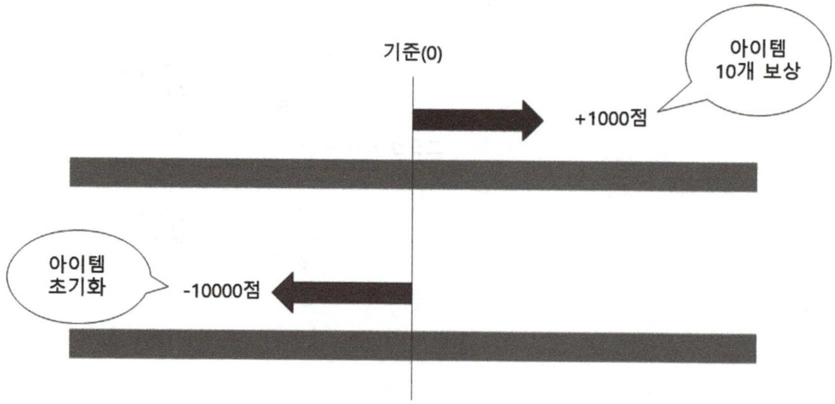

그림 7-14 강화학습 예: 보상과 처벌

즉, 강화학습은 어떤 행동을 했을 때 그 결과에 따라서 보상과 처벌을 통해 학습을 시키도록 진행한다. 이를 통해 컴퓨터에게 최대한 보상받을 수 있는 방향으로 갈 수 있도록 수정하면서 진행시킨다. 구글 딥마인드사의 알파고, 보스턴 다이내믹스사가 제작한 휴머노이드 로봇 아틀라스, 구글 및 테슬라 등이 현재도 꾸준히 연구하고 있는 자율주행 자동차 등이 강화학습의 대표적인 예가 된다.

여기서 잠깐!

그렇다면 기계학습(Machine Learning)은 딥러닝(Deep Learning)과 어떤 차이가 있을까?
기계학습과 딥러닝은 우선 스스로 학습한다는 점에서는 비슷하다. 그러나, 좀 더 자세히 살펴보면 접근 방식에서 차이가 있다.
기계학습은 사람이 학습 데이터를 컴퓨터가 인식할 수 있도록 분류하고 이를 컴퓨터가 특징을 분석하고 학습을 통해 정답을 찾아내는 방식이다.
반면, 딥러닝은 사람의 뇌에 있는 뉴런의 정보처리 방식에서 영감을 얻어 탄생한 인공 신경망 모델(Artificial Neural Networks)로 물론 기계학습에 포함된 개념이지만 기계학습에서처럼 사람이 하던 작업을 생략하고 컴퓨터 스스로 분석한 후 정답을 찾아내는 방식이다.
간단하게 표로 정리하면 다음과 같다.

	기계학습	딥러닝
학습 데이터	엄청난 양의 데이터뿐만 아니라 적은 양의 데이터로도 가능	데이터의 양이 많으면 많을수록 좋은 성능이 나오기 때문에 많은 양의 데이터가 필요
사람에 의해 특징 추출 여부	예	아니오
실행 시간	모델을 학습하고 테스트하는 데 오랜 시간이 걸림	모델을 학습하는 데는 긴 시간이 걸리지만, 테스트는 시간이 덜 걸림
하드웨어적 사양	CPU를 이용한 낮은 사양에서도 가능	엄청난 양의 데이터를 처리하기 위해 GPU 및 고성능 컴퓨터가 필요함
데이터 형식	구조화된 형식	구조화된 형식뿐만 아니라 비구조화된 형식 모두 가능함
적합한 문제	단순 및 복잡한 문제 해결	복잡한 문제 해결

연습문제

활동 7-1

기계학습에 대해 간단하게 설명하시오.

활동 7-2

우리는 지도학습의 예로 티처블 머신을 이용해 보았다. 티처블 머신을 이용하여 "희노애락"을 표현하고 이를 통해 희노애락이 잘 나타나는지를 해보시오.

활동 7-3

지도학습과 비지도학습에 대한 차이점은 무엇인지 간단하게 설명하시오.

활동 7-4

강화학습은 우리 주변에서도 쉽게 볼 수 있다. 사람도 새로운 무언가를 처음 배울 때는 사전지식이 없을 수가 있는데 우리의 일상생활에서 강화학습의 예를 찾아보자.

Python으로 배우는 문제해결과 인공지능

08

여러 가지 자료형

학습목표

- 파이썬을 이용하여 여러 가지 자료형을 표현하는 방법을 배울 수 있다.
- 문자열과 리스트, 튜플의 차이점을 배울 수 있다.
- 딕셔너리를 통해 어떻게 표현할 수 있는지를 설명할 수 있다.
- 세트를 통해 문제를 해결할 수 있다.

학습목차

8.1 문자열
8.2 리스트
8.3 튜플
8.4 딕셔너리
8.5 세트

일상생활에서 우리는 다양한 문자, 숫자, 기호 등을 이용하여 데이터를 표현한다. 그뿐만 아니라 인공지능의 다양한 학습을 위해서는 다양한 데이터 표현이 필요하다. 데이터의 자료 형태를 표현하기 위하여 파이썬에서는 데이터의 유형에 따라 "숫자형", "문자형"과 같이 다양한 종류로 분류하여 정의한다. 이러한 데이터의 종류를 파이썬의 자료형이라고 부른다. 대표적인 파이썬 자료형으로는 문자열, 리스트, 튜플, 딕셔너리, 세트가 데이터 자료형에 속한다. 8장에서는 여러 가지 자료형들을 통해 표현하는 방법을 배워보자.

8.1 문자열

8.1.1 문자열의 개념

문자열(string)은 우리가 보기에는 하나의 낱말이지만 실은 문자 하나하나가 연속적으로 묶여 나열된 것이다. 즉 좀 더 쉽게 설명하면 문자들이 서로 손을 잡고 나란히 서 있는 것처럼 생각하면 된다. 이렇듯 문자들을 나란히 연속적으로 나열한 형태를 문자열이라고 한다.

그림 8-1 문자열 개념 예

그런데 문자열이 어디서부터 시작해서 어디까지인지 끝인지를 어떻게 알 수 있을까? 우리는 문자열의 개념에 대해 배우면서 문자열은 문자들이 서로 나란히 나열되어 있다고 했다. 그렇다면 어디서부터 시작해서 어디까지가 끝인지를 표시해주면 더욱 읽기 편할 것이다. 이를 위해 문자열이라는 것을 알 수 있도록 문자의 시작과 끝부분에 큰 따옴표(“ ”)나 작은 따옴표(‘’)로 표시를 해준다.

“안녕하세요!!”

“python”

‘파이썬’

‘3.141592’

그림 8-2 파이썬 문자열 표현 예

이렇게 하면 컴퓨터는 “아하!! 여기서부터 시작해서 여기까지가 문자열이구나!!”라고 이해하게 된다.

그런데 위의 예시에서 3.141592라는 숫자가 보이는데 이 숫자의 시작과 끝에 작은 따옴표(')로 표시를 했다. 이는 숫자일까? 아니면 문자열일까? 정답을 먼저 이야기하면 이는 문자열이다. 이상하다고 생각할 수 있다. 그러나 전혀 이상할 것이 없는게 우리는 앞에서 이미 "시작과 끝에 큰 따옴표(" ")나 작은 따옴표(')로 표시를 하면 이를 컴퓨터는 문자열로 보게 된다"라고 배웠다. 따라서 단순히 3.141592로 나타낸 것은 숫자형이지만, 이 숫자 앞과 뒤에 따옴표를 이용하여 "3.141592" 또는 '3.141592'와 같은 형태로 표시하면 이를 문자열로 판단하게 된다.

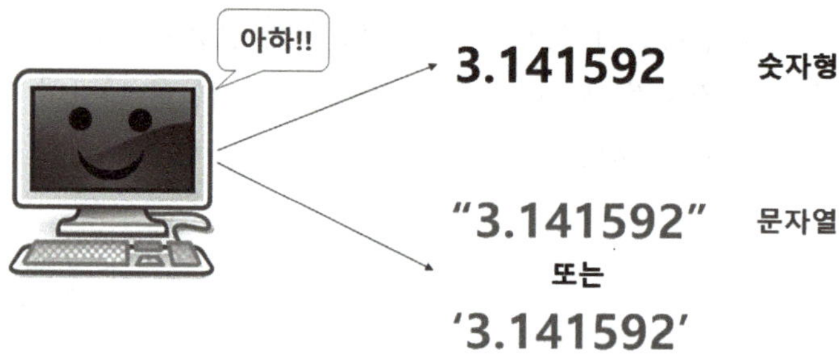

그림 8-3 숫자인지 문자열인지 판단하는 예

8.1.2 문자열 특수 문자와 여러 줄 문자열 출력

문자열에서 간혹 대화처럼 자연스럽게 내용 안에 따옴표를 이용하여 출력하고 싶을 것이다. 그런데 실제 해보면 우리는 이상하게 오류가 발생할 것이다.

하나의 예를 들어 살펴보자. 다음 문장은 어린 왕자의 구절 중 일부를 인용하여 출력하고자 한다.

```
어린 왕자가 '내가 좋아하는 사람이 나를 좋아해 주는 건 기적이야!'라고 말했다.
```

라고 출력하고 싶다. 이를 위해 우리는 문장을 각각 큰 따옴표와 작은 따옴표를 이용하여 표현했다. 그러나 결과는 오류가 발생하게 된다. 왜 그럴까?

오류가 발생하는 예시

```
>>>print('어린 왕자가 '내가 좋아하는 사람이 나를 좋아해 주는 건 기적이야!'라고 말했다.')
```

실행 결과

```
SyntaxError: invalid syntax (오류발생)
```

실제 위의 예처럼 표현하면 파이썬에서는 이를 이해하지 못하고 오류가 발생한다. 이는 작은 따옴표로 표시한 '어린 왕자가 '와 '라고 말했다'는 문자열로 인식하지만 그 사이에 있는 '내가 좋아하는 사람이 나를 좋아해 주는 건 기적이야!'는 작은 따옴표로 표시를 했지만, 컴퓨터에서는 이를 따옴표로 감싸지 않은 것으로 인식하여 오류가 발생한 것이다.

그렇다면 이를 해결하기 위해서는 어떻게 해야 할까? 이를 해결하는 방법은 크게 2가지 방법이 있다. 하나는 큰 따옴표와 작은 따옴표를 이용하여 표현하는 방법이 있고 다른 하나는 특수 문자(이스케이프 문자)를 이용하여 표현하는 방법이다. 이 방법들을 살펴보자.

첫 번째 방법은 가장 쉬운 방법으로는 큰 따옴표와 작은 따옴표를 이용하여 다음과 같이 쓸 수 있다.

올바른 예시

```
>>>print('어린 왕자가 "내가 좋아하는 사람이 나를 좋아해 주는 건 기적이야!"라고
말했다.')
```

실행 결과

```
어린 왕자가 "내가 좋아하는 사람이 나를 좋아해 주는 건 기적이야!"라고 말했다.
```

즉, 문자열 안에 큰 따옴표(" ")를 표시하고 싶다면 작은 따옴표(')를 이용하여 전체 문자열을 감싸주고, 반대로 문자열 안을 작은 따옴표(')로 표시하고 싶다면 전체 문자열을 큰 따옴표(" ")로 감싸주는 방법이다. 이렇게 하면 가장 쉽게 표현할 수 있다.

두 번째 방법은 특수 문자(이스케이프 문자)를 이용하여 표현하는 방법이다. 특수 문자는 이스케이프 문자라고도 부르는데 백슬래시(\)를 이용하여 다음의 문자들이 원래의 의미를 벗어나(escape) 출력시 특수 기능의 형태로 바뀌게 된다.

특수 문자 (이스케이프 문자)	내용	예시	출력결과
\n	줄바꿈	print("파이썬\n 좋아")	파이썬 좋아
\t	탭(키보드 Tab키)	print("파이썬\t좋아")	파이썬 좋아
\" 또는 \'	큰 따옴표("")나 작은 따옴표(') 출력	print("I\'m a student")	I'm a student
\\	백슬래시 자체 출력	print("파이썬\\좋아")	파이썬\좋아

이번에는 여러 줄의 문자열을 추출하는 방법을 살펴보겠다.

원래 파이썬에서 연속으로 3개의 큰 따옴표(“”“) 또는 작은 따옴표(‘’‘)를 사용하면 일반적으로 여러줄의 문장을 주석처리하는 방법이다. 그런데 이를 이용하여 변수에 저장 및 출력하면 여러 줄의 문자열을 출력할 수 있다.

다음의 예시를 통해 여러 줄의 문자열을 출력해 보자.

여러 줄의 문자열 출력 예시(작은 따옴표 이용)

```
>>>print('''코:코로나가 사라지면 비행기 타고 국내/외
로: 로 여행 갈 거야.
나: 나 그동안 참아왔다. 그러니 말리지 마라!''')
```

실행 결과

```
코:코로나가 사라지면 비행기 타고 국내/외
로: 로 여행 갈 거야.
나: 나 그동안 참아왔다. 그러니 말리지 마라!
```

여러 줄의 문자열 출력 예시(큰 따옴표 이용)

```
>>>print("""코:코로나가 사라지면 비행기 타고 국내/외
로: 로 여행 갈 거야.
나: 나 그동안 참아왔다. 그러니 말리지 마라!""")
```

실행 결과

```
코:코로나가 사라지면 비행기 타고 국내/외
로: 로 여행 갈 거야.
나: 나 그동안 참아왔다. 그러니 말리지 마라!
```

8.1.3 문자열 추출

문자열은 순서대로 나란히 나열되어 있다고 했다. 이를 통해 “몇 번째 문자를 가지고 오기”가 가능할까? 결과적으로는 가능하다. 그렇다면 어떻게 가져올 수 있을까? 바로 인덱싱(indexing)을 이용하여 문자열로부터 내가 원하는 위치의 문자를 가져올 수 있다.

문자열은 각 문자의 순서를 셀 수 있는데 이를 인덱스(index)라고 부르고 0부터 시작

한다. 인덱스를 이용하여 문자열에 접근할 수 있다.

그림 8-4 문자열 인덱스 이용하여 각 문자 추출 가능

문자열에서 원하는 문자를 추출하기 위해 인덱스를 이용하여 불러오는 방법은 다음과 같이 문자열 뒤에 대괄호[]를 쓴 다음 그 안에 내가 찾고 싶은 문자의 인덱스를 적으면 된다.

문자열[인덱스]
또는
문자열을 받을 변수명[인덱스]

문자열 추출 예시-직접 입력

```
>>> "python"[1]
```

실행 결과

```
'y'
```

또한 변수에 담아 출력도 가능하다.

문자열 추출 예시-변수에 문자열 담기

```
>>> example="python"
>>> example[1]
```

실행 결과

```
'y'
```

이때 문자열 추출을 하면서 주의할 것은 공백(space)도 하나의 문자로 취급되기 때문에 인덱스가 부여된다.

문자열 추출 예시-공백

```
>>> word="파이썬 좋아!!"
>>> word[4]
```

실행 결과

```
'좋'
```

지금까지는 문자열 중 하나의 문자만 추출해왔다면 "일정 범위의 여러 개의 문자를 추출할 수 없을까?"라는 생각이 들 것이다. 문자열 중 일정 범위의 여러 개의 문자를 추출할 수 있는데 이러한 방법을 슬라이싱(slicing)이라고 한다.

문자열에서 일정 범위의 원하는 문자를 추출하기 위해 인덱스를 이용하여 불러오는 방법은 다음과 같이 문자열 뒤에 대괄호[]를 쓴 다음 그 안에 내가 찾고 싶은 문자 범위의 인덱스 시작 범위를 적고 그 다음 :(콜론)을 적고 그 뒤에 종료 범위를 적으면 된다.

```
문자열[시작 인덱스: 종료 인덱스]
또는
문자열을 받을 변수명[시작 인덱스: 종료 인덱스]
```

문자열 슬라이싱 예시

```
>>> "python"[0:3]
```

실행 결과

```
'pyt'
```

문자열 슬라이싱 예시

```
>>> example="python"
>>> example[0:3]
```

실행 결과

```
'pyt'
```

위의 예제는 "python"에서 첫 번째 원소부터 세 번째 원소까지 가져와서 출력하라는 의미이다. 인덱스가 0부터 시작하니 인덱스 0부터 2까지 가져오면 된다고 생각할 수 있다. 그런데 위에서 작성한 코드를 보면 인덱스가 2가 아닌 3으로 되어 있다. "왜 종료 인덱스가 2가 아니라 3일까?"라는 생각이 들 것이다. 종료 인덱스가 2가 아니라 3인 이유는 슬라이싱의 경우 종료 인덱스가 "미만"으로 읽기 때문이다. 즉 다음과 같은 형태처럼 표현이 된다.

따라서, 슬라이싱을 할 때 종료 인덱스는 내가 가지고 오고 싶은 범위의 인덱스보다 하나 더 큰 값으로 적어주는 것이다. 그래서 [0:2]가 아닌 [0:3]이 되는 것이다.

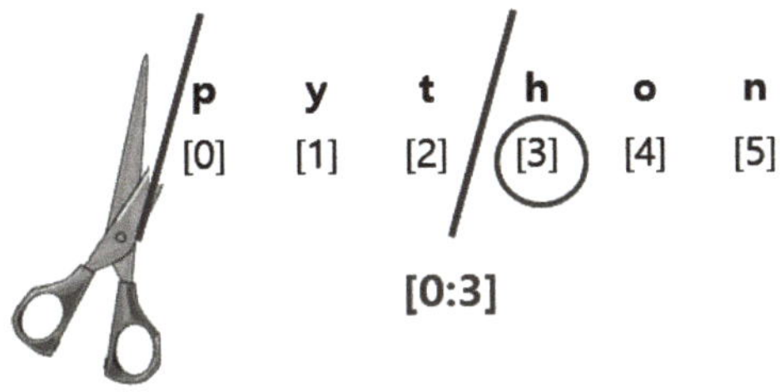

그림 8-5 파이썬에서 문자열 슬라이싱 범위

인덱스는 음수의 값을 이용해서도 표현할 수 있다. 이때 음수의 의미는 "뒤에서 몇 번째"를 의미하는데 다음과 같이 표현한다.

문자열 슬라이싱 예시-인덱스 음수 표현

```
>>> word="파이썬 좋아!!"
>>> word[-4]
```

실행 결과

```
'좋'
```

work[-4]는 문자열 "파이썬 좋아!!"의 문자 중 뒤에서 4번째의 값이 무엇인가를 물어보는 것이다. 즉 다음과 같이 표현할 수 있다.

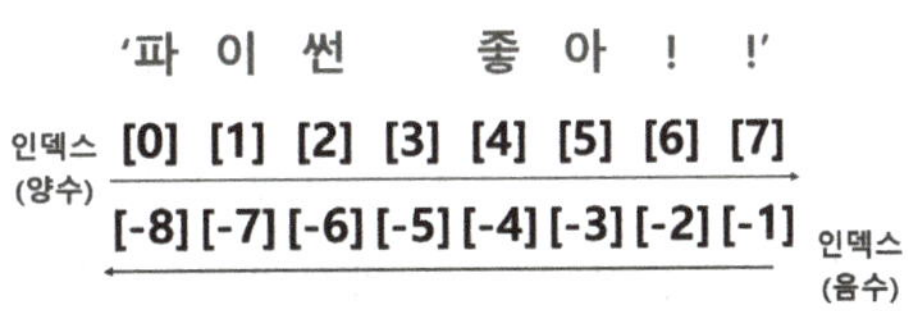

그림 8-6 파이썬 문자열 슬라이싱 인덱스 음수로 표현 예시

따라서 문자열 "파이썬 좋아!!"의 문자 "좋"는 인데스 [4]인 동시에 [-4]로 표현이 가능하다.

이를 좀 더 응용하면 일정 범위의 문자를 다음과 같이 음수로 표현할 수 있다.

문자열 슬라이싱 예시-인덱스 음수 표현

```
>>> word="파이썬 좋아!!"
>>> word[-8:-5]
```

실행 결과

```
'파이썬'
```

8.1.4 문자열 재정의

문자열은 한 번 정의가 되면 정의된 문자열은 변경이 안 된다. 무슨 말인지 이해가 잘 안 될 것이다. 예를 통해 이 말이 무엇인지 설명하겠다.

예를 들어 title이라는 변수에 문자열 "인공지능의 파이썬"이라고 대입했다고 가정하자. 그런데 다시 확인해보니 "인공지능과 파이썬"이라고 써야하는데 "인공지능의 파이썬"이라고 쓴 것을 확인하고 고치고 싶다. 그래서 이를 고치고자 앞에서 배운 인덱스를 이용하여 문자열을 다시 재정의하려고 했다. 그러자 오류가 발생했다.

문자열 재정의(오류 발생)

```
>>> title="인공지능의 파이썬"
>>> title[4]="과"
```

실행 결과

```
Traceback (most recent call last):
    File "<pyshell#21>", line 1, in <module>
        title[4]="과"
TypeError: 'str' object does not support item assignment
```

오류가 발생한 이유는 문자열에서는 인덱스를 이용하여 직접적으로 문자열을 재정의할 수 없다. 그렇다면 어떻게 해야 오류가 발생하지 않고 변경을 할 수 있을까? 바로 replace()를 이용하여 재정의하는 방법이 있다. 이는 title 변수에 저장된 문자열을 변경하는 것이 아니라 새로운 변수(new_title)를 정의하여 이곳에 replace()를 이용해 변경된 문자열을 저장하여 다시 재정의하는 것이다.

문자열 재정의

```
>>> title.replace("의","과")
'인공지능과 파이썬'
>>> title
'인공지능의 파이썬'
>>>new_title=title.replace("의","과")
>>>new_title
'인공지능과 파이썬'
```

8.1.5 문자열 연산자

문자열 연산자로는 더하기(+), 곱하기(*), in 과 not in이 있다. 이 연산자들이 어떻게 사용되는지 살펴보자.

더하기(+) 연산자는 문자열과 문자열을 이어 붙여 이를 하나의 문자열로 표현할 수 있다. 곱하기(*) 연산자는 숫자를 곱한 만큼 문자열을 반복할 수 있다.

```
문자열 + 문자열 = 하나의 문자열 <- 더하기(+) 연산자
문자열 * (반복할 횟수만큼의) 숫자 <-곱하기(*) 연산자
```

문자열 연산자 - 더하기(+)

```
>>> content="인공지능"
>>> content1="학습"
>>> content + content1 # contet와 contet1을 연결해 하나의 문자열로
'인공지능학습'
```

문자열 연산자 - 곱하기(*)

```
>>> content="인공지능"
>>> content1="학습"
>>> content1*2 #contet1의 문자열을 2번 반복
'학습학습'
```

in과 not in 연산자는 해당 문자열 내에 찾고자 하는 특정 문자가 있는지 없는지를 판별할 때 사용할 수 있다. in 연산자는 문자열에 찾고자 하는 특정 문자가 포함되어 있는지를, not in 연산자는 문자열에서 특정 문자가 포함되어 있지 않은지를 판별한다. 판별 결과는 True와 False로 표현된다.

```
찾고자 하는 특정 문자 in 문자열
찾고자 하는 특정 문자 not in 문자열
```

문자열 연산자 - in 연산자

```
>>> new_title="인공지능과 파이썬"
>>> "인" in new_title
```

실행 결과

```
True
```

문자열 연산자 - in 연산자

```
>>> new_title="인공지능과 파이썬"
>>> "의" in new_title
```

실행 결과

```
False
```

문자열 연산자 - not in 연산자

```
>>> new_title="인공지능과 파이썬"
>>> "의" not in new_title
```

실행 결과

```
True
```

문자열 연산자 - not in 연산자

```
>>> new_title="인공지능과 파이썬"
>>> "인" not in new_title
```

실행 결과

```
False
```

8.1.6 문자열 나누기

split는 "나누다", "쪼개다", "분열시키다"라는 의미를 가진 영어단어이다. split()를 이용하여 현재의 문자열에서 나눌 기준을 정하고 이를 통해 나눌 수 있다. 이때 어떻게 나눌지의 기준 문자를 정하여 그 문자를 기준으로 나눌 수 있다.

```
문자열.split(나눌 기준 문자)
```

문자열 나누기- 공백 기준 나누기

```
>>> sample2="I love K-pop"
>>> sample.split() #공백을 기준으로 나누기
['I', 'love', 'K-pop']
```

위의 예시처럼 sample.split()를 하면 공백을 기준으로 문자열을 나누게 된다.

문자열 나누기- 기준 문자를 이용하여 나누기

```
>>> sample2="IaloveaK-pop"
>>> sample2.split('a') #문자(a)를 기준으로 나누기
['I', 'love', 'K-pop']
```

문자열 나누기- 콤마(,) 기준 나누기

```
>>> element='수소,헬륨,리튬,베릴륨,붕소,탄소,질소,산소'
>>> element.split(",") #콤마(,)를 기준으로 나누기
['수소', '헬륨', '리튬', ' 베릴륨', ' 붕소', ' 탄소', ' 질소', '산소']
```

더 알아보기

문자열 내장함수

1. count

문자 개수 확인하기

```
>>> str = "this is string example....!!!"
>>> sub = "i"
>>> print ("str.count(sub, 4, 40): ", str.count(sub, 4, 40) )
str.count(sub, 4, 40): 2
>>> sub = "example"
>>> print ("str.count(sub): ", str.count(sub))
str.count(sub): 1
```

2. find()

문자 찾기

```
>>> str = "this is string example....!!!"
>>> str1 = "i"
>>> print (str.find(str1)) # "i"가 몇 개 있는지 찾아 출력
2
```

2. islanum()

문자열이 영어,한글, 숫자로 되어 있는지 아닌지에 따른 결과 반환하기

```
>>> str = "this2021" # 문자열 안에 공백 없음
>>> print (str.isalnum())
True
>>> str = "python좋아" # 문자열 안에 공백 없음
>>> print (str.isalnum())
True
>>> str = "this 2021" #문자열 안에 공백 있음
>>> print (str.isalnum())
False
>>> str = "python 좋아" #문자열 안에 공백 있음
>>> print (str.isalnum())
False
```

8.2 리스트

8.2.1 리스트의 개념

데이터를 여러 개를 한꺼번에 모아서 함께 보관할 수 있는데 이렇게 하는 방법을 목록 또는 리스트(list)라고 한다. 우리 일상생활에서도 이렇듯 리스트를 이용하여 관리하는 것이 익숙하다. 예를 들어, 인터넷 쇼핑몰 또는 마트에서 본인이 사고 싶은 물건을 찜해놓은 찜 리스트, 내가 좋아하는 아이돌의 음악을 골라서 담아놓은 음악 리스트, 기계학습을 위한 분류를 위해 무엇을 어떻게 진행해야 하는지 작성해 놓은 작업처리 리스트 등이 있다.

같은 목적을 가진 비슷한 항목들을 각각의 변수로 선언하면 변수의 개수가 많아질 것이다. 예를 들어 내가 좋아하는 아이돌의 음악을 50개 선정하여 플레이리스트 목록에 저장할 때 이를 각각 변수로 선언하면 총 50개의 변수명이 만들어진다. 물론 파이썬에서 50개의 변수명을 만들어 저장할 수 있으나 이렇게 되면 복잡해질 것이다. 그렇다면 이를 "단순화시키는 방법이 없을까?"라는 생각을 하게 된다. 파이썬에서는 이를 해결하기 위해 list라는 자료형이 있다. 같은 목적을 가진 비슷한 항목들을 하나로 묶어 list형 변수로 선언한다. 물론 다른 프로그래밍 언어(C언어, Java 등)에서는 배열(array)이라고 부르는 개념과 비슷하다고 보면 된다.

그러나 리스트와 배열은 조금 다르다. 리스트는 정수, 실수와 같은 숫자형과 문자열과 같은 다른 자료형을 함께 담을 수 있으며 심지어는 또 다른 리스트도 담을 수 있다. 반면 배열은 정수면 정수만, 실수면 실수만, 문자열이면 문자열만 담을 수 있다.

리스트는 대괄호[]를 이용하여 묶어서 표현하는데 이때 리스트 안에 자료가 여러 개라면 이를 구분하기 위해 콤마(,)를 이용한다.

```
리스트형 변수이름=['자료1', '자료2', '자료3', ,......]
```

리스트 예

```
#빈 리스트
example=[]
```

```
#리스트 안에 문자열
kpop=["Dynamite","Lovesick Girls","깨워(Who U Are)","Knock(널 찾아가)"]
kdrama=['철인왕후','여신강림','스위트홈','경이로운 소문','펜트하우스']

#리스트 안에 숫자형(정수)
nums=[1,2,3,4,5]

#리스트 안에 숫자형(실수)
n_list=[3,14, 1,25]

#리스트 안에 숫자형, 문자열, 또 다른 리스트도 넣을 수 있음
my_example=[1210, 3.14, "BTS", ["가",1,"a"]]
```

리스트 안의 자료를 원소라고 부르는데 이 원소들은 대개 같은 목적의 유사항목을 위해 동일형의 자료들로 구성된다. 그러나 앞에서 리스트와 배열의 차이를 설명하면서 이야기했듯이 리스트는 서로 다른 자료형도 가능하다. 위의 리스트 초기화 예 중 my_example=[1210, 3.14, "BTS", ["가",1,"a"]] 에서와 같이 파이썬에서 제공하는 리스트는 숫자형(정수), 숫자형(실수), 문자열, 또 다른 리스트 등과 같이 여러 자료형의 원소들을 섞어 저장할 수 있다.

그 밖에도 원소가 없는 빈 리스트를 이용하여 리스트를 비워놨다가 새로운 값이 들어올 때마다 저장할 수 있도록도 가능하다.

빈 리스트 예

```
>>> example=[ ] #빈 리스트
>>> example
[ ]
```

8.2.2 리스트의 인덱스

리스트는 많은 데이터를 가지고 있다. 리스트에서도 원하는 자료를 출력할 수 있을까? 가능하다 그렇다면 어떻게 할 수 있을까? 바로 앞의 문자열에서 설명했던 것처럼 인덱스(index)를 이용하여 리스트에서 원하는 원소에 접근 및 추출할 수 있다. 이를 위해 문자열에서처럼 인덱싱(indexing)할 수 있다.

이때 인덱스는 문자열에서 설명했던 것과 마찬가지로 원소의 순서 시작은 0부터 시작한다.

리스트의 인덱스 구조는 다음과 같다.

리스트 ⇒	1	인공지능	python	3.14
index ⇒	[0]	[1]	[2]	[3]

리스트 인덱스 구조에서 다음과 같이 표현하여 원하는 원소에 접근할 수 있다.

```
리스트[인덱스]
```

리스트에서 추출 – 직접 입력

```
>>> [1,"인공지능","python", 3,14][1] #인덱스 1의 원소를 찾으라는 뜻
'인공지능'
```

리스트에서 추출 – 리스트형 변수에 담기

```
>>> s_list=['가', 1, 3.14, 'a']
>>> s_list[0] #인덱스 0의 원소를 찾으라는 뜻
'가'
```

이때, 여기서 조심해야 하는 것이 있다. 인덱스의 시작은 0부터 시작한다는 것을 잊어서는 안 된다. 잘못하게 되면 인덱스의 범위를 넘게 되는데 이런 경우는 다음과 같은 에러가 발생한다. 따라서 인덱스의 위치를 잘 확인해서 추출해야 한다.

리스트에서 추출 – 인덱스 에러 발생

```
>>> s_list=['가', 1, 3.14, 'a']
>>> s_list[4] #인덱스 4의 원소를 찾으라는 뜻
Traceback (most recent call last):
File "<pyshell#38>", line 1, in <module>
s_list[4]
IndexError: list index out of range
```

위의 예제에서는 인덱스 4의 원소를 찾아서 출력해달라는 것인데 여기서는 인덱스가 3까지밖에 없다. 따라서 인덱스 4를 찾으라고 하면 컴퓨터는 "IndexError: list index out of range"와 같은 에러 메시지를 출력하게 된다.

리스트 ⇒	가	1	3.14	a
index ⇒	[0]	[1]	[2]	[3]

그림 8-7 리스트 인덱스 오류 예

8.2.3 리스트 원소 바꾸기

인덱스를 이용하여 리스트의 원소를 변경할 수 있다. 앞의 문자열에서는 인덱스를 이용하여 원소를 변경할 수 없었으나 리스트는 가능하다.

```
리스트[인덱스]=변경해서 넣을 자료
```

예를 들어보자. 육지에 사는 다리가 4개인 동물을 나열하려고 한다.

```
animal=["사자", "코끼리", "다람쥐", "호랑이"]
```

그런데 다 입력한 후 확인해보니 잘못 입력하여 다리가 2개인 오리가 육지에 사는 다리가 4개인 동물 리스트에 포함되어 있었다. 그렇다면 이를 어떻게 고칠 수 있을까? 문자열과 달리 리스트는 인덱스를 이용하여 접근할 수 있다. 따라서 다음과 같이 변경하면 된다.

리스트 원소 바꾸기

```
>>> animal=['사자', '코끼리', '오리', '호랑이']
>>> animal
['사자', '코끼리', '오리', '호랑이']
>>> animal[2]="다람쥐" #인덱스2의 원소값을 "다람쥐"로 바꾸라는 의미
>>> animal
['사자', '코끼리', '다람쥐', '호랑이']
```

8.2.4 리스트 연산

두 개의 리스트를 문자열에서처럼 연산자를 통해 더하기(+) 연산자를 통해 연결과 곱하기(*) 연산자를 이용하여 반복할 수 있다. 그뿐만 아니라 문자열에서처럼 리스트에서도 in과 not in 연산자를 이용하여 리스트 원소를 확인할 수 있다.

```
리스트 + 리스트 = 하나의 리스트 <- 더하기(+) 연산자
리스트 * (반복할 횟수만큼의) 숫자 <-곱하기(*) 연산자
```

리스트 연산자 - 더하기(+)

```
>>> list_content=["I","T"]
>>> list_content1=["Z","Y"]
>>> hap_content=list_content + list_content1
>>> hap_content
['I', 'T', 'Z', 'Y']
```

리스트 연산자 - 곱하기(*)

```
>>> list_content=["I","T"]
>>> list_content1=["Z","Y"]
>>> list_content * 3
['I', 'T', 'I', 'T', 'I', 'T']
```

in과 not in 연산자는 문자열에서와 마찬가지로 해당 리스트 내에 찾고자 하는 특정 요소가 있는지 없는지를 판별할 때 사용할 수 있다. in 연산자는 리스트 내에서 찾고자 하는 특정 요소가 포함되어 있는지를, not in 연산자는 리스트 내에서 특정 요소가 포함되어 있지 않은지를 판별한다. 판별 결과는 문자열에서와 마찬가지로 True와 False로 표현된다.

```
찾고자 하는 특정 문자 in 리스트
찾고자 하는 특정 문자 not in 리스트
```

리스트 연산자 - in 연산자

```
>>> kdrama=["철인왕후","여신강림","스위트홈","경이로운 소문","펜트하우스"]
>>> "철인왕후" in kdrama
```

실행 결과

```
True
```

리스트 연산자 - not in 연산자

```
>>> kdrama=["철인왕후","여신강림","스위트홈","경이로운 소문","펜트하우스"]
>>> "경이로운 소문" not in kdrama
```

실행 결과

```
False
```

여기서 잠깐!

문자열의 길이나 리스트의 연속적인 원소의 개수를 알고 싶을 경우는 어떻게 해야 할까? 이럴 경우는 len()을 사용하여 다음과 같이 문자열 길이 또는 리스트의 원소 개수를 정수형의 숫자로 알려준다.

문자열 길이

```
>>> word="파이썬 좋아!!"
>>> len(word)
```

실행 결과

```
8
```

리스트 길이

```
>>> 가수=["BTS","블랙핑크","강다니엘","차은우","아이유","마마무"]
>>> len(가수)
```

실행 결과

```
6
```

8.2.5 리스트 추출

리스트 내에서 원하는 인덱스의 원소를 따로 추출할 수 있을까? 물론 가능하다. 리스트의 일부분을 추출하기 위해 앞의 문자열에서 배웠던 것처럼 슬라이싱(slicing) 방식을 통해 원하는 위치 일부를 추출할 수 있다. 문자열이 아닌 리스트로만 변경되었을 뿐 형태는 같다.

```
리스트[시작 인덱스: 종료인덱스]
```

예를 들어 num_sample=[1,2,3,4,5] 가 있다고 하자. 이 중 일부분의 값인 3과 4를 추출하려고 한다. 그러려면 인덱스2와 3의 값이 출력될 수 있도록 표현해야 한다.

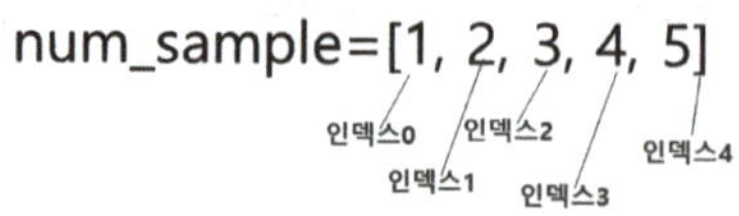

그림 8-8 리스트 인덱싱 예

문자열 슬라이싱에서처럼 리스트 슬라이싱도 마찬가지로 시작 인덱스부터 시작해서 종료 인덱스까지로 종료 인덱스는 항상 가져올 인덱스 값보다 1이 큰 값으로 표시해야 한다.

즉, 인덱스 2부터 시작해서 4 미만의 값을 가져오는 것으로 다음과 같이 표현할 수 있다.

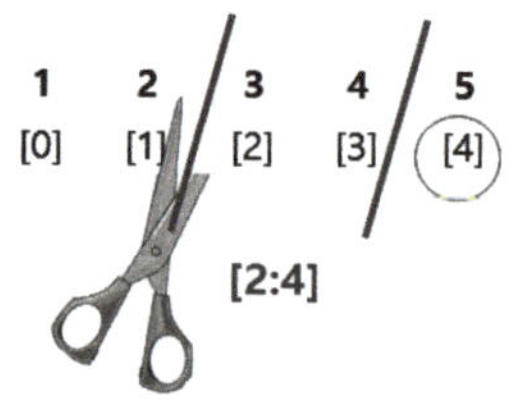

그림 8-9 리스트 슬라이싱 방법 예

이를 파이썬으로 표현하면 다음과 같다.

리스트 일부 추출

```
>>> num_sample=[1, 2, 3, 4, 5]
>>> num_sample[2:4]
[3, 4]
```

또한 리스트를 이용해 일부분을 추출하는 다양한 방식을 살펴보자.

리스트 일부 추출

```
>>> num_sample=[1, 2, 3, 4, 5]
>>> num_sample[0:2] #리스트 인덱스 0부터 2미만까지 출력하라는 의미
[1, 2]
>>> num_sample[: ] #리스트의 처음부터 끝까지 출력하라는 의미
[1, 2, 3, 4, 5]
>>> num_sample[2: ] #리스트 인덱스 2부터 끝까지 출력하라는 의미
```

```
[3, 4, 5]
>>> num_sample[ :3] #리스트 인덱스 0부터 3미만까지 출력하라는 의미
[1, 2, 3]
```

8.2.6 리스트의 원소 추가, 삭제, 정렬하기

리스트에 새로운 원소를 추가하고 싶거나 기존 원소 중 삭제하고 싶은 경우가 있을 수 있다. 또한 순차적으로 정렬을 하고 싶을 때도 있다.

어떻게 할 수 있는지 하나씩 배워보자.

› 리스트의 원소 추가하기

리스트에 새로운 원소를 추가하기 위해 append()를 사용하여 리스트의 가장 맨 마지막에 원소를 추가한다.

표현하는 방법은 리스트형 변수 이름 뒤에 점(.)을 찍고 그 다음 append()를 적어주고 괄호 안에 "추가할 내용"을 작성하면 된다.

```
리스트.append(추가할 내용)
```

예를 들어, 우리는 앞에서 빈 리스트를 표현하는 방법을 배웠다. 이를 이용하여 빈 리스트에 원소들을 추가해보자.

리스트의 요소 추가 - append()

```
>>> 단어=[ ] #빈 리스트
>>> 단어.append("안녕") #단어라는 빈 리스트에 "안녕"을 추가함
>>> 단어
['안녕']
>>> 단어.append("파이썬") #단어 리스트에 "파이썬"을 추가함
>>> 단어
['안녕', '파이썬']
```

이 예를 통해 "파이썬"이 리스트의 맨 마지막 원소로 추가된 것을 확인할 수 있다. 이를 통해 우리는 append()를 통해 추가하면 리스트의 맨 뒤에 추가가 된다는 것을 확인할 수 있다.

그런데 항상 리스트의 맨 마지막에만 넣자니 내가 원하는 위치에 값을 넣고 싶은 경우도 생길 것이다. 그렇다면 이런 경우는 어떻게 추가를 할 것인가 고민이 될 것이다. 바로 insert를 이용하여 리스트 내 자신이 원하는 위치에 추가를 할 수 있다.

insert는 "삽입하다"는 의미로 리스트의 맨 마지막이 아닌 자신이 원하는 위치에 추가할 수 있다. 표현 방법은 리스트형 변수이름 뒤에 점(.)을 찍고 그 다음 insert()를 적어주고 괄호 안에 "추가할 원소 위치 인덱스, 추가할 내용"을 작성하면 된다.

```
리스트.insert(추가할 원소 위치 인덱스, 추가할 내용)
```

예를 들어보자.

리스트의 요소 추가 - insert()

```
>>> count=[1,2,4,5,6,7]
>>> count.insert(2, 3) #인덱스2에 숫자 3을 추가하라는 의미
>>> count
[1, 2, 3, 4, 5, 6, 7]
```

리스트의 원소 삭제하기

이번에는 리스트에서 필요 없는 원소를 없애고 싶을 경우는 어떻게 하는지 살펴보자. 리스트에서 특정 원소값을 삭제하고 싶다면 remove()를 이용하여 삭제하면 된다.

표현하는 방법은 리스트형 변수 이름 뒤에 점(.)을 찍고 그 다음 remove()를 적어주고 괄호 안에 "삭제할 내용"을 작성하면 된다.

```
리스트.remove(삭제할 내용)
```

이때 remove()는 리스트에 있는 자료 중 해당 삭제할 내용을 삭제하게 된다.

예를 들어보자.

리스트의 요소 삭제 - remove()

```
>>> count=[1,2,3,4,5,6,7,8]
>>> count.remove(8)
>>> count
[1, 2, 3, 4, 5, 6, 7]
```

count 리스트에서 1부터 8까지 숫자 중 마지막에 있는 8을 삭제하고 싶다면 위의 예에서처럼 count.remove(8)을 해주면 8을 삭제하게 된다.

그런데 만약 여기에서 중복으로 겹치는 내용이 여러 개가 있을 경우 remove()는 어떻게 처리할까?

예를 들어 다음과 같은 리스트가 있다고 가정하자.

```
숫자리스트=[1,2,3,4,7,5,6,7,8]
```

이 경우 숫자 7이 중복으로 되어 있다. 이를 remove()를 이용하여 삭제하면 어떤 결과가 나올까?

리스트의 요소 삭제 – remove()

```
>>> 숫자리스트=[1,2,3,4,7,5,6,7,8]
>>> 숫자리스트.remove(7)
>>> 숫자리스트
[1, 2, 3, 4, 5, 6, 7, 8]
```

여러분이 예상한 결과와 같게 나왔는가? 아마 의아하게 생각할 것이다. remove()를 이용하여 7을 삭제했는데 앞의 7만 삭제가 되었다.

이는 여러 개의 중복된 내용이 있으면 remove()함수는 중복된 내용 중 맨 처음에 나오는 값 1개만 삭제하기 때문에 그런 것이다.

다음 예를 통해 다시 확인해보자.

리스트의 요소 삭제 – remove()

```
>>> 숫자리스트=[1,2,3,4,7,5,6,7,7,7,7,8]
>>> 숫자리스트.remove(7)
>>> 숫자리스트
[1, 2, 3, 4, 5, 6, 7, 7, 7, 7, 8]
```

리스트의 원소 삭제하기에서도 마찬가지로 리스트에서 내가 원하는 인덱스 위치의 값을 삭제할 수 있다. 바로 pop()을 이용해서 하면 되는데 표현 방법은 다음과 같다. 리스트변수형 이름 뒤에 점(.)을 찍고 그 뒤에 pop()을 적은 뒤 괄호 안에 "삭제할 원소 인덱스"를 적어주면 된다.

```
리스트.pop(삭제할 원소 인덱스)
```

리스트의 요소 삭제 - pop()

```
>>> #remove()를 사용하여 삭제했을 때
>>> 과일=["사과","딸기","바나나","포도"]
>>> 과일.remove("포도") #삭제한 값을 출력하지 않음
>>> 과일
['사과', '딸기', '바나나']
>>> #pop()을 사용하여 삭제했을 때
>>> 과일=["사과","딸기","바나나","포도"]
>>> 과일.pop(3) #삭제한 원소의 값을 출력
'포도'
>>> 과일
['사과', '딸기', '바나나']
```

그런데 pop()을 이용한 삭제는 remove()처럼 삭제는 하지만 조금 다르다. 그 차이는 위의 예제에서 보는 것과 같이 pop()은 삭제한 원소의 값을 출력(반환)하는 반면 remove()는 삭제한 값이 무엇인지를 전혀 알려주지 않는다.

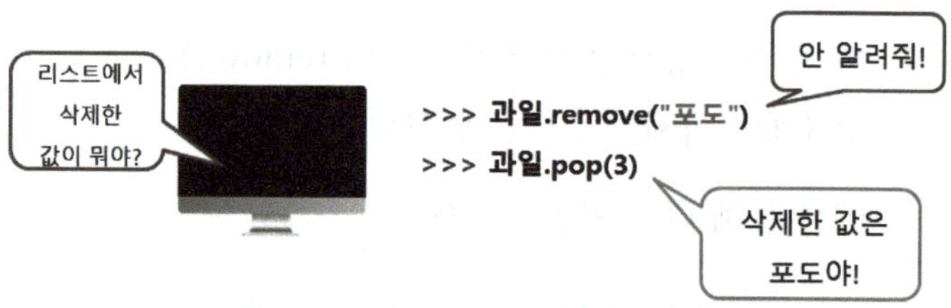

그림 8-10 리스트 원속 삭제하기 : remove()와 pop()의 결과 차이

만약 리스트에서 pop()의 괄호 안에 삭제할 인덱스를 넣지 않고 엔터를 치면 어떤 결과가 나올까?

리스트의 요소 삭제 - pop()

```
>>> word=["가","나","다","라","마","바"]
>>> word.pop()
'바'
>>> word
['가', '나', '다', '라', '마']
```

결과에서 보면 리스트의 맨 뒤의 원소 '바'가 삭제된다. 괄호 안에 아무 값도 없으면 컴퓨터는 "아!! 마지막 원소를 삭제하라는 것이구나!!"라는 의미로 받아들이고 리스트의 맨 마지막 원소를 삭제한다.

› 리스트의 원소 정렬하기

리스트의 자료를 정리해야 하는 상황이 종종 발생한다. 이럴 때는 어떻게 해야 할까? 이를 위한 방법으로는 선택 정렬과 버블 정렬 등과 같은 정렬 방법을 이용해서 정렬을 해야하지만 이를 위해서는 선택 정렬이나 버블 정렬 등 방법을 익혀야 한다. 그러나 이런 어려운 방법보다 훨씬 더 간단하게 정리하는 방법이 있다. 바로 sort()를 이용하여 리스트의 자료를 쉽게 정리할 수 있다. 리스트 안에 있는 내용을 숫자는 오름차순(1, 2, 3, ...)으로 정렬하고, 문자열은 사전순서(한글은 가나다 ... 순서, 영어는 알파벳 순서 a, b, c, ...)로 정렬한다.

표현 방법은 리스트변수형 이름 뒤에 점(.)을 찍고 그 뒤에 sort()를 작성 후 괄호 안에는 아무것도 쓰지 않는다.

```
리스트.sort()
```

이때 조심해야 하는 것은 문자열과 숫자가 섞여 있는 리스트는 sort()로 정렬이 안 된다. 즉, 같은 유형의 자료형만 들어있어야 정렬할 수 있다는 점을 조심해야 한다.

리스트의 요소 정렬 숫자형 - sort()

```
>>> number=[7,5,1,3,2,4]
>>> number.sort() #numbr 리스트를 정렬하라는 의미
>>> number
[1, 2, 3, 4, 5, 7]
```

리스트의 요소 정렬 문자열 - sort()

```
>>> #문자열-한글
>>> 지역=["서울","용인","강릉","전주","부산","평촌"]
>>> 지역.sort()
>>> 지역
['강릉', '부산', '서울', '용인', '전주', '평촌']
>>> #문자열-영어
>>> 알파벳=['p','x','k','b','c','n']
```

```
>>> 알파벳.sort()
>>> 알파벳
['b', 'c', 'k', 'n', 'p', 'x']
```

리스트의 요소 정렬 에러 발생 상황 - sort()

```
>>> #문자열, 숫자형이 섞여 있으면 정렬이 안 됨
>>> 정렬리스트=[10,2,"가","a"]
>>> 정렬리스트.sort()
Traceback (most recent call last):
File "<pyshell#154>", line 1, in <module>
정렬리스트.sort()
TypeError: '<' not supported between instances of 'str' and 'int'
```

8.2.7 리스트 검색하기

리스트 안에 찾고자 하는 특정 요소를 검색하기 위해서 index()를 사용하여 검색한다. 또한 리스트 안에서 찾고자 하는 특정 요소가 몇 개 있는지 확인하기 위해 count()를 사용하여 확인할 수 있다.

```
리스트형변수이름.index(찾고자 하는 특정 요소)
리스트형변수이름.count(찾고자 하는 특정 요소)
```

리스트의 특정 요소 검색하기 - index()

```
>>> a = [123,456,789,101,234,345,456,567,678,789,890]
>>> a.index(234) #234번이 몇 번째 있는지를 인덱스 번호로 찾기
4
>>> a.count(123) #123이 몇 개 있는지 찾기
1
>>> b=["가","나","다","라","마","바","마","사"]
>>> b.index("나") # "나"가 몇 번째 있는지를 인덱스 번호로 찾기
1
>>> b.count("마") #"마"가 몇 개 있는지 찾기
2
```

8.3 튜플

8.3.1 튜플의 개념

튜플(Tuple)은 리스트와 비슷하게 여러 개의 자료를 담을 수 있다. 그러나 튜플과 리스트는 조금 다르다. 앞에서 배운 리스트는 값을 추가, 변경, 삭제가 가능하다 보니 저장한 값을 누구나 쉽게 변경할 수 있다는 문제점이 생긴다. 만약 중요한 자료를 리스트로 작성하게 되면 중요한 내용을 누구나 악의적으로 변경할 수 있게 된다. 이런 문제가 발생하지 않도록 "중요한 내용은 변경이 안 되도록 하는 방법이 없을까?"라는 의문에서 나온 것이 바로 튜플이다. 튜플은 중요한 원본 데이터는 변경이 되지 않도록 하며 다양하게 데이터를 다룰 수 있도록 하여 유용하게 사용할 수 있다.

즉, 튜플은 리스트처럼 여러 자료를 담을 수 있으나 튜플 원소의 값들을 추가, 수정, 삭제를 리스트처럼 직접적으로 할 수가 없다.

리스트는 대괄호[]를 이용하여 묶어서 표현하는 반면, 튜플은 괄호()를 이용하여 여러 개의 자료를 묶어서 표현한다. 이때 튜플 안에 자료가 여러 개라면 이를 구분하기 위해 리스트에서와 마찬가지로 콤마(,)를 이용한다.

```
튜플형 변수이름=('자료1', '자료2', '자료3', ,......)
```

튜플 예

```
>>> 이름=("건덕이","쿠도","만쥬","고푸덕","레오")
>>> 이름
('건덕이', '쿠도', '만쥬', '고푸덕', '레오')
>>> num=(1,2,3,4,5)
>>> num
(1, 2, 3, 4, 5)
```

8.3.2 튜플 추출

튜플은 데이터가 변경되지 않고 다양하고 유용하게 사용할 수 있다고 했다. 이를 위해 리스트에서 사용했던 것처럼 인덱싱과 슬라이싱을 이용하여 튜플 데이터의 원하는 위치 일부를 추출할 수 있다. 단, 주의할 부분은 데이터값을 직접적으로 변경, 추가, 삭제할 수 없다는 것이다.

> 튜플[시작 인덱스: 종료 인덱스]

예를 들어 num_sample=(1,2,3,4,5)가 있다고 하자. 이 중 일부분의 값인 3과 4를 추출하려고 한다. 그러려면 인덱스 2와 3의 값이 출력될 수 있도록 표현해야 한다.

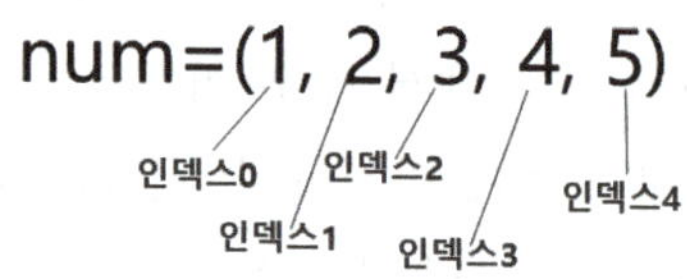

그림 8-11 튜플 인덱스 예이

리스트에서처럼 튜플도 인덱스를 이용하여 원하는 원소를 추출할 수 있다. 또한 리스트와 마찬가지로 연속적인 일정 범위를 추출할 수 있다. 이때도 시작 인덱스부터 시작해서 종료 인덱스까지로 종료 인덱스는 항상 가져올 인덱스 값보다 1이 큰 값으로 표시해야 한다.

이를 파이썬으로 표현하면 다음과 같다.

튜플 일부 추출

```
>>> num=(1, 2, 3, 4, 5)
>>> num[2:4] #인덱스 2부터 인덱스 4미만까지 출력하라는 의미
(3, 4)
```

또한 리스트에서와 같이 방식으로 튜플을 이용해 일부분을 추출하는 다양한 방식을 살펴보자.

튜플 일부 추출

```
>>> num=(1, 2, 3, 4, 5)
>>> num[0:2] #튜플 인덱스 0부터 2미만까지 출력하라는 의미
(1, 2)
>>> num[: ] #튜플의 처음부터 끝까지 출력하라는 의미
(1, 2, 3, 4, 5)
>>> num[2: ] #튜플 인덱스 2부터 끝까지 출력하라는 의미
(3, 4, 5)
```

```
>>> num[ :3] #튜플 인덱스 0부터 3미만까지 출력하라는 의미
(1, 2, 3)
```

단, 튜플은 대괄호[]가 아닌 괄호()라는 점을 조심해야 한다. 또한 인덱스를 이용해 원소를 추출할 때와 헷갈리면 안 된다.

튜플 일부 추출 - 오류 발생 예

```
>>> num=(1, 2, 3, 4, 5)
>>> num(0:2) #인덱스는 괄호()가 아닌 대괄호[]를 이용해야 함
SyntaxError: invalid syntax
>>> num[0:2] #튜플 인덱스 0부터 2미만까지 출력하라는 의미
(1, 2)
```

튜플은 인덱스를 이용하여 원소를 추출할 수 있지만 변경할 수 없다. 이를 다음의 예를 통해 살펴보자.

튜플 데이터 변경 예 - 오류 발생

```
>>> 이름=("건덕이","쿠도","만쥬","고푸덕","레오")
>>> 이름
('건덕이', '쿠도', '만쥬', '고푸덕', '레오')
>>> 이름[1]="짱아"
Traceback (most recent call last):
File "<pyshell#15>", line 1, in <module>
이름[1]="짱아"
TypeError: 'tuple' object does not support item assignment
```

8.3.3 튜플 연산

튜플도 리스트와 마찬가지로 두 개의 튜플을 더하기(+) 연산자를 통해 연결할 수 있고, 곱하기(*) 연산자를 이용하여 반복할 수 있다.

```
튜플 + 튜플 = 하나의 튜플 <- 더하기(+) 연산자
튜플 * (반복할 횟수만큼의) 숫자 <-곱하기(*) 연산자
```

튜플 연산자 - 더하기(+)

```
>>> 이름=("건덕이","쿠도","만쥬","고푸덕","레오")
>>> num=(1,2,3,4,5)
>>> 이름+num
('건덕이', '쿠도', '만쥬', '고푸덕', '레오', 1, 2, 3, 4, 5)
```

튜플 연산자 - 곱하기(*)

```
>>> 이름=("건덕이","쿠도","만쥬","고푸덕","레오")
>>> num=(1,2,3,4,5)
>>> num*2
(1, 2, 3, 4, 5, 1, 2, 3, 4, 5)
```

또한 in과 not in 연산자를 이용하여 튜플 원소를 확인할 수 있다. 판별 결과는 리스트에서와 마찬가지로 True와 False로 표현된다. 이뿐만 아니라 len()을 이용하여 튜플의 길이(크기) 또한 알 수 있다.

```
찾고자 하는 특정 문자 in 튜플
찾고자 하는 특정 문자 not in 튜플
```

튜플 연산자 - in 연산자

```
>>> 이름=("건덕이","쿠도","만쥬","고푸덕","레오")
>>> "건덕이" in 이름
```

실행 결과

```
True
```

튜플 연산자 - not in 연산자

```
>>> 이름=("건덕이","쿠도","만쥬","고푸덕","레오")
>>> "짱아" not in 이름
```

실행 결과

```
True
```

튜플의 길이(크기)를 알고 싶은 경우 문자열, 리스트에서와 마찬가지로 len()을 이용하여 알 수 있다.

튜플 길이

```
>>> 이름=("건덕이","쿠도","만쥬","고푸덕","레오")
>>> len(이름)
```

실행 결과

```
5
```

8.3.4 튜플을 리스트로 변경하기

튜플에 대한 개념을 앞에서 설명을 하면서 우리는 튜플 데이터는 변경할 수 없다고 배웠다. 이를 기억할 것이다. 그런데, 튜플의 원소를 리스트의 원소로 변경하면 이를 통해 데이터를 변경할 수 있다. 이 말을 듣는 순간 많이 당황스러울 것이다. 앞에서는 분명 리스트와의 차이점이 바로 데이터를 변경할 수 없는 것이라고 했는데 이제 와서 "리스트로 변경하여 사용하면 데이터를 변경할 수 있다"고 하니 말이다.

그러나 튜플의 개념에서 설명한 것처럼 실제 튜플의 원소는 변하지 않는다. 다만 튜플을 리스트로 변경 후 리스트로 변경된 내용에 대해서 추가, 변경 삭제가 가능한 것이다.

예를 들어 튜플의 원소를 어떻게 리스트로 변경하는지, 그리고 기존 튜플의 원소가 변경되는지를 확인해보자.

튜플을 리스트로 변경하기 예

이번 기말고사 시험으로는 "대학영어", "컴퓨팅적 사고", "인공지능과 파이썬"이라는 과목을 본다고 했다. 그러나 날이 갈수록 늘어나는 코로나 확진자로 인해 대면 시험을 볼 수가 없어 학생들의 안전을 위해 "인공지능과 파이썬"과목은 기말고사 대체과제로 진행한다고 공지되었다. 이와 관련 "인공지능과 파이썬"과목만 대체과제로 한다는 것을 표시하고 싶다. 이를 리스트를 이용하여 변경하여 출력하는 프로그램을 작성해 보자. 이때, 원래 과목인 "인공지능과 파이썬"은 변경되면 안 된다.

```
>>> 기말시험=("대학영어", "컴퓨팅적 사고", "인공지능과 파이썬")
>>> 기말시험_리스트=list(기말시험) #튜플->리스트로 변경
>>> 기말시험_리스트[2]="대체 과제"
>>> 기말시험_리스트[2]
'대체 과제'
>>> 기말시험_리스트 #인공지능과 파이썬->대체 과제로 변경 확인
['대학영어', '컴퓨팅적 사고', '대체 과제']
>>> 기말시험 #튜플(원 데이터) 변경 없음
('대학영어', '컴퓨팅적 사고', '인공지능과 파이썬')
```

8.4 딕셔너리

8.4.1 딕셔너리 개념

딕셔너리(dictionary)는 우리말로 해석하면 "사전"이다. 예를 들어 영어 사전에서 apple을 찾으면 그 옆에는 우리말 해석인 "사과"가 적혀있는 것과 비슷한 형식의 구조로 파이썬 자료형에서도 짝을 이루는 자료형이다.

딕셔너리는 중괄호{}를 이용하여 묶어서 표현하는데 이때 딕셔너리 안에 자료가 여러 개라면 이를 구분하기 위해 콤마(,)를 이용한다.

```
딕셔너리형 변수 이름={키1:값1, , 키2:값2, .....}
```

중괄호{} 안을 살펴보면 콜론(:)을 사이에 두고 양 옆으로 왼쪽은 키(key)와 오른쪽은 값(value)의 두 요소로 이루어진 한 쌍의 데이터를 표현한다.

```
키(key): 값(value)
```

콜론(:)을 기준으로 왼쪽에 있는 키(key)는 딕셔너리의 중요한 열쇠와 같다. 키(key)를 통해 딕셔너리의 데이터 접근하여 추가 및 삭제를 할 수 있다. 단 키(key)는 변경이 불가능하다.

예를 들어보자. 여러분은 분식집에 가면 무엇을 주로 시켜서 먹나요? 떡볶이, 튀김, 순대, 김밥, 쫄면 등이 있다. 이를 가지고 분식집 딕셔너리를 만들어보자.

키(key)	값(value)
떡볶이	3000
튀김	2000
순대	2500
김밥	4500
쫄면	4000

딕셔너리 예

```
>>> 분식메뉴={"떡볶이":3000,"튀김":2000,"순대":2500,"김밥":4500,"쫄면":4000}
>>> 분식메뉴
{'떡볶이': 3000, '튀김': 2000, '순대': 2500, '김밥': 4500, '쫄면': 4000}
```

이때 값은 키(key)를 통해 딕셔너리에서 꺼낼 수 있다.

```
딕셔너리형 변수 이름[출력하고자하는 키]
```

즉 위의 분식집 예로 다시 돌아가서 떡볶이, 튀김, 순대, 김밥, 쫄면은 키(key)가 되고, 키(key)에 의해 키와 연결된 값(value)인 3000,2000,2500,4500,4000이 각각 출력되게 된다.

딕셔너리 키(key)를 통해 자료(값,value) 꺼내기

```
>>> 분식메뉴
{'떡볶이': 3000, '튀김': 2000, '순대': 2500, '김밥': 4500, '쫄면': 4000}
>>> 분식메뉴["튀김"] #딕셔너리 키(key)를 통해 값(value) 꺼내기
2000
```

또한, 딕셔너리의 키들만 모아서 출력이 가능하다.

```
딕셔너리형 변수 이름.keys()
```

딕셔너리 키들만 출력하기 – keys()

```
>>> 분식메뉴.keys()
dict_keys(['떡볶이', '튀김', '순대', '김밥', '쫄면'])
```

물론, 딕셔너리 값(value)들만 모아서도 출력이 가능하다.

```
딕셔너리형 변수 이름.values()
```

딕셔너리 값들만 출력하기 – valus()

```
>>> 분식메뉴.values()
dict_values([3000, 2000, 2500, 4500, 4000])
```

또한 딕셔너리의 키(key)와 값(value)을 튜플로 묶어서 출력도 가능하다.

```
딕셔너리형 변수 이름.items()
```

딕셔너리 키와 값 튜플로 출력하기 – items()

```
>>> 분식메뉴.items()
dict_items([('떡볶이', 3000), ('튀김', 2000), ('순대', 2500), ('김밥', 4500), ('쫄면', 4000)])
```

딕셔너리에 여러 데이터를 한꺼번에 갱신할 수 있는데 이때 update()를 이용해서 할 수 있다.

```
딕셔너리형 변수 이름.update(변경할 딕셔너리 키: 변경할 딕셔너리 값)
```

딕셔너리에 여러 데이터를 한꺼번에 갱신하기 – update()

```
>>> 분식메뉴={"떡볶이":3000,"튀김":2000,"순대":2500,"김밥":4500,"쫄면":4000}
>>> 분식메뉴.update({"순대":1500, "김밥":3500})
>>> 분식메뉴
{'떡볶이': 3000, '튀김': 2000, '순대': 1500, '김밥': 3500, '쫄면': 4000}
```

이를 통해 순대:2500을 순대:1500으로 김밥:4500을 김밥:3500으로 여러 데이터를 한꺼번에 변경되었음을 볼 수 있다.

8.4.2 딕셔너리에 자료 추가, 삭제하기

딕셔너리에는 새로운 키와 값을 추가 또는 딕셔너리에 있는 키와 값을 삭제할 수 있다.

› 딕셔너리에 자료 추가하기

딕셔너리에 새로운 키와 값을 추가하는 방법은 딕셔너리형 변수 이름 뒤에 대괄호[] 안에 추가할 자료의 키(key)를 입력한 후 대입연산자(=)를 표시하고 그 다음 해당 자료의 키와 짝이 되는 값(value)을 넣어주면 된다. 이렇게 하면 해당 딕셔너리의 맨 뒤에 새롭게 자료가 추가된다.

```
딕셔너리형 변수 이름[입력하고자하는 키]=짝이 되는 값
```

딕셔너리에 새로운 자료 추가 예

```
>>> 분식메뉴["라면"]=5000
>>> 분식메뉴
{'떡볶이': 3000, '튀김': 2000, '순대': 2500, '김밥': 4500, '쫄면': 4000, '
라면': 5000}
```

위의 예에서 분식메뉴["라면"]=5000 으로 딕셔너리에 새로운 자료를 추가하면 분식메뉴의 맨 뒤에 '라면': 5000 와 같이 추가가 된다.

▸ 딕셔너리에서 자료 삭제하기

딕셔너리에서는 기존에 존재하는 자료 또한 삭제할 수 있다. 삭제를 위해 del을 이용하는데 del은 delete의 줄임말로 "삭제하다"는 의미를 가진다. 이를 이용하여 딕셔너리에 있는 자료를 삭제 할 수도 있다.

```
del 딕셔너리형변수이름[삭제하고자하는 키]
```

딕셔너리에서 자료 삭제 예

```
>>> 분식메뉴
{'떡볶이': 3000, '튀김': 2000, '순대': 2500, '김밥': 4500, '쫄면': 4000, '
라면': 5000}
>>> del 분식메뉴["쫄면"]
>>> 분식메뉴
{'떡볶이': 3000, '튀김': 2000, '순대': 2500, '김밥': 4500, '라면': 5000}
```

8.4.3 딕셔너리 키 변경 불가

딕셔너리에서 진짜 조심해야 할 부분이 있다. 바로 키(key)가 변경되면 안 된다. 키(key)가 바뀌면 이와 연결된 값(value)을 찾을 수가 없다. 다시 말해서, 키(key)는 연결된 값(value)을 찾기 위한 용도이기 때문에 키(key)는 변경이 되면 안 된다. 따라서 가능한 키(key)는 변경이 불가능한 숫자나 문자열을 사용하는 것이 좋다.

딕셔너리 키 변경 불가 예

```
>>> my_dic={1:"하나", 2:"둘"} #딕셔너리 정의
>>> my_dic
{1: '하나', 2: '둘'}
>>> #딕셔너리에서 리스트를 키(key)로 사용하는 경우
>>> my_dic1={["가","나"]:"문자열"} #리스트는 원소를 변경할 수 있음
Traceback (most recent call last):
File "<pyshell#54>", line 1, in <module>
my_dic1={["가","나"]:"문자열"}
TypeError: unhashable type: 'list'
```

또한, 딕셔너리에 키(key)를 입력하다보면 우연찮게 같은 키를 입력하는 경우가 있을 수 있다. 이럴 경우는 어떻게 나타날까요? 이런 경우는 같은 키(key)가 두 개 이상인 경우는 그 중 하나인 맨 마지막에 입력한 키(key)가 저장된다.

예를 통해 확인해보자.

딕셔너리에 같은 키가 2개 이상 있는 경우 예

```
>>> my_dic={1:"하나", 2:"둘", 2:"two"}
>>> my_dic
{1: '하나', 2: 'two'}
```

예를 통해 본 것처럼 my_dic={1:”하나”, 2:”둘”, 2:”two”}에서 키(key) 2가 두 개 있을 경우 결과에서처럼 맨 마지막에 저장한 2:”two”가 저장되어 my_dic을 출력하면 {1: ‘하나’, 2: ‘two’}로 출력되는 것이다.

8.4.4 딕셔너리와 그래프

그래프는 점과 선으로 이루어진 자료구조로 점을 노드(node), 점과 점을 잇는 선을 엣지(edge)라고 한다. 이러한 그래프를 딕셔너리로 나타낼 수 있다.

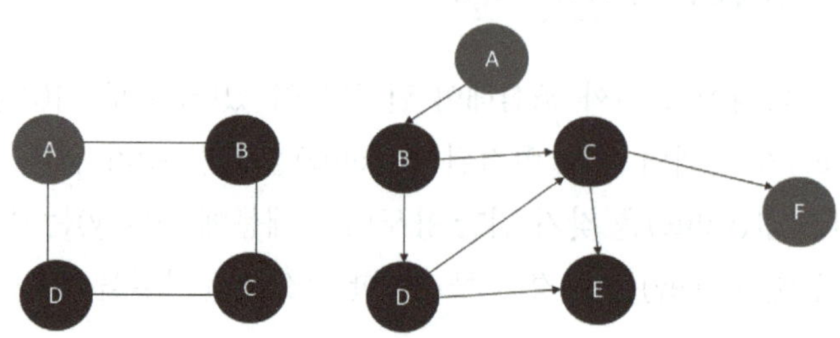

그림 8-12 그래프

해당 노드를 키(key)로 하고, 직접 연결이 된 노드들을 값(value)로 다음과 같이 나타낼 수 있다.

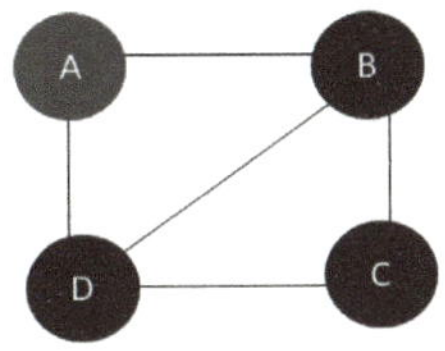


```
graph={ }
graph['A']=['B','D']
graph['B']=['A','D','C']
graph['C']=['B','D']
graph['D']=['A','B','C']
```

8.5 세트

8.5.1 세트의 개념

세트(set)는 많은 자료를 관리하는 데 매우 유용하다. 쉽게 생각하면 수학 시간에 배웠던 집합의 개념을 생각하면 된다. 세트는 지금까지 배웠던 순차적으로 나열된 문자열, 리스트, 튜플은 인덱스를 이용하여 데이터에 접근하는 방식과는 조금 다르다. 세트는 요소들 간에 순서가 정해진 것이 없어 순서가 없는 데이터를 관리할 때 상당히 유용하다. 단, 세트는 중복된 값을 하나만 가진다. 즉, 데이터에 중복이 있으면 안된다. 그래서 일부러 세트를 이용하여 중복을 제거하기도 한다. 세트는 세트형 변수이름 다음에 대입연산자(=)를 적고 중괄호{}를 이용하여 묶어서 표현하는데 이때 세트 안에 자료가 여러 개라면 이를 구분하기 위해 콤마(,)를 이용한다.

```
세트형 변수이름={자료1, 자료2, 자료3, .....}
```

세트 예

```
>>> my_set={1,2,3,4,5,6,5,7,8,9}
>>> my_set
{1, 2, 3, 4, 5, 6, 7, 8, 9}
```

만약 리스트에 중복이 있는 경우는 set을 이용하여 중복을 제거한다.

리스트를 set()을 이용하여 변경하기

```
>>> my_list=["딸기","바나나","포도","딸기","토마토"]
>>> my=set(my_list) #리스트를 set으로 변경
>>> my
{'토마토', '포도', '바나나', '딸기'}
```

8.5.2 세트 연산

문자열과 리스트, 튜플과 마찬가지로 세트 역시도 연산을 이용하여 표현이 가능하다. in과 not in 연산자를 이용하여 특정 요소의 값이 있는지 없는지를 찾을 수 있다.

세트 연산 - in / not in 연산자

```
>>> my_set={1,2,3,4,5,6,5,7,8,9}
>>> 7 in my_set
True
>>> 1 not in my_set
False
```

우리는 수학에서 두 개의 집합 간 교집합(∩) 합집합(∪), 차집합(–)에 대한 연산을 배웠다. 이를 set()을 이용하여 집합 연산이 가능하다.

예를 들어, 세트 a와 b가 있다고 하자. 이때, 다음과 같이 교집합은 a & b , 합집합은 a | b , 차집합은 a - b 와 같이 표현할 수 있다. 이를 파이썬을 이용하여 표현하면 다음과 같다.

set을 이용한 집합 연산

```
>>> a = {1, 3, 5, 7}
>>> b = {1, 2, 4, 5}
>>> intersection = a & b # 교집합
>>> intersection
{1, 5}
>>> union = a | b # 합집합
>>> union
{1, 2, 3, 4, 5, 7}
>>> difference = a - b #차집합
>>> difference
{3, 7}
```

8.5.3 세트 추가 및 삭제하기

세트에 새로운 요소를 하나 추가할 수 있는데 add()를 이용한다. 또한 여러 개의 요소를 한 번에 추가할 수 있는 update()가 있다. 추가가 있으면 당연히 삭제도 있는데 세트에서는 remove()와 clear()가 있다. 어떻게 사용하는지 살펴보자.

› 세트 추가하기

세트에서 하나의 새로운 요소를 추가하기 위해서는 add() 사용한다.

```
세트형 변수이름.add(새로 추가할 요소)
```

예를 들어 my_set에 {1, 2, 3, 4}이 있다고 하자. 이때 새로운 값(5)을 하나 더 추가하고 싶다면 다음과 같이 표현할 수 있다.

세트 추가하기 – 하나의 요소 추가하기(add)

```
>>> my_set={1,2,3,4}
>>> my_set.add(5)
>>> my_set
{1, 2, 3, 4, 5}
>>> my_set.add(6)
>>> my_set
{1, 2, 3, 4, 5, 6}
```

또한 세트에서 여러 개의 요소들을 한 번에 update()를 사용하여 추가할 수 있다.

```
세트형 변수이름.update(여러 개의 요소)
```

세트 추가하기 – 여러 개의 요소 한 번에 추가하기(update)

```
>>> my_set.update({7,8,9})
>>> my_set
{1, 2, 3, 4, 5, 6, 7, 8, 9}
```

세트 삭제하기

이번에는 세트에서 하나의 요소를 삭제해보자. 이를 위해서는 remove()를 사용하여 표현한다.

```
세트형 변수 이름.remove(삭제할 요소)
```

세트 삭제하기 – 하나의 요소 삭제하기 remove()

```
>>> my_set.remove(6)
>>> my_set
{1, 2, 3, 4, 5, 7, 8, 9}
```

세트에서도 앞에서처럼 하나씩 지울 수도 있지만 전체를 모두 지울 수 있는데 이때는 clear()를 사용한다.

```
세트형 변수 이름.clear()
```

이때, 괄호 안에는 아무것도 입력하지 않아야 한다.

리스트를 set()을 이용하여 변경하기

```
>>> my_set.clear()
>>> my_set
set()
```

여기서 잠깐!

구글 Colaboratory, 줄여서 코랩(Colab, colab.research.google.com)이라고도 부르는데 이는 클라우드 기반 무료 주피터 노트북 개발환경이다. 이를 통해 브라우저에서 파이썬을 작성 및 실행할 수 있다.

무료로 액세스 할 수 있으며 구성을 따로 해야 할 것이 없으며 성능이 좋고 빠르다. 또한 언제 어디서든 간편하게 접근 및 공유가 가능하다.

구글 계정만 있다면 언제 어디서든 쉽게 접근이 가능하다.

파일->새 노트를 선택하면 새로운 창이 생성된다. 이 창에서 파이썬을 직접 작성 및 실행, 공유뿐만 아니라 외부(구글 드라이브, 깃허브, 직접 파일 다운로드)로 파일을 저장할 수 있다.

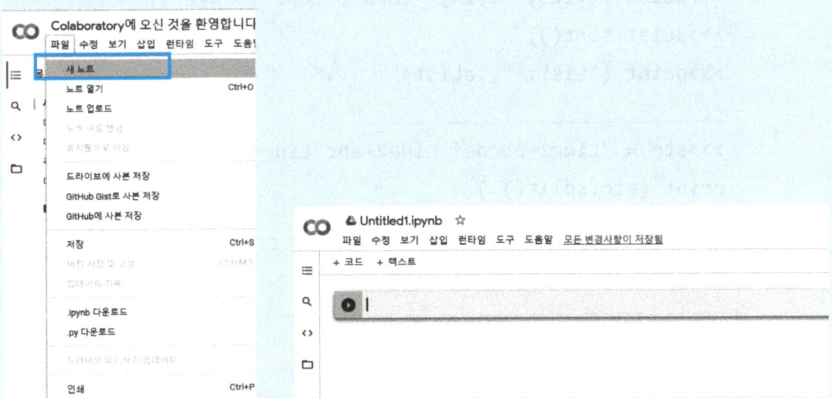

그림 8-12 코랩 사용방법

연습문제

활동 8-1

다음 코드의 출력 결과는 무엇인가?

1.

```
>>>list3=list2+[786]
>>>print(list3)
________________________________
>>>print (list2>list3)
________________________________
```

2.

```
>>>list1, list2 = [123, 'xyz', 'za',''], [456, 'abc']
>>>print ("First list length: ", len(list1))
______________________________________
>>>print ("Second list length: ", len(list2))
______________________________________
>>>aList = [123, 'xyz', 'zara', 'abc', 'xyz'];
>>>aList.sort();
>>>print ("List: ", aList)
________________________________
>>>str = "Line1-abcdef Line2-abc Line4-abcd";
print (str.split() )
__________________________________________
print (str.split(' ', 1 ))
__________________________________________
```

09

반복문

학습목표

- 반복문의 개념과 특징에 관해 설명할 수 있다.
- while문과 for문에 관해 설명할 수 있다.
- 무한 반복과 break문, continue문에 대해 설명할 수 있다.
- 중첩 반복문의 개념과 이를 사용하여 문제를 해결하는 방법을 배울 수 있다.

학습목차

9.1 반복문
9.2 while문
9.3 for문
9.4 무한 반복과 break문, continue문
9.5 while문과 for문 서로 변환하기
9.6 중첩 반복문

9.1 반복문

9.1.1 반복문의 개념

우리는 평소 일상생활에서 어떤 일을 반복하는가? 예를 들어 매일 방을 자신의 방을 청소해야 하는 것, 지하철 또는 기차가 출발지점을 통과해서 다시 출발지점에 도착하는 것, 아침부터 저녁까지 매일 반복되는 일상(집-학교-학원-집-학교-학원-집-.....) 등과 같은 경우를 생각해 보자. 만약 매일 똑같은 일상이 반복된다면 여러분은 어떨까? 아마 매일 같은 일상의 반복 즉 같은 동작을 반복해야 한다면 아마 무료하고 지루할 것이다. 그러나 우리의 더 나은 삶을 위해서는 반드시 해야 한다. 이렇듯 일상생활을 살아가면서 우리는 같은 동작 또는 같은 문장이나 내용을 계속 반복해야 하는 경우가 생긴다. 그뿐만 아니라 인공지능에서도 많은 데이터를 학습시킬 때도 반복적으로 학습을 실행시킨다. 이를 위해 컴퓨터 프로그램을 통해 반복적인 동작의 수행을 좀 더 쉽고 간단하게, 그리고 빠르게 할 수 있다면 훨씬 더 효율적으로 수행할 수 있을 것이다. 이를 위해 어떤 특정 범위 안에서 반복하는 형태를 만들어 사용하는데 이를 "반복문"이라고 말한다. 반복문은 크게 두 가지 방법으로 표현할 수 있다. 특정 범위 안에서의 반복은 일정한 횟수만큼의 범위가 될 수도 있고, 또는 상황에 따라 어떤 조건을 만족하는 동안의 범위가 될 수도 있다.

조금 더 구체적으로 예를 들어서 정리를 해보자.

"나는 이번 학기 신청한 과목이 전부 A+을 받을 때까지 공부하겠다."라고 해보자. 이때 어떤 조건을 만족하는 동안은 "A+을 받을 때까지"가 되고, "공부하겠다"가 반복할 동작이 된다. → while문

"나는 건강을 위해 매일 30분씩 운동을 할꺼야!"라는 경우는 "매일 30분씩"이라는 일정한 횟수만큼 반복하는 동안 "운동을 할꺼야!"라는 반복적인 동작을 한다. → for문

그렇다면 반복문은 어느 때 좋을까?

수십, 수백 번 아니 더 나아가, 수천 번의 반복을 해야 할 때도 단 몇 줄로 표현하기 때문에 훨씬 쉽고 빠르게 무엇보다 가독성이 좋게 만들 수 있다.

예를 들어, 오늘 인턴으로 들어간 회사에서 내일 "만수르가 방문한다"라고 했다고 해보자. 회사 사장님은 인턴인 당신에게 만수르가 오는 것을 격하게 환영하고 싶다고

환영의 메시지를 전광판에 50번 나타나게 하고 싶다고 하셨다. 그러면서 "이런 부분에서 아주 뛰어나다고 들었네. 자신의 능력을 발휘해보게!!!"라고 했다고 합시다. 그렇다면 50번만큼 "만수르의 방문을 환영합니다"라는 메시지를 출력해야 하는데 여러분은 어떻게 할 것인가?

그냥 단순하게 print()를 이용하여 50번 메시지를 반복해서 출력할 것인가? 물론 print()를 이용하여 50줄을 쓸 수 있을 것이다. 그런데 만약 10000번이라면 10000줄을 계속 print()를 이용해서 할 것인가? 아마 내일 만수르가 업무를 마치고 그의 나라로 돌아갈 때까지 여러분은 이 환영의 메시지도 출력하지 못할 수도 있다. 이럴 때, 반복문을 이용하면 단 2~4줄로 이러한 문제를 간단하게 해결하고 인턴 기간이 끝날 때까지 여러분은 인정을 받으면서 일할 수 있다.

```
print("만수르의 방문을 환영합니다")
print("만수르의 방문을 환영합니다")
print("만수르의 방문을 환영합니다")
print("만수르의 방문을 환영합니다")
print("만수르의 방문을 환영합니다")
.......
```

```
i=1
while i<50:
    print("만수르의 방문을 환영합니다")
    i=i+1
```

또는(or)

```
for i in range(1, 51):
    print("만수르의 방문을 환영합니다")
```

그림 9-1 반복문을 사용하는 이유 예

9.2 while문

while문은 해석하면 "~하는 동안"이다. 이를 이용하여 어떤 특정한 조건을 만족하는 동안 명령을 계속해서 반복하는 형태이다. 즉, "조건이 참인 동안에는 계속해서 반복하라"는 의미이다. 다른 방식으로 표현하면 "조건이 참이 아닌 거짓이면 그때는 반복을 멈춰라"는 의미로도 볼 수 있다.

따라서 while문은 적어도 1번은 조건을 확인하고 그 조건이 참이면 진행을 한다.

while문 형태

```
while 조건:
    <반복할 명령1>
    <반복할 명령2>
    <반복할 명령3>
......
```

이렇게 보면 우리가 앞에서 배운 조건식에서 배운 if문과 형태는 유사하다. 그러나 while문과 if문은 차이가 있다. 바로 if문은 1번만 수행하지만, while문은 조건을 만족하는 동안은 계속해서 몇 번이고 반복 수행한다는 것이다.

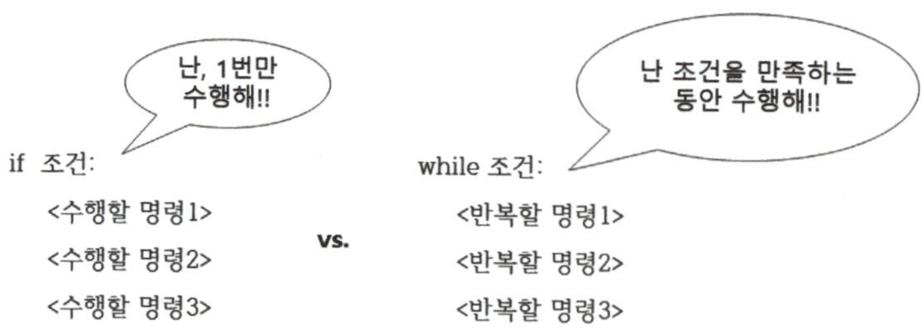

그림 9-2 if문과 while문의 차이

예를 들어보자.

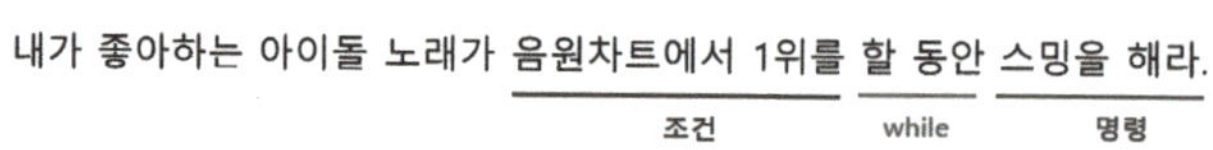

그림 9-3

이때 "음원차트에서 1위"라는 조건을 만족(참)하는 경우 계속해서 "스밍을 해라"는 명령을 반복하는 것이다. 이처럼 특정 조건을 주고 이 조건을 만족할 때까지 반복할 때 사용하는 것이 바로 "while문"이다.

while문의 형태를 좀 더 살펴보자. while문 뒤에는 조건이 오는데 이때 조건에는 상황에 따라서 논리형 데이터 True(1), False(0)가 들어올 수 있다. 이는 조건식이 참인 동안이라는 상황이 된다. 이에 대해서는 무한 반복 설명에서 다시 설명하겠다.

조건 뒤에 콜론(:)을 반드시 표시해야 한다. 여기에서 콜론(:) 후 엔터키를 치면 줄바꿈이 되고 자동으로 들여쓰기가 된다. 이를 컴퓨터는 "while문 안에 포함된 것으로 아직 문장이 안 끝났구나!!"로 이해하게 된다. 이때 반복할 명령은 while문의 범위 안에 들어가는 것으로 각 줄을 들여쓰기해야 한다. 이 부분이 제대로 되지 않으면 내가 표현하고자 하는 내용이 전혀 다르게 나타날 수 있다. 따라서 아주 많이 조심해야

한다.

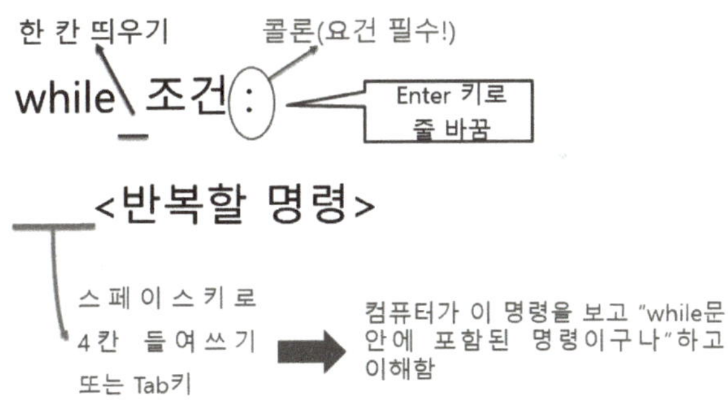

그림 9-4 while문 작성 방법

예제 9.1 while문

우리나라 속담에 "돌다리도 두들겨 보고 건너라"가 있다. 이 속담을 이용하여 돌다리는 두들겨 보고 건너려고 한다. 냇가에 돌다리의 돌이 총 7개가 놓여 있다. 한 개의 돌을 두드리고 건널 때마다 "OO개의 돌을 건넜습니다", 마지막에는 "돌다리를 무사히 건넜습니다."라는 메시지가 출력되도록 순서도와 파이썬의 while문을 이용하여 완성해 보자.

▶ 실행 결과

```
1개의 돌을 건넜습니다
2개의 돌을 건넜습니다
3개의 돌을 건넜습니다
```

```
4개의 돌을 건넜습니다
5개의 돌을 건넜습니다
6개의 돌을 건넜습니다
7개의 돌을 건넜습니다
돌다리를 무사히 건넜습니다
```

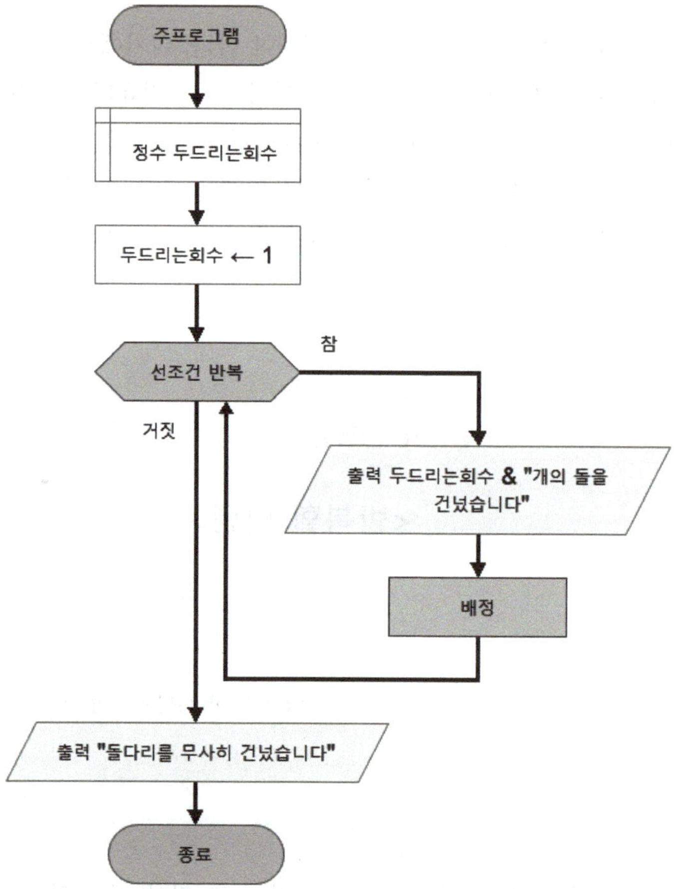


```
두드리는회수=1

while (          ): #총 7개가 될 때까지 돌을 두드려야 함
    print("%d개의 돌을 건넜습니다" %두드리는회수)
    (                    )

print("돌다리를 무사히 건넜습니다")
```

while문 뒤에 조건식에 따라 반복하는데 주석에서처럼 총 7개가 될 때까지 돌을 두드려야 한다. 그러기 위해서는 while문 뒤에 빈 칸은 무엇이 들어가야 할까?

그 다음 print("%d개의 돌을 건넜습니다" %두드리는회수)는 while문의 블록문으로 들여쓰기 되어 있다. 이는 while문의 첫 번째 반복할 문장이다.

그 다음 줄은 while문이 참인 경우는 1씩 증가하면서 조건을 만족하는 동안 반복을 해야 한다. 그렇다면 빈 칸은 무엇이 들어가야 할까?

마지막 문장 print("돌다리를 무사히 건넜습니다")는 반복문을 빠져나왔을 때 출력이 되는 문장이다.

여기서 잠깐!

반복문을 작성할 때 특히 가장 많이 실수하는 것이 바로 반복문을 빠져나오기 위한 조건을 고려하지 않는 것이다. 즉, 순서도 작성할 때 순서의 흐름을 제대로 고려하지 않아 빠져나가지 못하거나, 조건에서 생각하지 못한 실수가 발생하여 원래의 의도와는 다르게 빠져나오지 못하는 경우도 발생한다. 이러한 상태를 그대로 놔둔다면 계속 반복문이 실행되는 무한루프가 발생하게 되고 더 나아가서 컴퓨터 메모리에도 부담을 줄 수 있다. 따라서, 반복문을 사용할 때는 반드시 반복문을 빠져나올 수 있는 조건에 대해 반드시 논리적으로 생각 및 설계해야 한다.

9.3 for문

for문은 파이썬에서는 앞에서 배운 while문처럼 같은 내용을 반복하는 것이지만 표현 방법이 다르다. while문은 조건을 만족하는 동안 반복했다면 for문은 무엇을 얼마만큼 반복해야 하는지를 알아야 반복을 할 수 있다. 즉, 반복할 범위와 얼마만큼을 반복해야 하는지의 범위 또는 반복 횟수를 정하여 진행한다.

예를 들어, “10,000보가 될 때까지 걸어라”에서 “10,000보”는 ”얼마만큼 반복해야 하는지를 나타내는 범위”이고 “걸어라”는 “무엇을 해야 하는지에 대한 부분”이 된다.

컴퓨터는 for문을 보면 반복문의 시작이라고 생각하고 특정 범위까지 반복한다. for문은 반복할 범위가 여러 값이 순차적으로 나열된 특정 범위로 표현한다. 이때 특정 범위는 리스트, 문자열, 딕셔너리, range() 등이 될 수 있다.

for 뒤에 자신이 만들고자 하는 변수이름을 정해서 쓰고 그 다음 in 연산자를 그리고 반복할 범위를 적어주면 된다. 그 다음 엔터를 입력 후 줄이 바뀌는데 그 다음 줄에 들여쓰기(자동 4칸)가 되어 있는지 확인 후 반복할 명령을 적으면 된다.

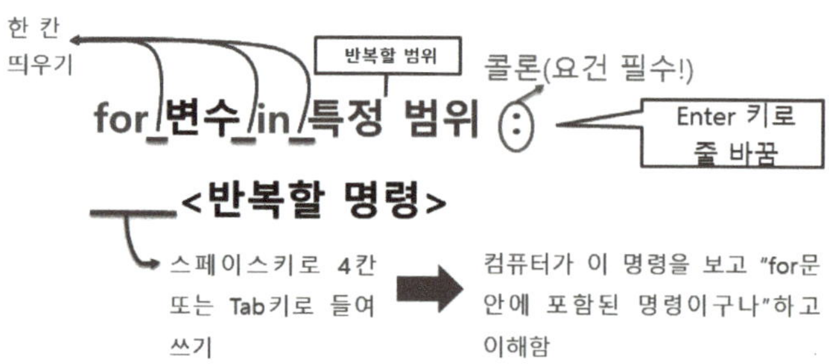

그림 9-5 for문 작성방법

› 문자열을 이용하여 표현하기

앞에서 우리는 문자열을 배웠다. 문자열을 이용해서도 반복문을 수행할 수 있는데 다음과 같은 형태로 진행된다.

```
for 변수이름 in 문자열 :
    반복할 명령1
    ....
```

문자열을 이용하여 표현하기

```
for i in "안녕하세요" :
    print("화면에 출력되는 단어:", i)
```

실행 결과

```
출력되는 단어: 안
출력되는 단어: 녕
출력되는 단어: 하
출력되는 단어: 세
출력되는 단어: 요
```

위의 예에서처럼 문자열 “안녕하세요”를 변수 i가 각각 하나씩 연속적으로 받아서 출력해주는 것이다. 이를 통해 화면에서는 <실행 결과>에서처럼 문자의 하나씩 받은 값들을 화면에 출력한다.

다음의 예를 통해 다시 확인해보자.

예제 9.2 for문

문자열 ‘123’를 for문을 사용하여 순서대로 출력하기 위해 빈 칸을 알맞게 채워보시오.

```
for i in (          ) :
    print(        %i)
```

▶ 실행 결과

```
1
2
3
```

› 리스트를 이용하여 표현하기

앞에서 배운 리스트를 이용하여 이 역시도 반복문을 수행할 수 있다. 이때 인덱스값을 이용하여 접근한다. 리스트를 이용하여 for문을 나타내는 방식은 다음과 같다.

```
for 변수이름 in [리스트] :
    반복할 명령1
    ....
```

리스트를 이용하여 표현하기

```
num=0
for i in [96, 26, 97, 78]:
    print("%d번째 학생의 점수는 %d입니다." %(num, i))
    num+=1
```

실행 결과

```
0번째 학생의 점수는 96입니다.
1번째 학생의 점수는 26입니다.
2번째 학생의 점수는 97입니다.
3번째 학생의 점수는 78입니다.
```

위의 예에서처럼 리스트[96,26,97,78] 값을 변수 i가 각각 하나씩 연속적으로 받아서 출력해주는 것이다. 이를 통해 화면에서는 <실행 결과>에서처럼 문자의 하나씩 받은 값들을 화면에 출력한다.

다음의 예를 통해 다시 확인해보자.

예제 9.3 for문

리스트[123]를 for문을 사용하여 순서대로 출력하기 위해 빈 칸을 알맞게 채워보시오.

```
for i in (          ) :
    print(       %i)
```

▶ **실행 결과**

```
1
2
3
```

예제 9.4 for문

리스트[123]를 for문을 사용하여 합을 출력하기 위해 빈 칸을 알맞게 채워보시오.

```
#리스트 원소[1,2,3]의 더한 값을 저장하는 변수로 맨 처음합계는 0
hap = 0
```

```
for i in (          ) :
    (          ) #i변수와 합을 누적시킴
print("합=", hap)
```

▶ 실행 결과

```
합= 6
```

› 딕셔너리를 이용하여 표현하기

앞에서 배운 딕셔너리를 이용하여 이 역시도 반복문을 수행할 수 있다. 기억하겠지만, 딕셔너리는 키(key)와 값(value)이라는 하나의 쌍으로 데이터를 저장한다. 키(key)값을 사용하여 이와 대응되는 데이터에 접근할 수 있다. 딕셔너리를 이용한 for 문의 형태는 다음과 같다.

```
딕셔너리이름={키1:값1, 키2:값2}
 for i in 딕셔너리이름.key():
     반복할 명령1
     ....
```

딕셔너리를 이용하여 표현하기

```
신조어={"최최차차": "최애는 최애고, 차은우는 차은우다", "라떼는 말이야":"과거 기성세대의 언행을 비판하거나 풍자할 때 사용","쌉":"쌉과 possible이 합쳐진 단어로 완전,매우라는 의미"}

print("신조어의 뜻을 알아봅시다")
for value in 신조어.keys():
    print(신조어[value])
```

실행 결과

```
신조어의 뜻을 알아봅시다
최애는 최애고, 차은우는 차은우다
과거 기성세대의 언행을 비판하거나 풍자할 때 사용
쌉과 possible이 합쳐진 단어로 완전,매우라는 의미
```

위의 예는 메뉴를 딕셔너리로 표현하고 이를 키(key)를 통해 값(value)을 출력하는 예이다.

여기서 잠깐!

특히 반복문에서 "for 변수 in 특정 범위"와 같이 표현할 때 변수를 i 또는 j를 일반적으로 많이 사용한다. 이때 변수 이름은 반드시 i나 j를 써야 하는 것은 아니다. 하나의 관행처럼 사용하지만 다른 이름으로 변수 이름을 설정해도 된다.

반복문 변수 표현하기 예

```
for 가수 in range(1,4):
    print("BTS", "강다니엘", "차은우")
```

예제 9.5 for문

단어빈도에 대한 딕셔너리를 for문을 사용하여 출력하기 위해 빈 칸을 알맞게 채워 보시오.

```
word_dict={"I": 0.3, "like": 0.3, "k-pop": 0.4}
for key, value in (                ):
    print(          %(key,value))
```

▶ **실행 결과**

```
I:0.3
like:0.3
k-pop:0.4
```

› range()를 이용하여 표현하기

리스트나 문자열을 이용하여 for문을 표현하는 방법을 배웠다. 이를 이용하여 표현하면 [1, 2, 3, 4, 5, ...] 또는 "12345...."와 같이 표현을 한다. 물론 값들이 작으면 한 화면에 표현하여 쓸 수 있으나 너무 길면 물론 쓸 수는 있지만, 이것을 어떻게 다 리스트나 문자열에 담을 수 있을까?

예를 하나 들어보자. 우리가 어릴 때 숨박꼭질 놀이를 했던 것을 기억할 것이다. 그 때 술래가 된 친구들은 다른 친구들이 숨을 수 있도록 숫자를 센다. 만약 1에서 10까

지 센다고 할 경우 이를 for문을 이용하여 표현하면

```
for i in [1,2,3,4,5,6,7,8,9,10]:
    print("꼭꼭 숨어라. 머리카락 보인다")
print("찾는다")
```

와 같이 표현할 수 있다.

그러나 만약 100까지라면 아니 1000까지라면 이를 리스트에 어떻게 표현할 수 있을까? 표현은 가능할까? 물론 표현은 할 수 있다. 단, 시간이 오래 걸리고 헷갈릴 뿐이지만 말이다.

```
for i in [1,2,3,4,5,6,7,8,9,10,11,12,........,1000]:
    print("꼭꼭 숨어라. 머리카락 보인다")
print("찾는다")
```

그러나 이렇게 하는 것보다 훨씬 간단하게 표현하는 방법이 있다. 바로 range()라는 것을 이용하여 표현하는 방법이다.

```
for i in range(1,1001):
    print("꼭꼭 숨어라. 머리카락 보인다")
print("찾는다")
```

이렇게 연속된 숫자로 이루어진 특정 범위의 형태로 만들어주면 훨씬 간단하게 표현할 수 있다.

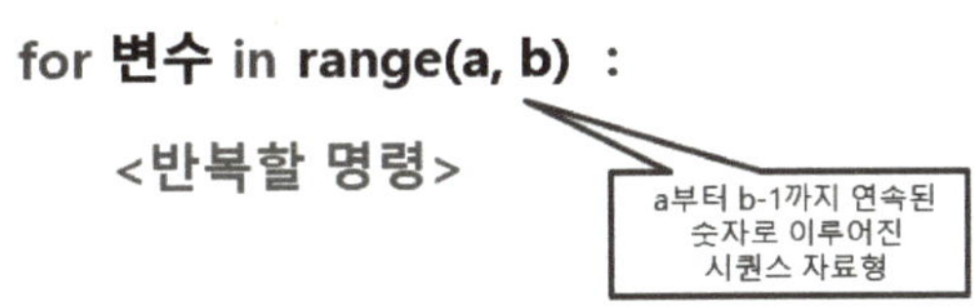

그림 9-6 range()를 이용한 반복할 구간을 알고 있을 때 표현 방법

그런데 위의 예에서 보면 조금 이상하다고 생각할 것이다. 분명 1000까지인데 범위를 보면 1001이라고 적혀 있는 것을 볼 수 있다.

range() 뒤에 괄호 안에 시작 인덱스부터 종료 인덱스의 범위를 넣어주면 그만큼의 범위(구간)만큼까지 반복하겠다는 뜻이다.

이때, 여기서 주의해야 할 것은 종료 인덱스까지가 아니라 "종료인덱스-1"까지의 범위를 적어야 한다는 것이다.

예를 들어,

```
for i in range(1,11):          #1부터 11미만까지 출력하라는 의미
    print(i)
```

이렇게 하면 1,2,3,4,5,6,7,8,9,10까지 출력되게 된다.

예제 9.6 for문

간단한 응용 369게임을 for문의 range()를 사용하여 출력하기 위해 순서도와 파이썬의 빈 칸을 알맞게 채워보시오.

▶ 조건

- 1부터 시작해서 20까지 범위 안에서 진행한다.
- 3의 배수 숫자인 경우는 숫자를 말하지 않고 "박수"라는 글자가 나타나도록 한다.

```
1 → 2 → 박수 → 4 → 5 → 박수 → 7 → 8 → 박수 → 10 →
11 → 박수 → 13 → 14 → 박수 → 16 → 17 → 박수 → 19 → 20
```

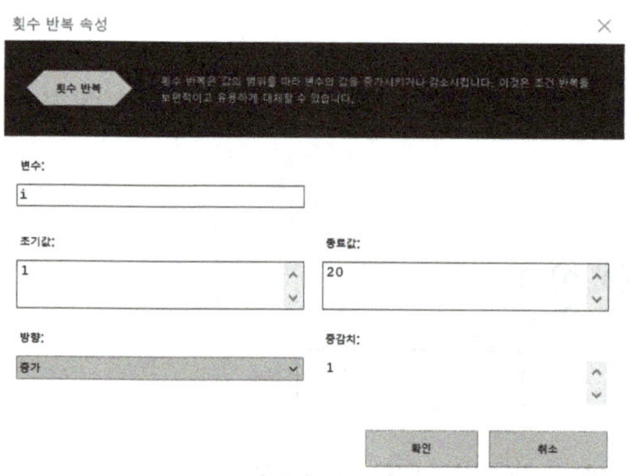

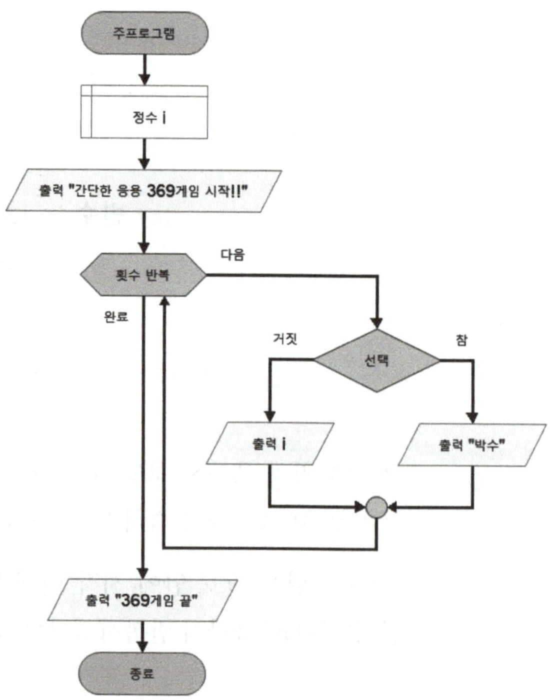

```
import time #time 라이브러리 이용하기

print("간단한 응용 369게임 시작!!")

for i in range (              ):#1~20까지범위
    if (            ):        #3의 배수
        print("박수")

    else:                     #3의 배수가 아닌 경우

        print(i )

    time.sleep(0.7)           #0.7초 쉬는 시간을 주어 실제 사람들이 돌아가면서
                              하는 효과 줌

print("369게임 끝")
```

range()를 이용하는 또 다른 방법으로 시작 인덱스를 생략하는 방법이 있다. 시작 인덱스를 생략하면 컴퓨터는 "아하!! 시작 인덱스가 0부터 시작해서 생략했구나!!"라고 생각하고 여기고 시작을 0부터 시작한다.

이런 경우는 다음과 같이 표현할 수 있다.

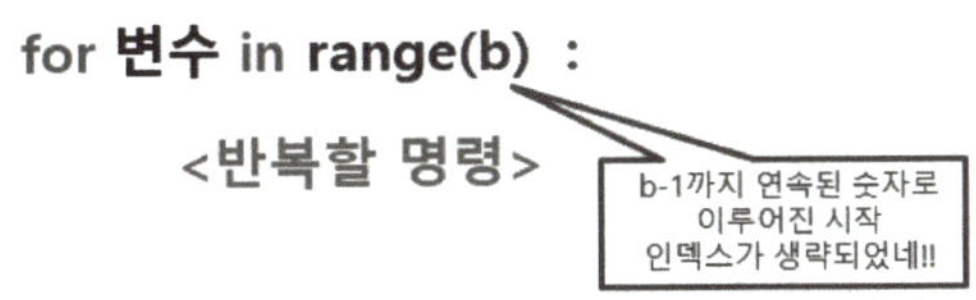

그림 9-7 range()를 이용한 반복할 횟수를 알고 있을 때 표현 방법

예를 들어

```
for i in range(5):            #0,1,2,3,4로 5회 반복하라는 의미
    print(i)
```

즉, 이 예제의 의미는 0부터 시작해서 0,1,2,3,4 총 5번을 반복하라는 의미가 된다. 바로 앞에서 배운 range(시작값,종료값)으로 표현하면 for i in range(0,5)와 같은 의미가 된다.

물론 헷갈린다고 할 수 있다. 그러나 이는 쉽게 정리할 수 있다.

반복하려는 연속된 숫자로 구성된 특정 구간(범위)을 아느냐, 아니면 얼마만큼 반복해야 하는지의 횟수를 아느냐에 따라 표현하면 된다.

for **변수** in range(a, b) #a부터 b-1의 구간 동안 반복	for **변수** in range(b) #b번 횟수 반복

반복할 범위(구간)을 알고 있는 경우는 range() 괄호 안에 시작값과 종료값 사이에 콤마(,)를 이용하여 표현하면 된다. 반면 얼마만큼을 반복할지에 대한 횟수를 알고 있는 경우에는 range() 괄호 안에 종료값 하나만 입력하면 된다.

즉, "나는 1부터 5까지만 반복할래!!"라고 한다면 이는 특정 구간 범위를 중요하게 여겨서 여기서는 range(시작값, 종료값)이 맞다. 이를 표현하면 range(1,6)이 된다. 반면 "나는 5번만 반복할래!!"라고 한다면 횟수가 중요하기에 여기서는 range(종료값)이 맞다. 이를 표현하면 range(5)가 된다.

range() 표현하기- 특정 구간 및 횟수 반복

```
#특정범위(구간) 반복
for i in range(1,6): #1부터 5까지 반복
    print("반복횟수=", i)
print("전체 반복횟수=", i)

#횟수 반복
count=0
for i in range(5): #5회 반복(0~4까지)
    count=count+1
    print("반복횟수=", count)
print("전체 반복횟수=", count)
```

실행 결과

```
반복횟수= 1
반복횟수= 2
반복횟수= 3
반복횟수= 4
반복횟수= 5
전체 반복횟수= 5
```

특정 범위(구간)을 표현할 때 우리는 (시작값, 종료값)이라고 배웠다. 여기에서 조금 더 응용하면 (시작값, 종료값, 증가/감소값)을 표현할 수 있다.

단, (시작값, 종료값)으로 표현할 때는 증가값이 1씩 증가하는 경우는 생략해도 무방하다.

특정범위 구간 표현하기-증가/감소값

```
#특정범위(구간) 반복- 증가값 표현
for i in range(1,11, 2): #2씩 증가
    print("현재 출력되는 값: ", i)

#특정범위(구간) 반복 - 감소값 표현
for i in range(10,0,-3): #-3씩 감소
    print("현재 출력되는 값: ", i)

#특정범위(구간) 반복 - 증가값 표현
for i in range(0,6): #1씩 증가되는 경우 생략가능
    print("현재 출력되는 값: ", i)
```

실행 결과

```
현재 출력되는 값: 1
현재 출력되는 값: 3
현재 출력되는 값: 5
현재 출력되는 값: 7
현재 출력되는 값: 9

현재 출력되는 값: 10
현재 출력되는 값: 7
현재 출력되는 값: 4
현재 출력되는 값: 1
현재 출력되는 값: 0
현재 출력되는 값: 1

현재 출력되는 값: 2
현재 출력되는 값: 3
현재 출력되는 값: 4
현재 출력되는 값: 5
```

여기서 잠깐!

반복문은 범위가 range(n)이면 n번을 반복한다. 그런데, 왜 그럴까? range(n)은 0부터 n-1까지로 이루어진 여러 원소가 나열되어 있다. 그렇다면 이렇게 나열된 원소가 0부터 n-1개까지 원소가 몇 개 들어있을까? 바로 다음과 같이 그림으로 표현할 수 있다.

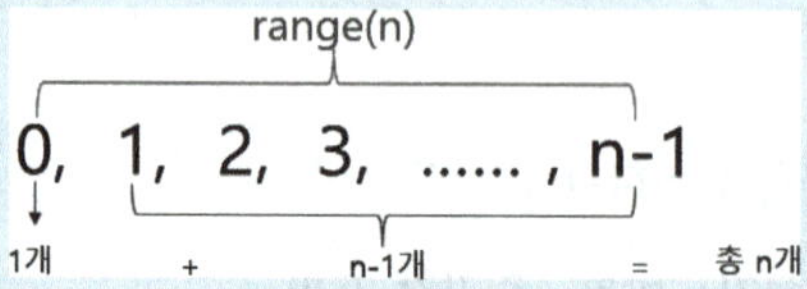

1부터 n-1까지 원소는 n-1개 들어있고 여기에 원소 0이 하나 더 있으니 1을 더하면 총 n개의 원소로 이루어진다. 따라서 시작 인덱스가 생략된 range(n)은 반복할 범위로 주어지면 총 n번 반복한다. 예) range(4)는 총 4번 반복하라는 뜻이 된다.

9.4 무한 반복과 break문, continue문

앞에서 간단하게 설명했지만, 사람이나 프로그램이 우리가 생각한 것과는 다르게 실행되는 경우로 인해 무한 반복이 발생하는 경우가 있다. 이런 경우는 사람이 조건과는 상관없이 강제로 종료를 해야 한다. 그러나 이렇게 강제로 종료하는 것은 컴퓨터 시스템상에 무리를 주기 때문에 이보다는 컴퓨터 시스템상에 무리를 주지 않고 조건에 상관없이 무한 반복을 빠져나갈 수 있도록 해줘야 한다.

예를 들어보자. K-pop이 전 세계적으로 인기몰이를 하고 있다. 이에 내가 좋아하는 아이돌의 음악이 조금이라도 더 높은 순위에 올라갔으면 하는 바람이 있다. 이에 자신이 좋아하는 아이돌 음악을 스마트폰으로 무한 재생으로 스밍을 한다고 가정해보자. 이때 무한 재생을 빠져나오는 방법은 강제로 프로그램을 종료하거나, 스마트폰 배터리가 부족할 경우 무한 재생이 종료되게 된다. 즉, 스마트폰 배터리가 25% 아래로 떨어지면 "배터리가 부족합니다. 충전해주세요!!"라는 메시지가 나오도록 해야 한다.

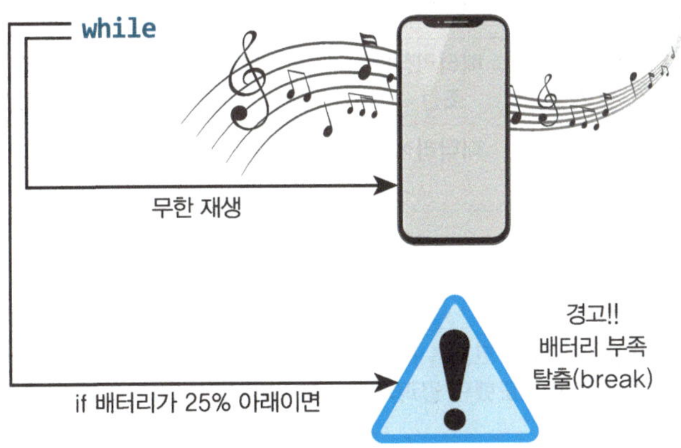

그림 9-8 무한 반복의 예:음악 스밍

무한 반복은 앞쪽에도 잠깐 설명했지만, 논리형 데이터인 True(1), False(0)을 이용하여 표현할 수 있다. 즉, while문 뒤 조건에 True를 적어주면 항상 참인 동안이 되어 무한 반복의 상태가 만들어진다.

만약 무한 반복을 빠져나오 싶을 경우는 조건에 상관없이 무조건 반복문을 빠져나올 수 있도록 해주는 것이 바로 break문이다. break문을 통해 탈출하기 위해서는 무한 반복 안에서 조건문(if문)을 이용하는 방식을 이용한다.

무한 반복 탈출 - break문

```
배터리상태=100 #배터리가 100%인 상황

while True: #조건이 항상 참으로 while (1)로 표현 가능함
    print("지금은 즐거운 스밍 시간!!")
    if 배터리상태<25: #만약 배터리가 25% 아래이면
        print("경고!! 배터리가 25% 아래입니다.")
        print("충전해주세요.")
        break #반복문 탈출

배터리상태 = 배터리상태 - 1
```

이를 조금 더 상세하게 표를 통해 살펴보면 다음과 같다.

배터리상태 =100일 때	배터리상태 =99일 때	.....	배터리상태 =25일 때	배터리상태 =24일 때
print("지금은 즐거운 스밍 시간!!")	print("지금은 즐거운 스밍 시간!!")	print("지금은 즐거운 스밍 시간!!")	print("지금은 즐거운 스밍 시간!!")	print("지금은 즐거운 스밍 시간!!")
배터리상태<25 조건 ->거짓	배터리상태<25 조건 ->거짓	배터리상태<25 조건 ->거짓	배터리상태<25 조건 ->거짓	배터리상태<25 조건->거짓
배터리상태=99	배터리상태=98	.....	배터리상태=24	break (무한 반복 탈출)

여기서 잠깐!!

파이썬을 이용하여 코드를 작성할 때는 들여쓰기를 항상 조심해야 한다. 들여쓰기가 잘못되면 실행 결과가 우리가 의도했던 결과와 완전히 달라질 수 있다. 따라서 파이썬에서는 특히 더 신경 써야 한다.

예)

```
i=0
while True:
  i=i+1
  print(i)

  if i==4:
    print("끝!!")
    break
```

if문이 참일 때 break 실행

```
i=0
while True:
  i=i+1
  print(i)

  if i==4:
    print("끝!!")
  break
```

while문 끝에서 break 실행

실행 결과

```
1                        1
2
3
4
끝!!
```

예제 9.7 while문

큰 목독 마련을 위해 은행을 찾은 짱아는 직원으로부터 24개월(2년)짜리 적금을 추천받고 매달 5만원씩 자동 이체로 빠져나가도록 했다. 그러던 중 어느덧 24개월(2년) 만기가 돌아왔다. 이때 자동 이체가 해지되도록 break문을 이용하여 완성해보시오.

▶ **실행 결과**

```
1 개월,5만원을 입금했습니다
2 개월,5만원을 입금했습니다
3 개월,5만원을 입금했습니다
...
23 개월,5만원을 입금했습니다
24 개월,5만원을 입금했습니다
자동이체가 해지되었습니다.!
1200000 만원을 수령하세요!
```

```
# 24개월 만기 자동이체 해지
month=1

while (          ):         #무한반복
    print(month,"개월", end=",")
    print("5만원을 입금했습니다")
    if (          ): #24개월이되면 만기
        print("자동이체가 해지되었습니다.!")
        print(month*50000, "만원을 수령하세요!")
        (         )

month = month + 1
```

break문 말고도 반복문을 제어할 수 있는데 continue문이 있다. break문을 이용하여 무한 반복문을 탈출했다면, continue문은 반복문의 맨 처음으로 돌아가게 하고 싶을 때 사용한다.

continue문을 다음의 예를 통해 이해해 보자.

1부터 5까지 숫자 중 짝수만 출력하도록 while문과 continue문을 이용하여 출력해 보자.

while문 맨 처음으로 돌아가기 - continue문

```
i = 0
while i < 5:
    i = i + 1
    if i%2==1:
        continue    #반복문 맨 처음으로 돌아가기
    print(i)
```

for문 맨 처음으로 돌아가기 - continue문

```
for i in range(1,6):
    if i%2==1:
        continue    #반복문 맨 처음으로 돌아가기
    print(i)
```

이를 조금 더 상세하게 표를 통해 살펴보면 다음과 같다.

i=0일 때	i=1일 때	i=2일 때	i=3일 때	i=4일 때	i=5일 때
i=1	i=2	i=3	i=4	i=5	while i<5 -> 거짓
i%2==1조건 ->참	i%2==1조건 ->거짓	i%2==1조건 ->참	i%2==1조건 ->거짓	i%2==1조건 ->참	
continue	print(2)	continue	print(4)	continue	반복문 종료

반복문의 맨 처음으로

반복문의 맨 처음으로

반복문의 맨 처음으로

9.5 while문과 for문 서로 변환하기

while문과 for문은 사용자가 편하게 자신이 사용하기 편한 것으로 선택해서 쓸 수 있으며, while문으로 작성했던 것을 for문으로 변경하여 작성할 수 있고, 반대로 for문으로 작성했던 것을 while문으로 변경하여 작성할 수 있다. 즉, while문과 for문은 서로 변환이 가능하다.

간단한 예를 통해 서로 어떻게 변환할 수 있는지 살펴보자.

예제 9.8 반복문 비교

1부터 100까지의 수에서 홀수의 합을 구하는 for문과 while문을 이용하여 비교해보자.

▶ [while문]

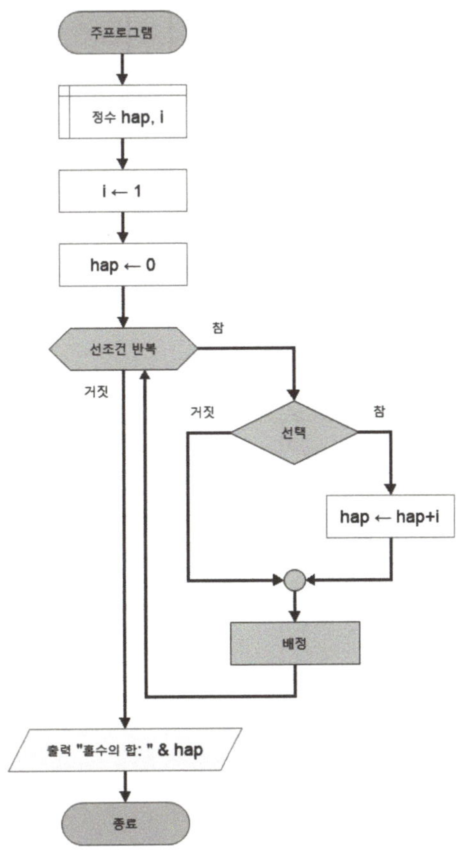

```
i=1
while (              ):
    if (              ):
        hap= hap + i
    (              )
print("홀수의 합=%d" %hap)
```

▶ [for문]

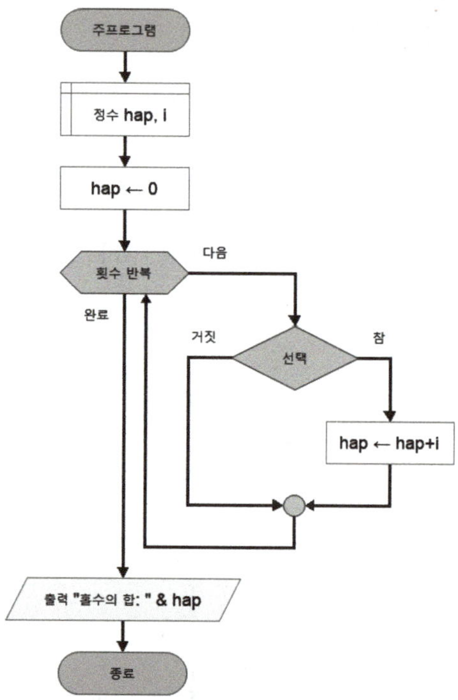


```
for i in range (              ):
if (              ):
    hap= hap + i
print("홀수의 합=%d" %hap)
```

9.6 중첩 반복문

지금까지는 하나의 반복문만으로 표현하는 방법을 배웠다. 그러나 하나의 반복문만으로는 본인이 원하는 표현을 다 표현하기가 어렵다. 또는 같은 과정을 계속 반복하는 때도 조금 더 간결하게 표현하기 위해 사용한다.

실행 결과가 다음과 같이 출력하려고 한다. 중첩 반복문이 어느 경우에 필요한지를 다음의 예를 보면서 생각해 보자.

```
1
1 2
1 2 3
1 2 3 4
```

우리가 지금까지 배운 반복문 중 for문을 이용해서 표현하면 다음과 같다.

일반적인 for문을 이용하는 경우

```
for i in range(1,2):
    print(i, end=" ")
print("\n")

for i in range(1,3):
    print(i, end=" ")
print("\n")

for i in range(1,4):
    print(i, end=" ")
print("\n")

for i in range(1,5):
    print(i, end=" ")
print("\n")
```

이 반복문 코드를 잘 살펴보자. 잘 살펴보면 숫자를 출력할 수 있는 특정 범위(구간)인 (1,2),(1,3),(1,4),(1,5)를 제외하고는 나머지 코드는 모두 같다. 이를 이용해 정리해

보면 다음과 같이 표현할 수 있다.

일반적인 for문을 이용하는 경우 - 공통적인 사항 파악하기

```
for i in range (특정 범위):
    print(i, end=" ")
print("\n")
```

특정 범위가 (1,2)이면 1을, (1,3)이면 1,2를, (1,4)이면 1,2,3을, (1,5)이면 1,2,3,4를 출력한다. 이를 반복하는 반복문을 만들어서 그 안에 조금 전 우리가 1개로 통일했던 반복문을 넣어서 사용하면 훨씬 간단하게 표현할 수 있다.

중첩 for문을 이용하는 경우

```
for 출력라인 in range(1,5):
    for i in range(1, 출력라인+1):
        print(i, end=" ")
    print("\n")
```

이렇게 하면 바깥쪽 for문의 시작인 출력라인이 1일 때, 안쪽 for문이 진행되고 끝나면 다시 바깥쪽 for문의 출력라인 2로 변경되고 다시 안쪽 for문을 진행한다. 이를 표로 그려서 다시 정리해보자.

바깥쪽 for문 (출력라인)	안쪽 for문	실행 결과

1	for 출력라인 in range(1,5):
	  for i in range(1, 출력라인+1):
	    print(i, end=" “)
	  print(“\n”)
		1

2	for 출력라인 in range(1,5):
	  for i in range(1, 출력라인+1):
	    print(i, end=" “)
	  print(“\n”)
		1
		1 2

3	for 출력라인 in range(1,5):
	  for i in range(1, 출력라인+1):
	    print(i, end=" “)
	  print(“\n”)
		1
		1 2
		1 2 3

4	for 출력라인 in range(1,5):
	  for i in range(1, 출력라인+1):
	    print(i, end=" “)
	  print(“\n”)
		1
		1 2
		1 2 3
		1 2 3 4

그림으로 표현하면 다음과 같이 그릴 수 있다.

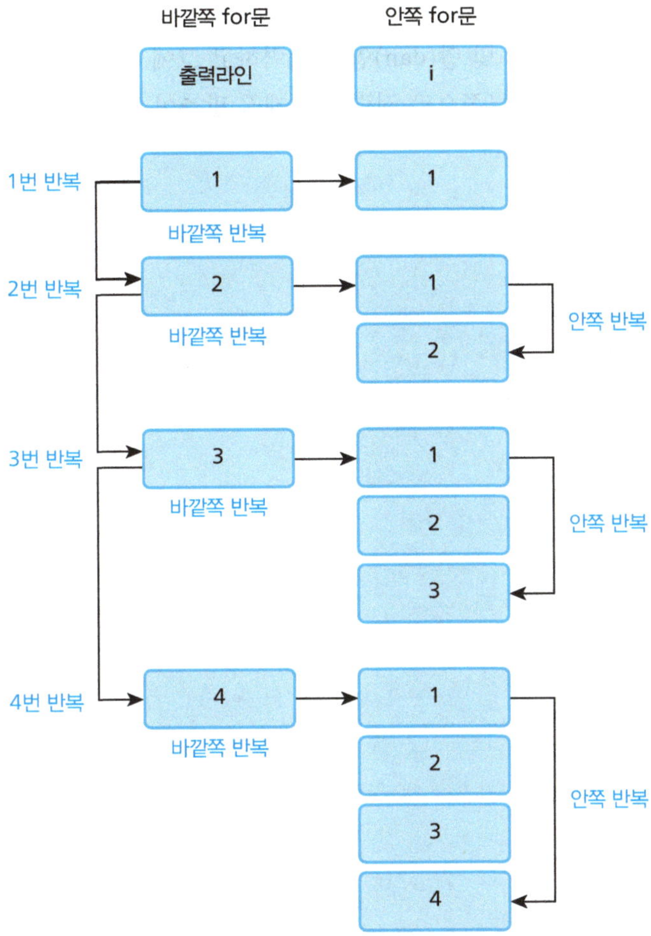

그림 9-9 중첩 반복문을 이용한 반복 구조 예

중첩 반복문은 정리해보면 다음과 같이 표현할 수 있다.

```
반복문 :
    <반복할 문장>
    반복문2 :
        <반복할 문장2>
```

와 같은 구조를 가진다.

이 외에도 중첩 반복문을 이용하여 표현하는 대표적인 예로는 구구단과 별계단 찍기 등이 있다.

예제 9.9 중첩 반복문

중첩 반복문의 대표적인 예 중 하나인 구구단을 출력해보려고 한다.

2~9단까지 각 몇 단(dan)인지 출력하고 그에 해당하는 구구단을 출력하도록 표현해 보자. 이때 오른쪽으로 정렬이 되게끔 맞추어 보시오.

▶ **실행 결과**

```
<2단>
2 × 1 = 2
2 × 2 = 4
2 × 3 = 6
2 × 4 = 8
2 × 5 = 10
2 × 6 = 12
2 × 7 = 14
2 × 8 = 16
2 × 9 = 18
......
8 × 5 = 40
8 × 6 = 48
8 × 7 = 56
8 × 8 = 64
8 × 9 = 72

<9단>
9 × 1 = 9
9 × 2 = 18
9 × 3 = 27
9 × 4 = 36
9 × 5 = 45
9 × 6 = 54
9 × 7 = 63
9 × 8 = 72
9 × 9 = 81
```

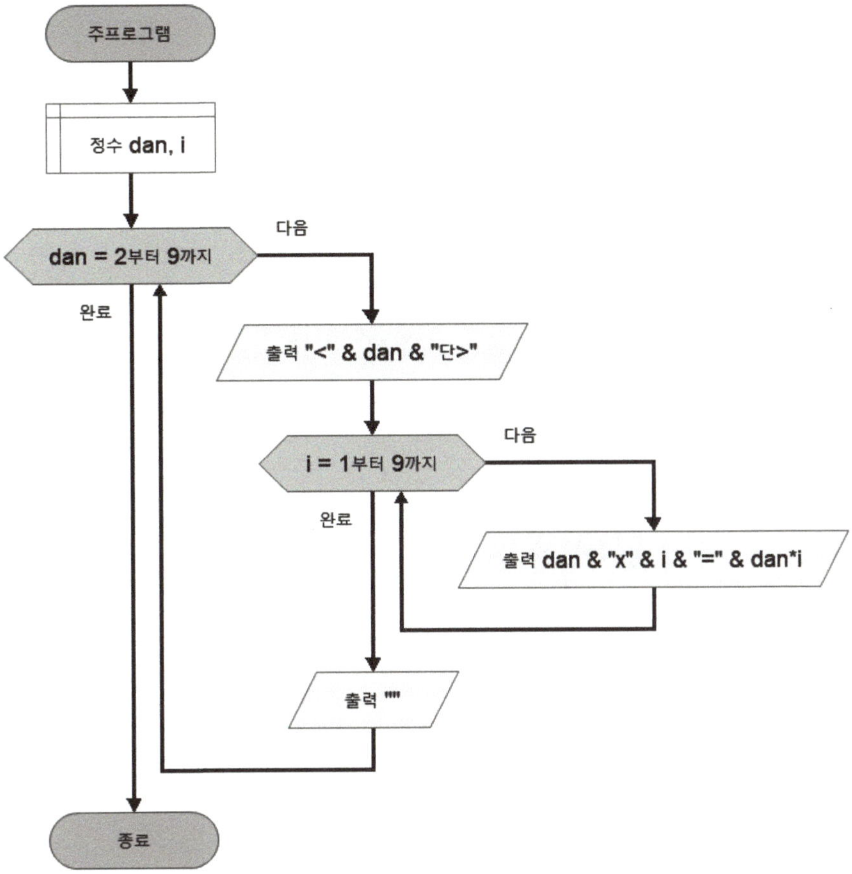


```
for dan in range(2,10):
    print("<%d단>" %dan)
    for i in range(1,10):
        print("%2d × %2d = %2d"%(dan,i,(dan*i)))
    print("")
```

구구단 출력 시 값들이 오른쪽을 기준으로 정렬하게 할 수 있는데 이는 형식지정자를 이용하여 자릿수를 이용하여 표현할 수 있다. 정수형은 %d로 표현하는데 이때 %2d라고 하면 2자리까지 정수형으로 표현하라는 의미가 된다. 따라서 print("%2d × %2d = %2d"%(dan,i,(dan*i)))에서는 2자리로 표현해서 자리 위치를 맞추라는 의미가 된다. 만약 %3d라고 한다면? 그렇다 3자리를 기준으로 정렬해서 출력하면

된다.

예제 9.10 중첩 반복문

1부터 5까지의 약수를 구해보자. 단, 약수를 출력할 때 "OO의 약수는 X, X,X,X, 이다"와 같은 형태로 나타나도록 하시오.

▶ 실행 결과

```
1 의 약수는 1,이다
2 의 약수는 1,2,이다
3 의 약수는 1,3,이다
4 의 약수는 1,2,4,이다
5 의 약수는 1,5,이다
```

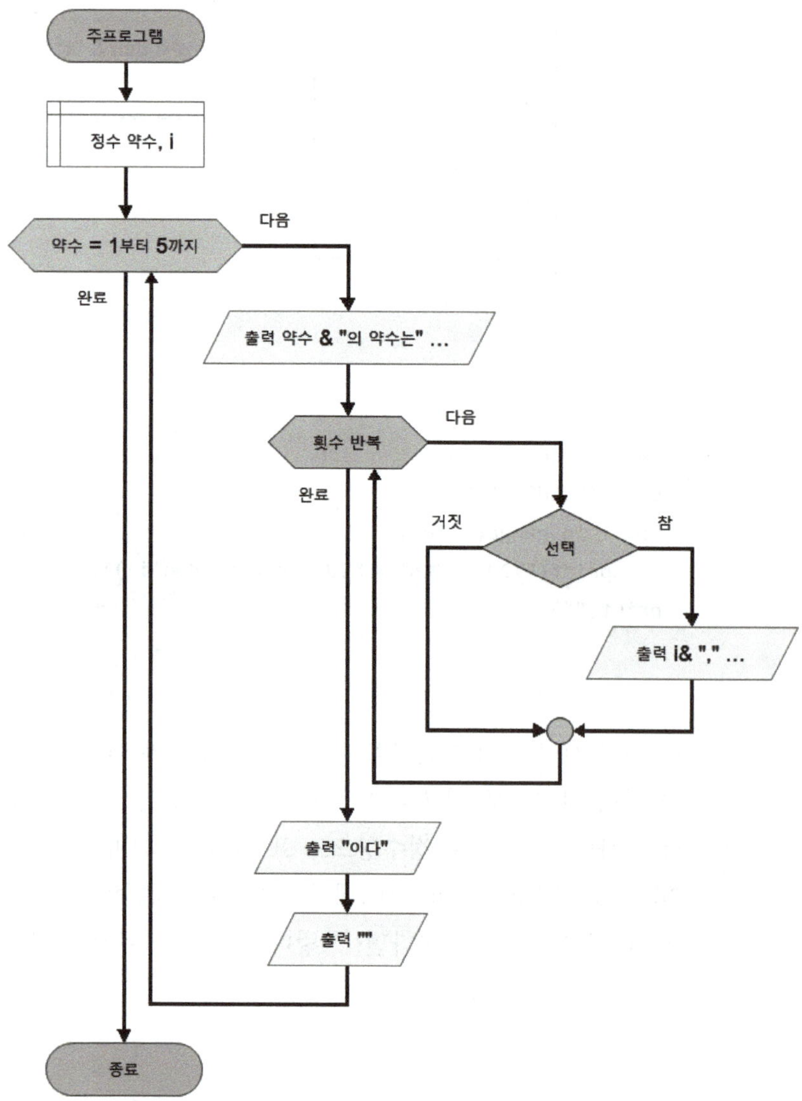

```
for 약수 in range(1,6):
    print(약수,"의 약수는", end=" ")
    for i in range (              ):
        if (            ):
            print(i, end=",")
            print("이다"\n")
```

중첩 반복문은 다소 어렵게 느껴질 수 있다. 그러나 실제로 중첩 반복문을 사용하는 경우가 상당히 많다. 어렵기는 하지만 반드시 꼭 이해하고 넘어가길 바란다. 이를 제대로 이해하지 못하고 무분별하게 사용할 경우는 오히려 컴퓨터가 수행하는 속도에 큰 영향을 줄 수 있으므로 꼭 필요한 곳에서만 사용할 수 있도록 해야 한다.

연습문제

활동 9-1

다음은 회문을 만드는 순서도를 플로우고리즘으로 나타낸 것이다.

순서도를 보고 파이썬 코드로 완성해보자.

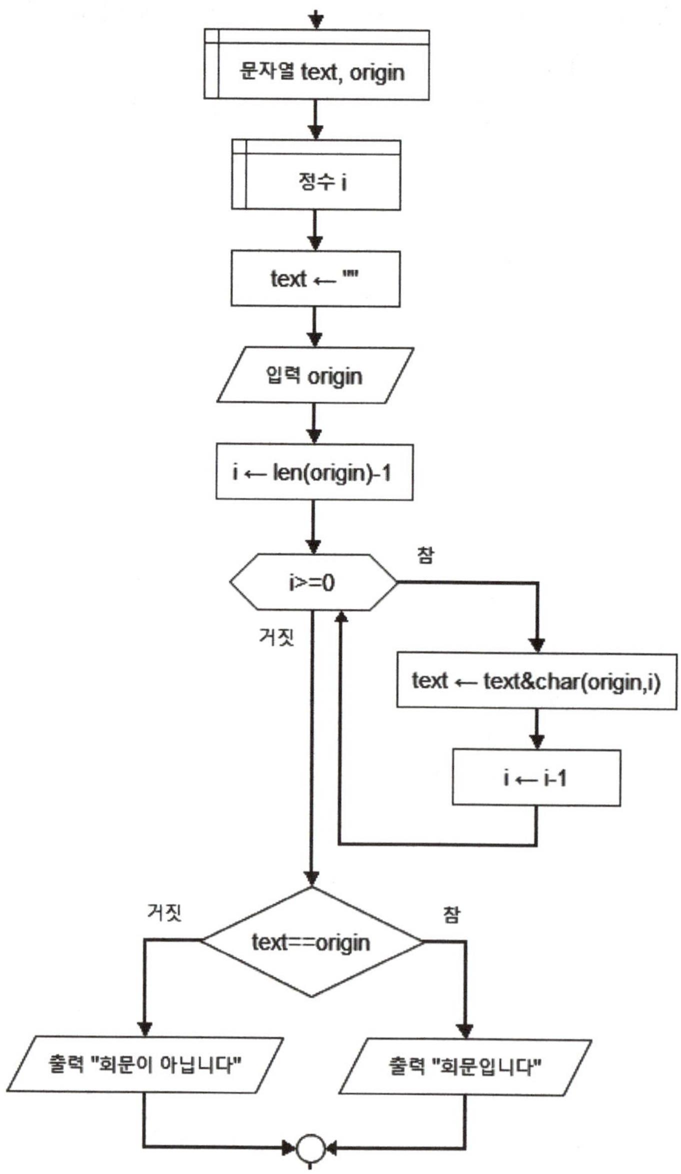

※ 플로우고리즘에서는 char(문자열,숫자) 문자열에서 숫자인덱스에 해당하는 문자를 의미함

- 문자열의 합: &
- 문자열의 길이: len()
- 배열의 길이: size()

[파이썬코드]

```
text=""
origin=input("검사할 문자열 ")
i=
while :
if :
    print("회문")
else:
    print("회문아님")
    print("origin:{}, text:{}".format(origin, text))
```

활동 9-2

다음 오른쪽처럼 실행결과가 나올 수 있도록 빈칸을 완성하시오.

for num in range(____________________): print(num)	0 1 2 3
for num in range(____________________): print(num)	3 4 5
for num in range(____________________): print(num)	3 6 9

활동 9-3

다음 오른쪽처럼 실행결과가 나올 수 있도록 빈칸을 완성하시오.

코드	출력결과
① price={"어묵":"500원","떡볶이":"300원","라면":"3000원"} ② for i in __________: 　　print("{}:{}".format(i,price[i]))	<출력결과> 어묵: 500원 떡볶이: 300원 라면: 3000원
③ for key,value in __________: 　　print("{}:{}".format(key,value))	<출력결과> 어묵: 500원 떡볶이: 300원 라면: 3000원

활동 9-4

다음 코드를 보고 실행되는 과정으로 표로 작성하시오.

```
for i in range(1,4) :
    for j in range(1,4):
        print(i,"*",j,"=",i*j)
    print("===============")
```

i	j	실행문
1	1	
	2	
	3	
2	1	
	2	
	3	
3	1	
	2	
	3	

10

그리디

학습목표

- 그리디의 개념에 대해 배울 수 있다.
- 그리디를 이용하여 문제를 어떻게 해결하는지에 대해 알 수 있다.

학습목차

10.1 그리디란?

10.1 그리디란?

10.1.1 그리디의 개념

그리디(Greedy)란 "욕심 많은", "탐욕스러운"이란 뜻으로 말 그대로 욕심을 부려 자신이 현재 상황에서 가장 좋은 것을 고르는 방식으로 최적의 해를 구해 문제를 해결하는데 사용되는 방법이다. 즉, 여러 가지 상황에서 하나를 선택해야 할 때 단순히 그 순간 좋아 보이는 방법을 찾아주어 그 방법(또는 값)을 선택하면서 계속 진행을 반복적으로 한다. 이렇게 반복적으로 선택된 해를 통해 최종적으로 정답에 도달하는 방식이다.

그러나 그리디는 최적의 해를 보장할 수 없다는 문제점이 있다. 앞뒤 관계를 고려하지 않고 매 순간 최적의 답을 선택하기 때문에 전체적인 문제에 대해서는 최적의 해를 보장할 수 없을 때가 많다.

그렇다고 해서 그리디를 사용하지 않으면 되지 않느냐고 하겠지만 그리디도 전체적으로 완벽한 최적의 해결책을 보장하지는 못하지만, 현재 단계의 선택이 다음 선택과 무관하여 적용할 수 있는 문제들로 지역적으로 최적이면서 전체적으로 최적인 문제들에 적합하다. 예로 들면 최적에 가까운 근사값을 찾고자 할 좋다. 또한 최소값과 최대값을 기준을 정할 수 있고, 최단 경로를 찾기 위한 문제 해결에도 가능하다.

일반적으로 대표적인 예로는 거스름돈 문제, AI 결정 트리 학습법(decision tree Learning), 최소 신장 트리(Minimum spanning tree), 다익스트라 알고리즘, 교실할당문제, 배낭문제, 허프만 코드(Huffman Coding) 등이 있다.

그리디는 처음 접하는 내용이기 때문에 다소 어렵게 느껴질 수 있다. 따라서 여기서는 간단하게 무엇인지에 대한 개념을 짚고 넘어가는 정도로만 다루겠다.

10.1.2 거스름돈 문제

그리디의 대표적인 예제로 많이 거론되는 거스름돈 문제는 최적의 해를 구하기 위해 큰 단위의 돈부터 거슬러주면 된다. 그리디의 개념에서 살펴본 것처럼 매 순간 가장 좋은 것으로 생각하는 것을 선택해야 한다.

사용자로부터 돈을 입력받아 거스름돈을 거슬러주는 과정의 예를 들어 설명해보자. 이를 통해 전체 거스름돈(동전)의 개수와 각각의 동전별로 몇 개씩 받을 수 있는지를 확인할 수 있다. 이때 그리디를 이용한 것이라 큰 단위 돈부터 거슬러주어야하기 때문에 언제나 거스름돈의 개수가 가장 적게 거슬러주어야 한다는 것을 잊어서는 안 된다.

사용자로부터 2432원을 입력받았다고 한다면 이 중 거스름돈의 리스트에서 가장 큰 수인 500원부터 먼저 선택한다. 이를 통해 500원 4개를 통해 2000원을 만들고, 그 다음 400원을 만들기 위해서는 100원을 선택한다. 이를 통해 100원 4개를 통해 400원을 만든다. 그 다음 30원을 만들기 위해 1원을 선택한다. 이를 통해 1원 30개를 통해 30원을 만든다. 마지막으로 2원을 만들기 위해 1원을 선택한다. 이를 통해 1원 2개를 통해 2원을 만든다.

이를 정리하면 다음과 같이 그림으로 표현할 수 있다.

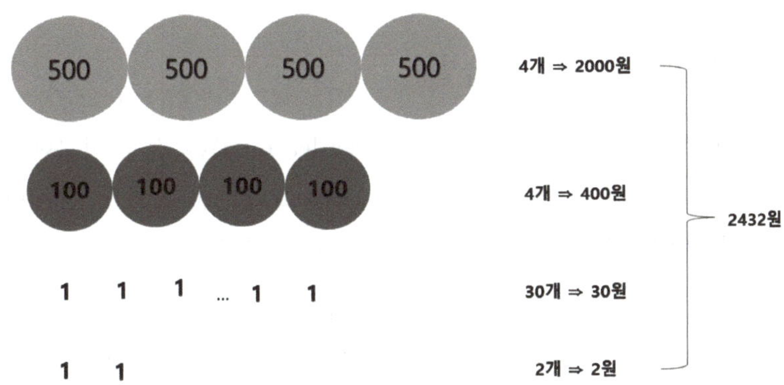

그림 10-1 그리디 표현 예시

이를 파이썬으로 표현하면 다음과 같다.

예제 10.1 거스름돈 문제

```
coin=int(input("동전으로 바꿔드리겠습니다.돈을 입력하세요: "))

coin_list=[500,100,50,1]      #거스름돈
print("거스름돈 종류:", coin_list)
total_coin_count=0
detail=[ ]                    #빈 리스트
value=coin

for coin in coin_list:
    coin_num= value // coin
    total_coin_count = total_coin_count+coin_num
    value = value-(coin_num*coin)
```

```
    detail.append([coin, coin_num])

print(total_coin_count, detail)
```

▶ 실행 결과

```
동전으로 바꿔드리겠습니다.돈을 입력하세요: 2432
거스름돈 종류: [500, 100, 50, 1]
40 [[500, 4], [100, 4], [50, 0], [1, 32]]
```

10.1.3 AI 결정 트리 학습법

AI 결정 트리 학습법(decision tree learning)은 전체 항목에 대한 데이터를 가지고 분류하거나 예측을 통해 새로운 모델로 나타낸다. 이는 통계학, 데이터마이닝, 기계 학습에서 사용하는 예측 모델링 방법의 하나다.

조금 더 쉽게 이야기하면 결정 트리 학습법은 스무고개 놀이를 기억할 것이다. 이와 비슷하다고 생각하면 된다. 어떤 질문에 Yes, No 중 하나를 선택하여 무엇인지를 20번 안에 맞추는 게임과 같다고 볼 수 있다.

우선 결정 트리에 대해 설명하기 전 트리에 대해 알아보자. 트리(tree)는 마치 모양이 나무를 뒤집어 놓은 듯한 형태와 비슷하다고 해서 붙여진 이름이다.

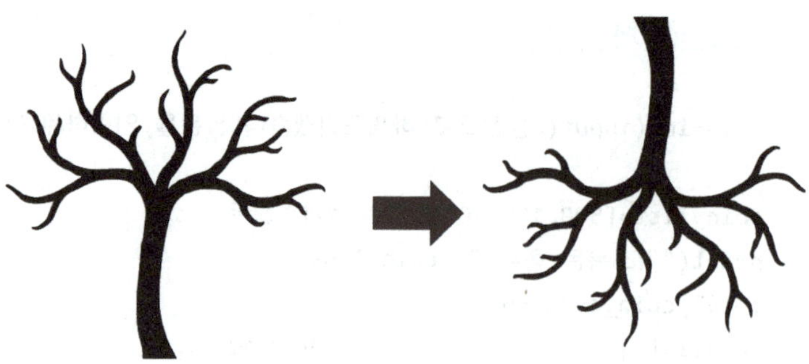

그림 10-2 트리의 유래

이 트리를 통해 정보를 구조화시키는데 트리의 구성요소는 분할되는 부분을 노드(node), 시작 지점은 루트 노드(root node), 맨 마지막 노드들을 터미널 노드(terminal node)로 표현한다.

예를 들어보자. 열이 37.5℃이상인가? → 기침이 나는가? → 인후통이 있는가? → 설사를 하는가? → 몸이 아픈가? → 미각 또는 후각 상실이 있는가? 등의 증상에 따른 여부를 통해서 COVID-19인지 아닌지를 구별해보자.

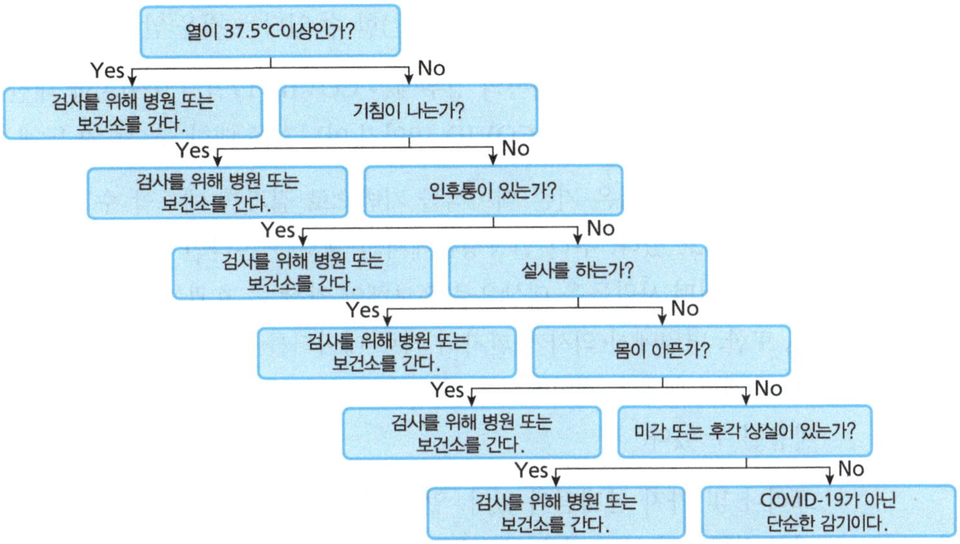

그림 10-3 결정 트리 학습법 예시

위의 예처럼 하향식(Top-down) 방법으로 가면서 COIVID-19인지 아닌지에 나름의 여러 단계의 판단 기준(체크 리스트)을 만들어 작성한 후 새로운 데이터가 들어오면 이를 바탕으로 하나씩 질문하고 그에 따른 Yes 또는 NO의 답에 따라 다음 트리를 따라가면 결국 COVID-19인지 아니면 단순한 감기인지를 예측할 수 있게 된다. 이러한 방법을 결정 트리 학습법이라고 한다.

여러 단계를 거치면서 불필요한 요소가 줄어들게 되는데 이를 위해서는 불순도, 엔트로피, 그리고 지니계수(불순도 지표)가 필요하다.

여기서 잠깐!

엔트로피 공식과 지니계수가 어떻게 표현하여 구하는지에 대한 수식을 간단히 살펴보겠다.
굳이 이 식을 계산을 해보는 것은 과정은 생략한다. 더 공부하고 싶다면 이에 따른 부분은 따로 공부해보길 바란다.

엔트로피 공식

$$\text{Entropy} = -\sum_i (p_i)\log_2(p_i)$$

지니계수의 공식

$$\text{Gini} = 1 - \sum_{i=1}^{C}(p_i)^2$$

불순도는 해당 범위 안에서 서로 다른 데이터 즉 불필요한 요소가 얼마나 섞여 있는지를 나타내는 정도이며, 엔트로피(entropy)는 쉽게 생각하면 확률적으로 불확실성을 수치적으로 표현한 것이다. 불확실성이 높을수록 불순도가 높은 것으로 볼 수 있다. 또한 지니 계수(Gini Impurity)는 불순도를 측정하는 지표이다. 이를 통해 불순도가 낮다면 정확하게 예측(또는 판단)할 수 있다는 것을 알 수 있다.

위의 예시에서도 보면 위쪽의 경우에는 COVID-19인지 아닌지에 대한 불순도가 높으나 아래쪽으로 갈수록 COVID-19인지 아닌지에 대한 불순도가 낮게 된다.

결정 트리 학습법은 기존 데이터를 기반으로 결과를 예측할 수 있어 매우 광범위하게 사용되고 있다. 우리 일상생활에서의 예로는 온라인 쇼핑몰 또는 TV 광고를 제작할 때 어떤 사람들을 대상으로 홍보해야 가장 큰 효과를 얻을 수 있을지에 대한 예측, 또한, 병원에서 의사가 환자의 의료 데이터를 가지고 질병에 대한 예측뿐만 아니라 3D게임과 같은 게임에서는 사람의 동작과 얼굴을 인식하는 기술 등 여러 곳에서 활용될 수 있다.

그러나 몇 가지 한계점이 있다. 일단 결정 트리를 생성하는 방식에서 한계가 있다. 지금 상황에서 어떤 것을 기준으로 나눠야 하는지에 대한 부분을 고려하지 않는다는 것이다. 그 순간만 보면 최선으로 나눴지만, 그로 인해 더 좋은 트리를 만들 가능성이 배제된다는 의미다. 이 때문에 여러 경우 중 하나를 결정해야 할 때마다 그 순간에 최적이라고 생각되는 것을 선택해나가는 방식으로 진행해서 최종적인 해답에 도달하는 것이 된다. 그래서 그리디에 속한다.

그렇다면 "처음부터 최적의 트리를 찾지 못하고 왜 굳이 힘들게 이럴까?"라고 생각할 것이다. "최적의 트리를 찾는다!!"는건 말이 쉽지, 매우 어려운 일이다. 이 때문에 그나마 그리디 방식을 사용하는 것이 합리적인 방식이라고 볼 수 있다.

여기서 잠깐!

파이썬 라이브러리 scikit-learn을 사용하면 쉽게 트리를 만들 수 있다. 그러나 여기서는 이와 관련된 내용을 배우지 않았기 때문에 어떻게 표현하는지의 일부만 간단히 살펴보겠다.

scikit-learn을 이용한 결정 트리

```
from sklearn.tree import DecisionTreeClassifier
classifier = DecisionTreeClassifier()

classifier.fit(training_points, training_labels)
```

학습 데이터를 기반으로 트리를 생성할 때는 .fit() 메서드를 사용하면 된다.

예제 10.2 AI 결정 트리 학습법

여기서는 파이썬으로 표현하지 않고 다른 방법으로 결정 트리 학습법을 이해해보자. 포도를 재배하고 판매를 하는 공장이 있다고 하자. 이때 이 공장에서는 2종류의 포도 캠벨과 샤인 머스캣 포도를 생산한다. 사람이 직접 하는 것도 좋지만 인공지능 시대에 맞춰 이를 AI 결정 트리 학습법을 이용하여 자동으로 분류하는 기계를 만들려고 한다. 캠벨과 샤인 머스캣 색상은 사람의 육안으로는 쉽게 구분할 수 있지만, 자동 분류 장치기계에는 아쉽게도 카메라가 없어서 무게와 크기만을 가지고 판단할 수 밖에 없다고 가정해보자.

캠벨과 머스캣 포도의 데이터는 다음과 같다.

과일 종류	과일 무게	과일 크기
샤인 머스캣	2.34	18
캠벨	1.32	12
캠벨	1.48	14
샤인 머스캣	3.5	15
캠벨	1.7	11
샤인 머스캣	2	13
샤인 머스캣	2.5	16
캠벨	1.5	13

이를 기반으로 그림으로 나타내보면 다음과 같이 표현된다.

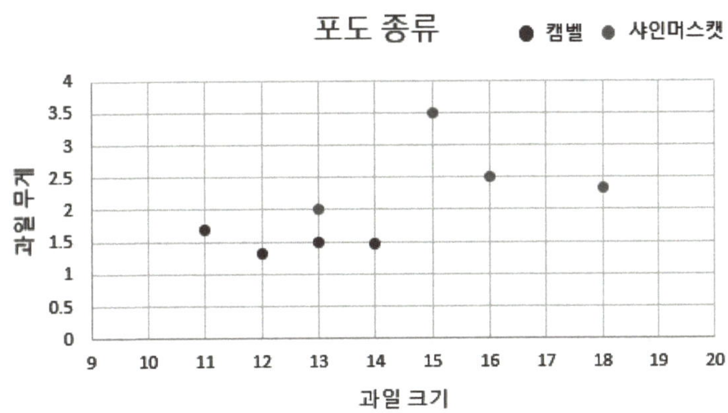

그림 10-4 캠벨과 샤인 머스킨 분포도

샤인 머스킷은 그림에서 보면 대체적으로 오른쪽에 캠벨은 대체적으로 왼쪽에 분포되어 있다 이를 좀 더 확인하기 위해 캠벨과 샤인 머스캣을 구분할 수 있는 선을 그어보자.

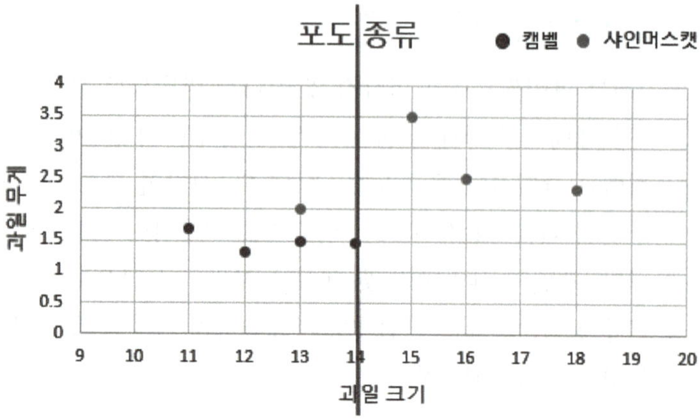

그림 10-5 캠벨과 샤인 머스캣 구분 경계선 그리기(1)

이를 통해 보면 우리가 앞에서 이야기했듯이 왼쪽은 캠벨, 오른쪽은 샤인 머스캣이 분포되어 있다는 것을 확인할 수 있다. 이를 기반으로 결정 트리를 나타내보자.

루트노드를 구분 경계선을 기준으로 표현하면 "과일의 크기가 14 cm미만인가?"로 할 수 있다. 이를 통해 결정 트리를 표현하면

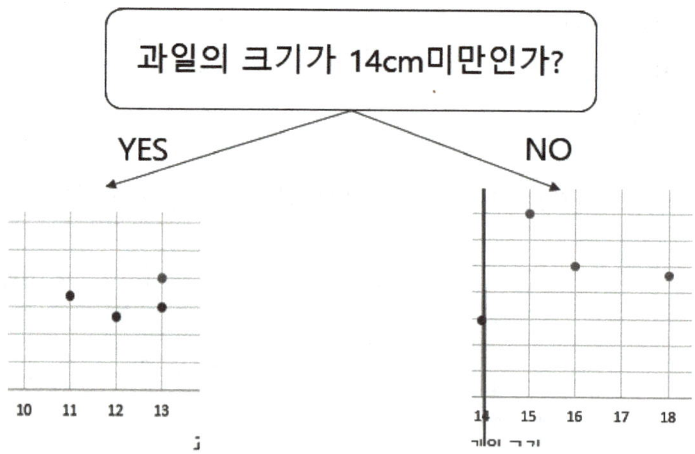

그림 10-6 결정 트리 표현하기(1)

이때 양쪽에 각각 한 개의 캠벨과 샤인 머스캣이 섞여 있다. 즉 불순도가 있다는 것이다. 불순도를 낮추기 위해 조금 더 분류해보자.

이번에는 또 다른 경계선을 기준으로 보자. 앞에서처럼 "무게가 2이상인가?"와 "과일크기가 12이상인가?"를 기준으로 경계선을 그으면 현재 과일의 종류와 무게이 따른 캠벨과 샤인머스캣을 구분하는 경계를 나타낼 수 있다.

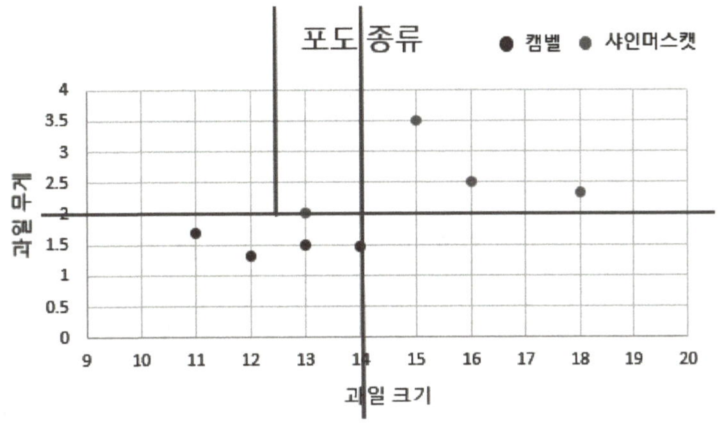

그림 10-7 캠벨과 샤인 머스캣 구분 경계선 그리기(2)

이를 기반으로 기존의 결정 트리에 또 다른 단계를 추가할 수 있다.

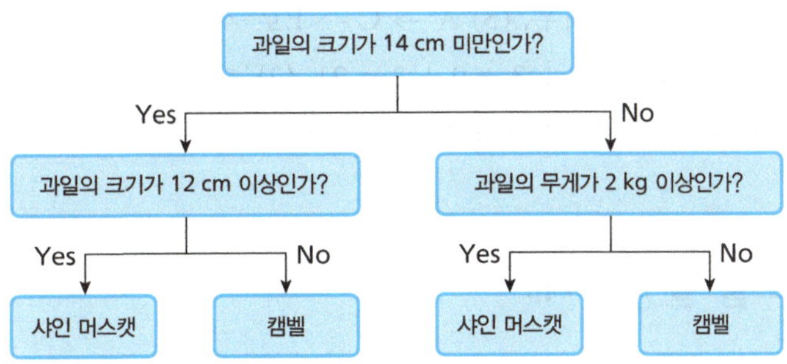

그림 10-8 결정 트리 표현하기(2)

10.1.4 다익스트라 알고리즘

그리디의 대표적 알고리즘의 하나인 다익스트라 알고리즘(Dijkstra Algorithm)는 원래는 그래프에서 두 꼭지점간의 가장 짧은 경로 즉 최단경로를 찾는 알고리즘으로 이를 조금 더 일반적으로 변형하여 다른 모든 꼭지점까지의 최단 경로를 찾는 알고리즘이 되었다. 그래프에 가중치를 주어 어느 한 지점에서 다른 모든 꼭지점의 최단 경로를 찾는 문제이다. 조금 더 쉽게 설명하면 시작점에서 도착점까지의 주어진 모든 점들 사이의 각각 가중치 합이 최소 비용 또는 최소 시간으로 이동할 수 있는 거리를 찾는 것이다. 이를 위해서는 반드시 시작점과 도착점이 정해져 있어야 한다. 그리고 무엇보다 중요한 것은 꼭지점들 사이의 가중치는 반드시 양수여야 한다.

예를 들어 A,B,C,D,E의 꼭지점을 가진 그래프가 있다. 이 그래프에서 시작점을 A, 도착점은 E라고 한다면 A로부터 E까지 가는 모든 꼭지점인 B,C,D 점들 사이의 가장 짧은 경로를 찾는 것이다.

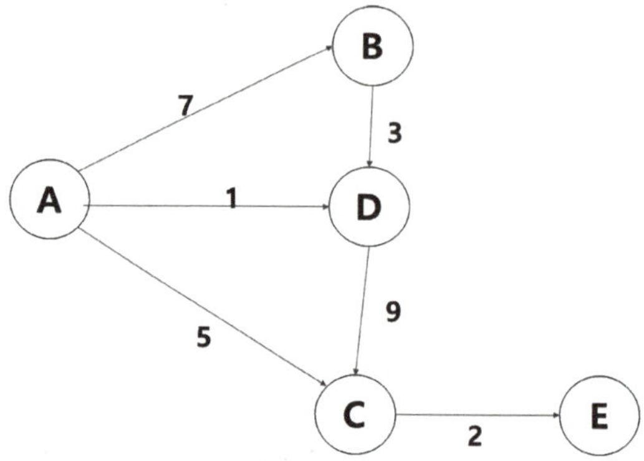

그림 10-9 다익스트라 알고리즘의 예

A → E까지의 경로를 보면 (1) A → B → D → C → E로 가는 경우와 (2)A → D → C → E로 가는 경우, (3) A → C → E로 가는 경우가 있다. 이들의 가중치 합을 각각 구해보면 (1)은 7 + 3 + 9 + 2 = 21, (2)는 1 + 9 + 2 = 12, (3)은 5 + 2 = 10으로 가중치 합이 가장 작은 (3)이 가장 짧은 경로가 된다.

10.1.5 교실 할당 문제

교실할당(classroom assignment)문제는 활동선택문제(Activity-Selection Problem)라고도 불리는데 이는 한정된 교실 공간 내에서 최대 수업을 배정하는 문제이다. 즉 종료시간이 가장 빠른 수업을 먼저 배치하고 이와 겹치지 않는 나머지 수업을 배치하여 한 개의 교실에 대해 가용시간을 최대로 할 수 있도록 하는 방법이다.

예를 들어, 9개의 수업이 있다고 가정해보자. 시작시간과 종료시간이 주어졌다면 다음과 같이 나타낼 수 있다.

수업	a1	a2	a3	a4	a5	a6	a7	a8	a9
시작시간	1	2	5	4	6	9	12	1	11
종료시간	3	5	8	7	9	12	15	4	14

종료시간이 가장 빠른 수업시간을 먼저 배치하게 되면 한 개의 교실에 대한 가용시간은 항상 최대가 된다. 이때 두 수업이 겹치면 함께 수업을 진행할 수 없다. 종료시간이 빠른 순서로 차례로 배정하기 때문에 앞의 선택 이후에는 변경할 수 없고 매 순간 선택이 항상 최적이 되어야 한다. 그렇기 때문에 이 역시도 그리디가 된다.

위의 표를 종료시간을 기준으로 오름차순으로 정렬해 수업을 배정하면 다음의 그림에서처럼 표현이 된다.

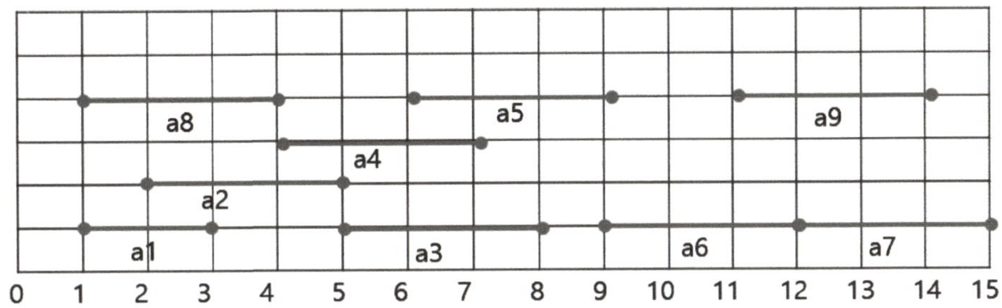

그림 10-10 종료시간을 기준으로 한 교실의 수업 배정

이는 그리디의 성질을 적용하여 표현한 것으로 한 교실에 배정할 수 있는 최대 수업의 조합은 a1, a3, a6, a7이 된다.

수업	a1	a2	a3	a4	a5	a6	a7	a8	a9
시작시간	1	2	5	4	6	9	12	1	11
종료시간	3	5	8	7	9	12	15	4	14

물론 다른 경우도 가능하지만, 앞 조합의 결과보다 최적이라고는 할 수 없다. 이런 방식으로 그리디를 적용하여 교실할당 문제를 해결할 수 있다.

이를 실제 파이썬으로 어떻게 표현할 수 있을지 나타내보자.

예제 10.3 교실할당 문제

```
print ("교실할당 문제")
print("다음과 같이 선택되었습니다.")

# 교실할당 테스트하기
s = [1, 2, 5, 4, 6, 9, 12,1,11]
f = [3, 5, 8, 7, 9, 12,15,4,14]

#첫 번째 활동은 항상 선택됨
i = 0 #인덱스
print (i, end=" ")

n = len(f)
```

```
#나머지 활동 고려
for j in range(n):
    # 시작시간이 이전 선택한 종료시간보다 크거나 같은 경우 선택
    if s[j] >= f[i]:
        print (j, end=" ")
        i = j
```

▶ **실행결과**

```
교실할당 문제
다음과 같이 선택되었습니다.
0 2 5 6
```

인덱스	[0]	[1]	[2]	[3]	[4]	[5]	[6]	[7]	[8]
수업	a1	a2	a3	a4	a5	a6	a7	a8	a9
시작시간	1	2	5	4	6	9	12	1	11
종료시간	3	5	8	7	9	12	15	4	14

실습 10.1 점심 메뉴 할당하기

네 명의 친구들이 함께 학생식당에 가서 사먹기로 했다. 이들 네 사람이 점심 메뉴에 대해 각자 좋아하는 정도는 모두 다르다. 또한 좋아하는 정도는 다음의 표와 같다.

	☺☺☺☺	☺☺☺	☺☺	☺
다니엘	치즈 돈까스	라면	오징어 덮밥	순두부 백반
은우	치즈 돈까스	오징어덮밥	라면	순두부 백반
태형	치즈 돈까스	오징어덮밥	라면	순두두 백반
지민	순두부 백반	치즈 돈까스	오징어덮밥	라면

학생식당에는 네 종류의 메뉴가 있다. 그러나 아쉽게도 모두 팔리고 네 종류의 식사가 모두 하나씩밖에 남지 않았다. 네 명의 친구들이 음식을 좋아하는 정도는 표의 가장 위쪽에 ☺의 개수로 나타나 있다.

네 명의 친구들이 식당에 남아 있는 네 종류의 음식을 각각 하나씩 나누어 선택한다고 할 때 얻을 수 있는 가장 많은 하트의 개수는 몇 개일까? 빈 칸의 코드를 완성해 보세요.

```
menu=['치즈돈가스 ','라면 ','오징어덮밥 ','순두부백반 ']
max_name=[]
max_value=[]
max_name=['','','',''] #최대값기록된사람

menu1=[]
다니엘=[4,3,2,1]
은우=[4,2,3,1]
태형=[2,1,4,3]
지민=[3,1,2,4]
menu_논리값=[False,False,False,False] #메뉴가 선택되었는지 여부

for i in range(4):

    if menu_논리값[i]==False:
        if 다니엘[i]>은우[i] and 다니엘[i]>태형[i] and 다니엘[i]>지민[i]
                                        and '다니엘' not in max_name :

            max_name[i]="다니엘"
            max_value.append(다니엘[i])
            menu_논리값[i]=True

        elif 은우[i]>다니엘[i] and 은우[i]>태형[i] and 은우[i]>지민[i]
                                        and '은우' not in max_name:
            max_name[i]="은우"
            max_value.append(은우[i])
            menu_논리값[i]=True

        elif 태형[i]>다니엘[i] and 태형[i]>은우[i] and 태형[i]>지민[i]
                                        and '태형' not in max_name:
            max_name[i]="태형"
            max_value.append(태형[i])
            menu_논리값[i]=True


        elif 지민[i]>다니엘[i] and 지민[i]>은우[i] and 태형[i]<지민[i]
                                        and '지민' not in max_name:
            max_name[i]="지민"
            max_value.append(지민[i])
            menu_논리값[i]=True

    else:
        continue
```

```
print(menu)
print("1번째 최대값",max_name)
for i in range(4):

    if menu_논리값[i]==False:

        if (다니엘[i]>=은우[i] or 다니엘[i]>=태형[i] or 다니엘[i]>=지민[i])
                                              and '다니엘' not in max_name :

            max_name[i]="다니엘"
            max_value.append(다니엘[i])
            menu_논리값[i]=True

        elif (은우[i]>=태형[i] or 은우[i]>=지민[i]) and '은우'
                                                      not in max_name:
            max_name[i]="은우"
            max_value.append(은우[i])
            menu_논리값[i]=True

        elif 태형[i]>=지민[i] and '태형' not in max_name:
            max_name[i]="태형"
            max_value.append(태형[i])
            menu_논리값[i]=True
        else:
            max_name[i]="지민"
            max_value.append(지민[i])
            menu_논리값[i]=True

    else:
        continue

print(sum(max_value))
print(menu)
print(max_name)
```

실행 결과

```
['치즈돈가스 ', '라면 ', '오징어덮밥 ', '순두부백반 ']
1번째 최대값 ['', '다니엘', '태형', '지민']
15
['치즈돈가스 ', '라면 ', '오징어덮밥 ', '순두부백반 ']
['은우', '다니엘', '태형', '지민']
```

심화과정 배낭문제

배낭문제(knapsack problem)는 최적화가 요구되는 문제로 무게 제한이 있는 즉 정해진 무게만을 담을 수 있는 배낭에 물건의 최대 가치를 가질 수 있도록 물건을 넣는 문제이다. 이때 각 물건의 무게와 가치가 주어지며, 배낭의 정해진 무게를 넘지 않는 선에서 짐의 조합을 찾는 방법이다. 즉, 해외로 여행을 가려고 하는데 배낭(또는 캐리어)을 딱 한 개만 가지고 갈 수 있다고 한다면 배낭(또는 캐리어)에 담을 수 있는 무게의 최대값이 정해져 있고, 가치(value)와 무게(weight)가 있는 짐(item)을 배낭(또는 캐리어)에 집어넣을 때 가치의 합이 최대가 되도록 짐을 고르는 방법이다. 배낭 문제는 크게 2가지로 나누어 하나는 짐(물건)을 쪼갤 수 있는 경우와 쪼갤 수 없는 경우로 해결할 수 있다.

1. 짐을 쪼갤 수 있는 경우는 분할 배낭 문제(Fraction Knapsack Problem)
   짐을 쪼갤 수 있는 경우는 그리드를 이용하여 가치가 큰 짐부터 담고, 남은 무게만큼 짐을 소수점이 있을 수 있도록 쪼개어 최적의 해를 구하는 방식을 이용한다.

2. 짐을 쪼갤 수 없는 경우는 0-1 배낭 문제(0/1 Knapsack Problem)
   짐을 쪼갤 수 없는 경우는 짐의 무게를 0이상의 정수만 가능하여 그리디를 이용하여 최적의 해를 찾지 못할 수 있다. 따라서 이 경우는 동적 계획법(dynamic programming)을 이용하여 해결한다.

여기 10kg배낭(또는 캐리어)이 있다고 가정하자. 또한 배낭(또는 캐리어)에 담을 수 있는 짐(item)의 무게(weight)와 가치(value)를 다음과 같이 표를 만들어보자.

짐(item)	1	2	3	4
가치(value)	10	40	30	50
무게(weight)	5	4	6	3
무게당 가치(v/w)	2	10	5	17

이를 통해 우선 (1) 짐을 쪼갤 수 있는 경우는 분할 배낭 문제(Fraction Knapsack Problem)를 그리디를 이용하여 해결하면 우선 무게당 가치(v/w)가 가장 높은 짐(item) 4을 선택하게 된다. 그 다음 무게당 가치가 높5은 짐(item) 2를 선택한다. 우선 여기까지 무게를 계산하면 3+4=7로 3kg의 여유가 있다. 그 다음 계속해서 세 번째로 무게당 가치가 높은 짐(item) 3을 보면 무게당 가치는 5로 3kg에 해당하는 15(15/30, 50%)의 가치만큼만 담으면 된다. 이로써 10kg 배낭(또는 캐리어)에 가능한 무게의 짐을 다 채웠다. 이에 따른 총 가치는 50+40+30=120이 된다.

이번에는 (2) 짐을 쪼갤 수 없는 경우는 0-1 배낭 문제(0/1 Knapsack Problem)문제를 해결해보자. 0-1 배낭문제는 가장 가치(value)가 높은 짐(item)부터 배낭(또는 캐리어)에 넣는다. 위의 표에서 보면 가장 가치가 높은 짐은 짐(item) 4의 3kg을 배낭(또는 캐리어)에 넣는다. 그 다음 아직 7kg의 여유가 있으므로 두 번째 가치가 큰 짐(item) 2의 4kg을 넣는다. 그 다음 아직 3kg의 여유가 있으므로 그 다음 세 번째 가치가 큰 짐(item) 3의 6kg을 집어넣어야 하는데 최대 10kg까지만 넣어야하기 때문에 이렇게 되면 가방의 최대값을 넘게 된다. 0-1 배낭문제는 0이상의 정수형태만 입력이 되기 때문에 여기서는 쪼갤 수가 없다. 따라서 더 이상의 짐을 넣을 수 없으므로 세 번째 가치가 큰 짐의 6kg은 넣을 수 없게 된다. 이에 따라 총 가치는 50+40=90이 된다.

이렇게 봤을 때 분할 배낭 문제와 0-1배낭 문제 중 어느 것이 최적의 해결방법인지를 생각해봐야한다. 0-1배낭 문제는 최적의 문제 해결을 못 할 수 있다. 즉 최적의 해를 찾지 못 할 수 있다. 반면 위의 예에서처럼 분할배낭문제가 훨씬 최적의 문제 해결 결과임을 알 수 있다.

예제 10.4 배낭문제

배낭 문제를 무게당 가치의 비율을 각 짐마다 구하여 비율이 높은 순으로 정렬을 하고 배낭에 물품들의 비율이 높은순서로 넣도록 하려고 한다.를 이용하여 파이썬 코드로 표현해보자.

짐(item)	1	2	3	4
가치(value)	10	40	30	50
무게(weight)	5	4	6	3
무게당 가치(v/w)	2	10	5	17

```
#배낭문제로 풀기
item_index = 4 #짐의 개수에 대한 index
WM = 10 #배낭의 최대 무게 10kg
w = [5, 4, 6, 3] #짐의 무게(weight)
v = [10, 40, 30, 50] #짐의 가치(value)
ratio = [[0, 0], [0, 0], [0, 0], [0, 0]] #초기 비율값

for i in range(item_index):
    benefit= v[i]/w[i] #무게당 가치
    ratio[i][0] = benefit
```

```
    ratio[i][1] = I
    print(ratio) #무게당 가치 비율 출력

ans = 0

#비교함수를 익명함수(lambda)를 이용하여 정의함
#key인자 함수를 넘겨주면 해당 함수의 반환값을 비교하여 내림차순 정렬
for r in sorted(ratio, key=lambda x:-x[0]):
    if w[r[1]] <= WM: #만약 짐의 무게가 배낭 최대값보다 작다면
        WM -= w[r[1]]
        ans += v[r[1]]
    else: #만약 짐의 무게가 배낭 최대값보다 크다면
        ans += (WM * r[0])
        break
print(ans)
```

연습문제

활동 10-1 스팸메일 자동 분류를 위한 결정 트리 학습법

스팸메일을 자동으로 분류하는 시스템을 만들려고 한다. 이를 위해 스팸인 경우는 휴지통으로, 그렇지 않은 경우는 일반 메일함에 들어가게 하고 싶다. 이를 위해 스팸인지 아닌지를 분류하기 위해 분석했고 이에 따른 조건은 다음과 같다.

〈조건〉

1. 스팸 메일의 80%는 "이벤트"를 포함하고 있다.
2. 정상 메일에서는 20%가 "이벤트"를 포함하고 있다.
3. 스팸메일은 60%의 확률로 온다고 가정하자.

그렇다면 메일 중에서 "이벤트"가 포함된 단어를 포함한 스팸메일을 받을 가능성은 결정 트리를 이용하여 봤을 때 어느 정도일까?

활동 10-2 회의실 할당하기

1개밖에 없는 회의실을 각각 회의하고 싶은 시간을 제출하였다. 두 팀이 회의실을 같이 쓸 수 없으므로 서로 겹치지 않는 회의들만 회의실을 쓸 수 있다. 그중 최대 몇 개나 선택할 수 있을지를 구해봅시다.

수업	1	2	3	4	5	6	7	8	9
시작시간	1	3	1	5	3	6	8	2	10
종료시간	4	5	6	7	9	12	11	9	14

11

문제해결을 위한 탐색 (더 알아보기)

학습목표

- 탐색의 개념을 파악할 수 있다.
- 인공지능에서의 탐색은 무엇인지 알 수 있다.
- 인공지능에서의 탐색은 어떻게 하는지 알 수 있다.
- 깊이 우선 탐색과 너비 우선 탐색에 대해 알 수 있다.

학습목차

11.1 탐색
11.2 인공지능에서의 탐색
11.3 깊이 우선 탐색
11.4 너비 우선 탐색

11.1 탐색

2장에서 우리는 탐색에 관한 이야기를 간단하게 다루었었다. 탐색의 개념을 다시 짚어보고 인공지능에서 탐색은 무엇이고 어떻게 하는지에 대해 조금 더 깊게 들어가 보자.

11.1.1 탐색의 개념

탐색(search)이란 컴퓨터에 저장된 방대한 자료에서 우리가 원하는 자료를 찾는 작업을 말한다. 예를 들어 구글과 같은 검색창에서 "인공지능"이라는 단어를 검색했을 때 이와 관련된 자료를 탐색하게 된다.

일반적으로 생각했을 때는 검색창에 검색하면 그냥 바로 나오는 것 아닌가 하는 생각을 할 것이다. 그러나 아쉽게도 그렇지 못하다. 좀 더 쉬운 예를 들어보자. 책상 위에 많은 책이 쌓여 있다고 가정하자. 이 중 여러분이 원하는 책을 갑자기 찾아야 한다면 어떻게 해야 내가 원하는 책을 빠르게 찾을 수 있을까? 잘 정리된 곳에서 찾는 것과 정리되지 않은 곳에서 찾는 것은 확연히 다를 것이다. 정리가 잘되어 있으면 원하는 자료를 쉽고 빠르게 찾을 수 있게 해준다고 보면 된다.

그렇다면 일상생활에서의 탐색으로 차량용 내비게이션, 네이버 지도, 구글 지도 등을 통한 경로 탐색이 있다. 이를 통해 현재 위치에서 목적지까지 가는 경로를 탐색하면 된다. 어떤 경로를 고르느냐에 따라 도착 시간이 달라진다. 간단한 경로를 고르면 빠르고 편하게 도착할 수 있고. 복잡한 경로를 선택하면 생각보다 늦게 도착할 수 도 있다.

그림 11-1 일상생활에서의 탐색 예

11.2 인공지능에서의 탐색

11.2.1 인공지능에서의 탐색

인공지능 시스템에서 문제를 해결하기 위해 흔히 사용하는 기법이 탐색이다. 예를 들어 우리가 어떤 문제를 해결하기 위해 우리가 취해야 할 행동들이 무엇인지를 알지만 이를 어떤 순서로 진행해야 이 문제가 해결되는지 알지 못한다면 여러 방법을 통해 가능한 시도해볼 것이다. 이를 통해 최소의 노력으로 최적의 해에 얼마나 잘 찾느냐는 것이다.

그렇다면 왜 인공지능 시스템에서 굳이 탐색해야 하냐면, 여러 가지 효율성을 고려해서 탐색을 진행하여야 문제가 발생하지 않기 때문이다. 따라서 다양한 문제의 상황별로 탐색(Search)하는 것이 중요하다.

탐색 알고리즘은 다음과 같이 분류된다.

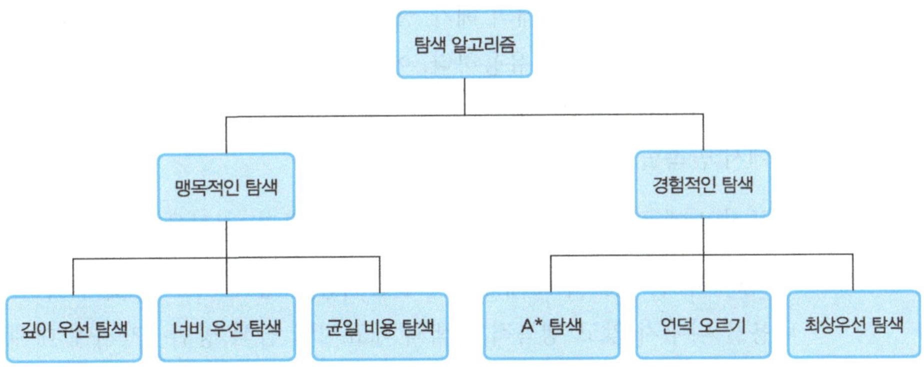

그림 11-2 탐색의 종류

인공지능에서의 탐색은 우선 크게 맹목적인 탐색과 경험적인 탐색으로 나누어진다.

▸ 맹목적인 탐색

맹목적인 탐색 방법은 무정보 탐색, uninformed search, blind search method라고도 불린다. 아무런 정보도 없이 미리 정해진 순서에 따라 노드(해)를 탐색하는 방법으로 가장 단순한 방법이다. 맹목적인 탐색은 효율이 낮다. 이러한 이유는 어느 쪽으로 갈지 무작위로 정하기 때문에 최악의 경우는 같은 지점을 계속해서 뱅글뱅글 돌거나 아예 목적지에 도착하지 못할 상황도 발생할 수 있다.

그러다보니 맹목적인 탐색 방법은 상당히 소모적인 방법이 될 수 있다. 너무 많은 노드가 확장될 경우는 상당히 비실용적이다. 그 뿐만아니라 계산시간도 많고, 컴퓨터 메모리에서도 제한적인 문제가 발생할 수 있다. 이런 문제를 해결하기 위해서 경험적 탐색 방법이 나오게 된 것이다.

맹목적인 탐색의 대표적인 방법으로는 깊이 우선 탐색(DFS, Depth First Search), 너비 우선 탐색(BFS, Breadth First Search), 균일 비용 탐색(Uniform Cost Search)이 있다.

경험적인 탐색

인공지능에서 상당히 많이 사용하는 경험적인 탐색 방법은 휴리스틱 탐색, heuristic search로도 불린다. 여기서 휴리스틱이란 비슷한 문제에 대해 이전에 경험했던 정보나 지식을 바탕으로 직관적으로 판단하여 결정한다. 따라서 맹목적인 탐색과는 다르게 목표노드에 대한 경험적인 정보나 지식을 사용하여 정확한 답이 아니더라도 근사치의 값을 이용하여 탐색을 빨리 할 수 있도록 해주는 방법이다. 특히 경험적인 탐색은 모호성 때문에 문제의 해가 정확히 존재하지 않거나 주어진 시간 내에 모든 탐색을 못할 경우에 더욱 유용하다. 이전에 경험했던 정보나 지식을 바탕으로 하기 때문에 논리적이거나 최적의 해를 보장한다고 말하기는 어렵다. 그러나 현실적인 범위 안에서 만족할만한 답을 찾을 수 있다.

대표적인 예로 A* 알고리즘, 비터비, 언덕오르기, 최상우선탐색 등이 있다.

이 중에서 우리는 이 교재에서는 인공지능을 깊게 다루는 것이 아니기 때문에 많은 내용을 다루지 않고 맹목적 탐색의 대표적인 탐색 방법 2가지에 대해서만 간단하게 어떻게 표현하는지 다뤄보겠다.

11.3 깊이 우선 탐색

11.3.1 깊이 우선 탐색의 개념

맹목적인 탐색 중 하나인 깊이 우선 탐색(Depth First Search, DFS)은 탐색할 때 트리(그래프)구조의 탐색 기법이다. 시작 노드로부터 각 노드로 가는 과정에서 아직 방문한 적이 없는 노드 중 하나를 골라 나아가는 탐색 방법인데. 이때 가장 깊은 곳까지 나아가기 때문에 "깊이 우선"이라고 이름이 붙었다.

즉, 쉽게 말하면 "한 우물만 파고들어 끝을 볼 때까지 파는 것"이다.

예를 들어 설명해보자.

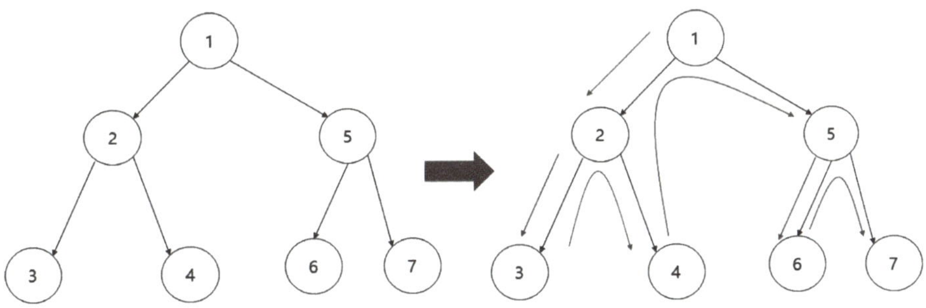

그림 11-3 깊이 우선 탐색 과정

위의 그림에서처럼 시작 노드 1부터 시작해서 2로 간다. 그 다음 3으로 간다. 더 이상 깊은 곳으로 갈 수가 없으므로 그 전 단계인 2로 되돌아간다. 이를 백트래킹(backtracking)한다고 한다.

> **여기서 잠깐!**
> 백트래킹(backtracking)은 깊이 우선 탐색 과정에서 막다른 길이나 갈 곳이 없는 경우 아직 탐색하지 못한 노드로 가기 위해 이전 노드로 되돌아가는 경우를 말한다.

그 다음 4로 간다. 그 다음 더 이상 깊은 곳으로 갈 수가 없으므로 다시 그 전 단계인 2로 간다. 2에서도 다른 길이 없으므로 다시 그 전 단계인 1로 돌아간다. 우측의 5로 간다. 그 다음 노드인 6으로 간다. 그 다음 더 이상 갈 곳이 없기 때문에 다시 그 전 단계 노드인 5로 돌아간 후 다시 7로 간다.

이 과정을 정리하면 1 → 2 → 3 → 4 → 5 → 6 → 7의 순으로 정리된다. 이상하다고 생각할 것이다. 되돌아가면 그 위치도 적어주어야 하는 것 아닐까 생각하는데 여기서는 백트래킹으로 인해 재방문하는 노드에 대해서는 포함하지 않는다는 것을 기억하면 된다.

약간 멀리 돌아가긴 했지만 시작 노드인 1에서 무사히 목적지인 7까지 도착했다.

우선 각 노드에 대해서만 딕셔너리와 리스트를 사용하여 출력하면 다음과 같다.

깊이 우선 탐색- 딕셔너리와 리스트 사용

```
#각 노드가 연결된 정보 표현
DFS={1: [2, 5],
     2: [1, 3, 4],
     3: [2],
     4: [2],
     5: [1, 6, 7],
     6: [5],
     7: [5]}

#각 노드가 방문된 정보 표현
visited=[False]*8

print(DFS)
print(visited)
```

다음 장에서 배울 함수를 이용하여 표현해 보았다. 가볍게 어떻게 표현하는지만 이곳에서는 살펴보자.

깊이 우선 탐색

```
def dfs(DFS, start, visited):
    visited[start] = True
    print(start, end=" ")

    for i in DFS[start]:
        if not visited[i]: #방문한 적이 없는 노드이면
            dfs(DFS, i, visited) #방문

#각 노드가 연결된 정보 표현
DFS={1: [2, 5],
```

```
    2: [1, 3, 4],
    3: [2],
    4: [2],
    5: [1, 6, 7],
    6: [5],
    7: [5]}

#각 노드가 방문된 정보 표현
visited=[False]*8

print(DFS)
print(visited)

print(dfs(DFS,1, visited))
```

11.4 너비 우선 탐색

11.4.1 너비 우선 탐색의 개념

깊이 우선 탐색은 한없이 깊은 경로로 내려가야 하기 때문에 트리의 길이가 깊은 경우는 늪에 빠지면 빠져나오지 못하는 것처럼 이와 비슷한 상황이 될 가능성이 있다. 그래서 이러한 단점을 해결하고자 나온 방법이 바로 너비 우선 탐색이다. 너비 우선 탐색(Breadth-First Search, BFS)은 깊이 우선 탐색처럼 탐색을 깊게 가지 않고 넓고 얕게 탐색해 나가는 방식이다. 즉 쉽게 말하면 "각 단계마다 가능한 모든 경우의 상황을 다 확인하는 것"이다.

예를 들어보자.

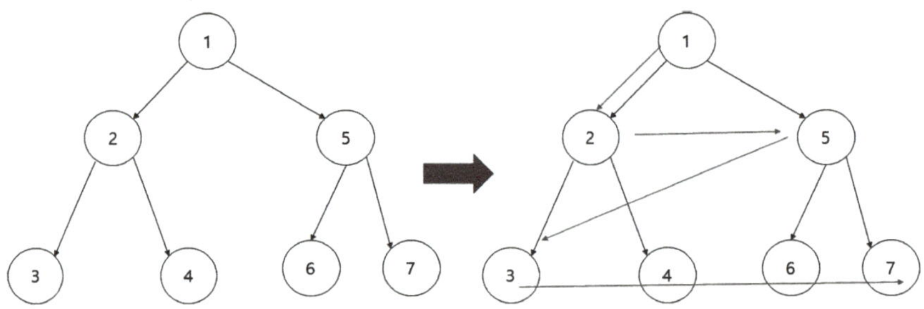

그림 11-4 너비 우선 탐색 방법

7을 탐색하는 과정을 보면 루트 노드 1에서부터 탐색을 시작한다. 그 다음 깊이를 추가하여 다음 단계(레벨)에 있는 2와 5를 비교한다. 그 다음 단계에 있는 노드들을 탐색하며 7을 찾는다. 이를 통해 7을 탐색하기 위해 1 → 2 → 5 → 3 → 4 → 6 → 7로 총 7번의 비교 끝에 우리가 찾고자 하는 7을 찾는데 성공한 것이다.

너비 우선 탐색의 경우는 깊이 우선 탐색처럼 백트래킹이 없다. 대신 위의 탐색 과정에서 봤던 것처럼 같은 단계(레벨)에 위치한 모든 노드들을 비교하여 찾는 것이 없다면 그 다음 단계(레벨)에 위치한 모든 노드를 비교하여 찾는다. 이런 방식을 통해 넓고 얕게 탐색을 진행하기 때문에 너비 우선 탐색이라고 불리는 것이다. 이때 주의해야 할 것은 깊이 우선 탐색에서 처럼과 같이 이전에 탐색을 위해 비교했던 곳을 다시 재방문 하지 않는다는 것이다.

따라서 너비 우선 탐색의 경우는 주어진 자료들의 깊이가 매우 큰 경우에 효과적인 방식이다.

너비 우선 탐색을 파이썬을 이용하여 어떻게 표현하는지 살펴보자. 이번에는 다음 장에서 배우는 함수와 여기서는 배우지 않았던 큐를 이용하여 표현해보았다. 가볍게 어떻게 표현하는지만 이곳에서는 살펴보자.

너비 우선 탐색

```
def bfs(BFS, start):
    visited = [] #방문
    queue = []

    queue.append(start) #

    while queue:
        node = queue.pop(0)
        if node not in visited: #방문한 적이 없는 노드이면
            visited.append(node) #방문
            queue.extend(BFS[node])

    return visited

BFS={1: [2, 5],
    2: [1, 3, 4],
    3: [2],
    4: [2],
    5: [1, 6, 7],
    6: [5],
    7: [5]}

print(bfs(BFS, 1))
```

연습문제

활동 11-1

COVID-19가 종식되고 한동안 못 갔던 여행을 가기위해 가족과 함께 괌, 시드니, 프라하를 여행하는 여행경로를 짜기로 했다. 인천공항(ICN)으로부터 출발해서 모든 여행지를 방문하는 경로를 깊이 우선 탐색으로 작성하여 인천공항부터 시작해서 마지막으로 어느 경로로 가는지를 출력해보자.

단, 주어진 항공권은 모두 사용해야 한다.

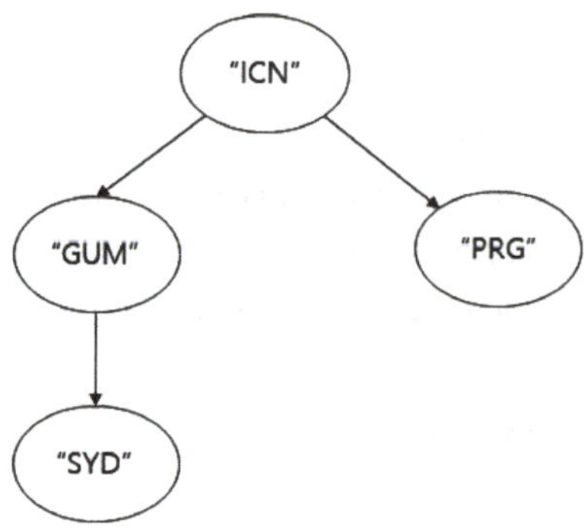

활동 11-2

활동1-1에서처럼 COVID-19가 종식되고 한동안 못 갔던 여행을 가기위해 가족과 함께 괌, 시드니, 프라하를 여행하는 여행경로를 짜기로 했다. 대신 이번에는 인천공항(ICN)으로부터 출발해서 모든 여행지를 방문하는 경로를 너비 우선 탐색으로 작성하여 인천공항부터 시작해서 마지막으로 어느 경로로 가는지를 출력해보자.

단, 주어진 항공권은 모두 사용해야 한다.

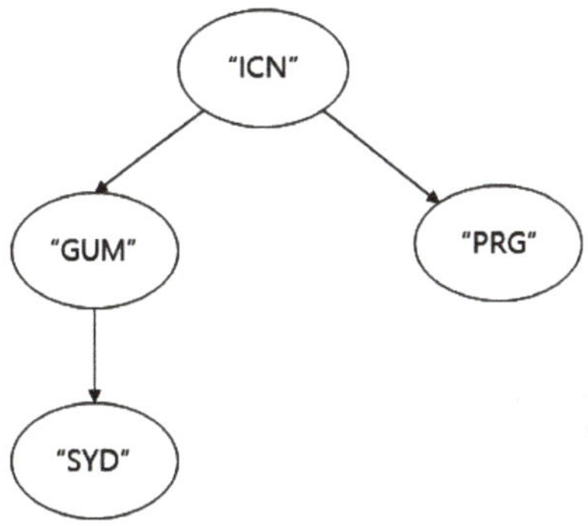

12 함수

학습목표

- 함수가 무엇인지에 대한 개념을 설명할 수 있다.
- 함수가 왜 필요한지에 대해 설명할 수 있다.
- 내장 함수와 사용자 정의함수에 대해 설명할 수 있다.
- 전역변수와 지역변수의 차이점에 대해 설명할 수 있다.
- 함수의 메서드와 모듈에 대해 배울 수 있다.
- 함수를 파이썬을 이용하여 표현하는 방법에 대해 배울 수 있다.

학습목차

12.1 함수의 개념
12.2 함수의 종류
12.3 전역변수와 지역변수
12.4 함수 메서드와 모듈

12.1 함수의 개념

일상생활에서 우리는 자주 사용하는 작업이나 일들이 많이 생기는데 어떤 것들이 있을까? 그렇다면 이렇게 자주 사용하는 일들을 코드로 만들어본다고 생각해보자. 그렇다면 어떻게 할 것인가? 아마 같은 코드를 길게 일일이 하나하나 입력해야 할 것이다. 이는 상당히 귀찮은 일이될 것이다. 그렇다면 이를 해결하기 위해서는 어떻게 해야 할까? 이럴 때 필요한 것이 바로 함수이다. 이번 장에서는 함수에 대해 살펴보자.

12.1.1 함수의 개념

함수(function)란 자주 사용하는 특정한 작업을 위해 서로 관련있는 코드들끼리의 묶음 또는 집합을 말한다. 이렇게 하나로 묶은 코드는 언제든 필요할 때마다 가져다 쓸 수 있게 만들었다. 앞에서도 잠깐 이야기 했다면 아마 같은 코드를 길게 일일이 하나하나 입력하게 된다면 상당히 귀찮을 것이다. 이를 해결할 수 있도록 파이썬에서는 함수라는 것을 이용하여 표현한다. 이렇게 함수를 사용하면 일일이 긴 코드를 입력할 필요가 없이 간단하게 한 줄로 표현할 수 있다.

함수는 파이썬을 통해 어떤 입력을 받으면 이를 수행하고 이에 대한 결과를 출력하는 역할을 한다고 생각하면 된다.

예를 들어보자. 우리 일상생활에서 가장 쉽게 접할 수 있는 것이 바로 라면을 끓이는 것이다. 이를 통해 예를 들어보자.

일반적으로 맛있는 라면을 끓이는 과정은 어떻게 되는가?

냄비에 물을 넣고, 그 다음 물을 끓이고, 물이 끓으면 면과 스프를 넣고, 그 다음 예쁜 그릇에 담아 맛있게 먹으면 된다.

그림 12-1 라면 끓이기 예

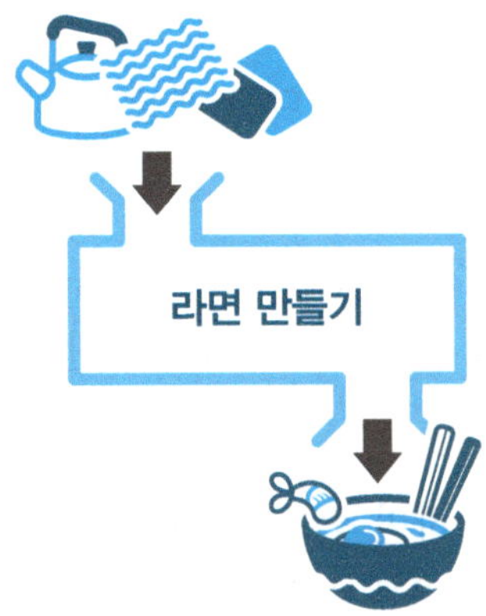

그림 12-2 함수 이해를 위한 라면 만들기 예

라면 끓이기 역시도 반복적인 일이다. 이것을 만약 함수로 만든다면 어떻게 하면 될까? 아주 간단하게 표현할 수 있다.

- 라면 만들기 함수를 미리 만들어 놓고, 입력값에 재료인 물, 면, 스프를 넣으면 출력값으로 맛난 라면이 나오게 된다.
- 어떤 라면을 끓일 것이냐에 따라 짜장 라면이 될 수도, 매운 불맛 짬뽕 라면이 될 수도 있다.
- 라면 만들기 틀(함수)이 미리 만들어져 있다면 언제든 필요시에 재료에 따라 다양하고 맛난 라면을 만들 수 있을 것이다.

그렇다면 함수를 사용하는 이유는 무엇일까? 위의 "라면 끓이기" 예제를 다시 살펴보자. 짜장 라면을 끓이기 위해 냄비에 물 넣고, 물 끓이고, 물이 끓으면 면과 스프 넣고, 그릇에 담는다. 그렇다면 이번에는 매운 불맛 짬뽕라면을 끓인다고 해보자. 이를 끓이기 위해서는 냄비에 물 넣고, 물 끓이고, 물이 끓으면 면과 스프를 넣고, 그릇에 담는다. 이를 간단한 형태로 작성한다면 어떻게 될 것 같은가?

짜장라면	불맛짬뽕라면
1. 물을 넣기	1. 물을 넣기
2. 물 끓이기	2. 물 끓이기
3. 물이 끓으면 면과 스프를 넣기(짜장소스)	3. 물이 끓으면 면과 스프를 넣기(매운 소스)
4. 그릇에 담기	4. 그릇에 담기

이와 같이 재료만 짜장라면을 위한 면과 소스, 불맛짬뽕라면을 위한 면과 소스만 틀릴 뿐 전체적으로는 같은 구조이다. 지금이야 2개를 비교했으나 10개의 라면을 끓이다고 가정하면 이 과정들을 10번이나 적어야 한다. 재료만 다를 뿐 같은 내용을 계속

해서 나열해야 한다. 그러다보면 중복적인 내용들이 나타나게 된다. 그러다보면 전체적으로 레시피를 작성한다고 했을 때 중복적인 내용들이 많아서 가독성이 떨어질 것이다.

이와 마찬가지이다. 코드들도 같은 내용을 반복하는 코드들이 길어지면 가독성도 떨어질 뿐만 아니라 컴퓨터 메모리도 훨씬 더 많이 사용하게 된다. 그래서 함수가 필요한 것이다.

조금 더 쉽게 설명하면 중복성없이 코드의 양을 줄일 수도 있을 뿐만 아니라 전체적으로 코드에 대해 가독성이 좋아지게 된다. 이렇게 간결해진 코드들로 인해 전체적으로 기능에 대한 흐름도 이해하기도 수월할 뿐만 아니라 관리도 쉬워진다. 또한 상황에 따라서는 중요한 기능만 함수로 만들어서 정의해서 언제든 프로그램을 짤 때 재사용이 가능하기 때문에 매우 효율적이다.

이렇게 보면 함수는 새로운 개념이라고 생각할 수 있다. 그러나 여러분은 이미 함수를 다뤄봤다. "이게 무슨 소리인가?!?"라고 생각할 것이다. 함수는 새로운 개념이 아니다. 여러분은 이미 파이썬 코드를 이용하여 앞에서 print(), int(), input(), len(), range() 등 다양한 함수를 배웠다.

앞에서 라면 끓이기를 예로 든 것처럼 함수의 구조는 다음의 그림처럼 표현할 수 있다.

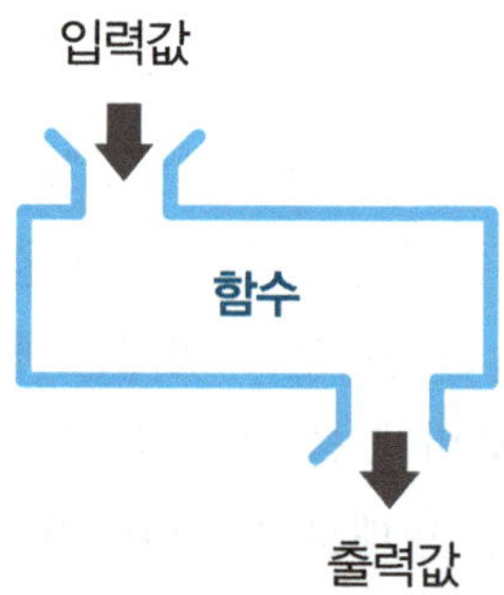

그림 12-3 함수의 구조

12.2 함수의 종류

함수는 크게 프로그램을 만들 당시 프로그래머가 이미 프로그램에 미리 만들어 놓은 지정된 내장함수와 사용자가 필요에 의해 직접 만들어서 사용하는 사용자 지정함수로 구분한다.

즉, 파이썬 내부에 이미 만들어 있는 내장함수와 사용자 새롭게 필요에 의해 만드는 사용자 지정함수에 대해 간단히 다뤄보자. 더 자세한 것은 파이썬 공식 (튜토리얼) 사이트(https://docs.python.org/3/library/functions.html) 를 참고하자.

12.2.1 내장 함수

내장함수란 프로그래머 또는 개발자가 미리 만들어놓아 파이썬 내부에 저장되어 있는 함수이다. 우리가 이미 가장 많이 사용해본 print()함수, int(), input(), len(), type(), sum(), max() 등이 바로 내장 함수이다. 이 함수들은 그냥 가져다만 쓰면 되기 때문에 상당히 편리하다.

```
input()  #입력                len()    #자료의 길이 확인
print()  #출력                int()    #정수형 변환
type()   # 자료형 확인         sum()   #자료의 합 확인
max()    #최대값 찾기          float()  #실수형 변환
min()    #최소값 찾기          str()    #문자형 변환
```

그림 12-4 대표적 내장함수 예

➤ print() 함수

print() 함수는 화면에 결과를 출력할 때 사용하는 함수이다.

print() 함수 예

```
>>> print("반갑습니다")
반갑습니다
```

➤ input() 함수

input() 함수는 사용자로부터 문자열이나 숫자 등을 입력받을 때 사용하는 함수이다.

여기서 특히 조심해야 할 것은 input()으로 받은 자료들은 무조건 문자열로 인식한다. 이점을 조심해야 한다.

input() 함수 예

```
>>> name=input("당신의 이름은 무엇입니까?")
당신의 이름은 무엇입니까? 홍길동<-사용자로부터 직접 키보드를 통해 입력받음
>>> num=input("숫자를 입력하세요: ")
숫자를 입력하세요: 1 <-숫자 1이 아닌 문자"1"로 인식함
```

type() 함수

type() 함수는 자료형이 어떤 형인지를 확인 할 때 사용하는 함수이다.

앞의 input() 예제 중 "숫자를 입력하세요"에서 입력받은 숫자 1이 문자인지 숫자인지를 type() 함수를 이용하여 확인할 수 있다. 직접 해보면 알겠지만, 이는 문자형으로 인식될 것이다.

type() 함수 예

```
>>> num=input("숫자를 입력하세요: ")
숫자를 입력하세요: 1
>>> type(num)
<class 'str'> <-"1"은 문자라는 것을 확인할 수 있음
```

len() 함수

len() 함수는 문자열, 리스트 등의 자료길이를 확인하는 함수이다. 조금 더 쉽게 말하면 해당 문자열이나 리스트 원소의 길이를 구하는 함수라고 생각하면 된다. 특히 문자열의 경우는 공백도 하나의 문자로 보기 때문에 개수를 카운트하게 된다는 점을 기억하기를 바란다.

len() 함수 예

```
>>> text="인공지능과 파이썬"
>>> len(text)
9
>>> name_list=["강다니엘","차은우","김태형","박지민","이채령","최지수"]
>>> len(name_list)
6
```

max() 함수/min() 함수

max() 함수와 min() 함수는 각각 해당 자료 중 최대값과 최소값을 구하는 함수이다. 여기서 max는 maximum의 줄임말로 해당 자료 중 가장 큰 값을 찾아주고, min은 minimum의 줄임말로 해당 자료 중 가장 작은 값을 찾아준다. 최대값과 최소값이라고 하면 숫자만 생각하는데 문자열에서도 찾을 수 있다. 바로 사전순(영어는 알파벳순, 한글은 ㄱ,ㄴ,ㄷ/가,나,다 순)으로 정렬했을 때 이들 중에서 뒤쪽에 있는 것이 큰 값(최대값), 앞쪽에 있을수록 작은 값(최소값)이 된다.

max() 함수/ min() 함수 예

```
>>> #리스트
>>> name_list=["강다니엘","차은우","김태형","박지민","이채령","최지수"]
>>> max(name_list)
'최지수'
>>> min(name_list)
'강다니엘'
>>> text="strawberry" #문자열
>>> min(text)
'a'
>>> max(text)
'y'
>>> num=(1,2,3,4,5,6,7) #튜플
>>> max(num)
7
>>> min(num)
1
```

sum() 함수

sum() 함수는 숫자로 이루어진 리스트, 튜플 등 자료 합을 구하는 함수이다.

sum() 함수 예

```
>>> num=(1,2,3,4,5,6,7) #튜플
>>> sum(num)
28
>>> num1=[1,2,3,4,5,6,7] #리스트
>>> sum(num1)
28
```

➤ int()/float()/str() 함수

int(), float(), str() 함수는 자료형의 변환시에 사용하는 함수이다. int()는 정수형의 형태로 변환, float()는 실수형 즉 소수점의 형태로 변환, str()는 문자형의 형태로 변환하는 것이다.

int()/float()/str() 함수 예

```
>>> num=input("수를 입력하세요: ")
수를 입력하세요: 3
>>> type(num)
<class 'str'>
>>> num1=int(input("수를 입력하세요: "))
수를 입력하세요: 3
>>> type(num1)
<class 'int'>
>>> num2=float(input("수를 입력하세요: "))
수를 입력하세요: 3
>>> print(num2)
3.0
>>> type(num2)
<class 'float'>
>>> num3=str(input("수를 입력하세요: "))
수를 입력하세요: 3
>>> print(num3)
3
>>> type(num3)
<class 'str'>
```

12.2.2 사용자 정의 함수

앞에서 설명한 것처럼 내장함수는 이미 만들어져 있어서 우리가 사용하기 편리하다. 그러나 내장함수만으로는 우리가 원하는 모든 작업을 다 할 수가 없다. 그래서 사용자가 필요에 따라 만들어 쓴다. 이러한 함수를 사용자 정의함수라고 부른다. 파이썬에서 함수를 선언하는 것은 생각보다 쉽다. 사용자 정의 함수를 만들기 위해서는 "def"라는 예약어를 사용하는데, 이는 '정의하다'라는 뜻으로 영어 단어 "define"의 앞의 세 글자만을 따서 만든 예약어이다. 함수이름은 함수를 만드는 사람이 임의로 직접 만들어 사용할 수 있다. 함수이름 뒤 괄호 안에는 매개변수가 들어가는데 이 매개변수는 사용자 정의 함수에 입력되는 값을 전달받는 변수이다. 매개변수는 상황에 따라서 비워둘 수도 있다. 매개변수를 사용할 때 여러 개의 매개변수를 사용할 수 있는데 이때 구분은 콤마(,)를 이용해서 구분한다. 이렇게 정의한 후 우리가 앞에서 배웠던 선택문(조건문), 반복문 등을 함수에서 수행할 수 있도록 입력할 수 있다. 이 내용이 바로 함수가 실행할 명령이자 함수가 하는 기능이다.

사용자 정의 함수의 기본 구조

```
def 함수이름(매개변수) :
    <실행할 명령>
    ...
    return 반환값
```

만약 함수 안에서 만든 결과값을 함수 바깥쪽에 알려주고 싶다면 return을 이용하여 반환값을 적어준다. 이때 return은 "돌려준다"라는 의미로 어떤 값을 함수 밖으로 전달한다는 의미가 된다. 반면 함수 바깥쪽에 알려주고 싶은 반환값이 없는 경우는 return을 생략할 수 있다.

사용자 정의 함수 예1

```
def my_func(a,b) :
    result=a+b                  #두 수를 입력받아 더하여 result에 대입
    return result               #결과값 반환

print(my_func(1,2))
```

사용자 정의 함수 예2

```
def my_func(a,b) :
    result=a+b                  #두 수를 입력받아 더하여 result에 대입
    print(result)               #반환값이 없는 경우

my_func(1,2)
```

함수의 형태는 매개변수와 반환(return)값의 존재 여부에 따라 크게 4가지로 나눠볼 수 있다.

일반적인 함수 – 함수의 기본 구조

```
def 함수이름(매개변수1, 매개변수2) :
    문장1
    ...
    return 결과값
```

매개변수가 없는 함수

```
def 함수이름() :
    문장1
    ...
    return 결과값
```

함수이름 뒤에 괄호 안이 비어있다. 이러한 함수같은 경우는 다음과 같이 사용할 수 있다. 예를 들어보자. say라는 함수이름의 함수를 만들었다.

```
>>>def say():
    return "안녕하세요."
```

이를 다음과 같이 직접 입력해 보면,

```
>>> hello=say()
>>> print(hello)
안녕하세요.
```

와 같이 나온다. 이처럼 매개변수값이 없는 함수를 쓰기 위해서는 아무런 값도 넣지 않아야 한다. 비록 매개변수가 없으나 결과값으로 "안녕하세요."라는 문자열이 출력된다. hello=say()처럼 작성하여 hello에 "안녕하세요."라는 문자열이 대입되는 것이고 이를 print()함수를 이용하여 화면에 출력되게 한 것이다.

return값이 없는 함수

```
def 함수이름(매개변수1, 매개변수2) :
    문장1
    ...
    print 결과값
```

함수는 일반적으로 어떤 값을 입력받아 그 결과를 처리하고 반환하는 구조이지만 상황에 따라서는 결과를 반환하지 않는 경우도 있다. return 명령어로만 오로지 받는 것을 "결과(return)값을 반환한다."라고 한다.

return값이 없는 함수에 대해 좀 더 이해하기 위해 하나의 예를 들어보자.

```
>>> def hap(a,b):
    print("%d + %d = %d" %(a, b, a+b))
```

return값이 없는 함수는 호출해도 돌려줄 값이 없다.

따라서 다음과 같이 사용할 수 있다.

```
>>> hap(1,2)
1 + 2 = 3
```

그렇다면 궁금할 것이다. 1+2가 3이라고 분명히 결과값을 알려줬는데 왜 return 값이 없다고 하는지 파이썬 초보자들인 우리에게 있어서는 무척 이해하기 어려운 부분이다.

이번에는 정말 return 값이 없는지 확인해보자.

```
>>> re_value=hap(1,2)
1 + 2 = 3
>>> print(re_value)
None
>>>
```

돌려받는 값(return값)을 re_value라는 변수에 대입하여 출력하여 결과값의 여부를 확인해본 것이다.

re_value의 값은 "None"이다. 이는 hap 함수처럼 return 값이 없을 때 re_value=hap(1, 2)처럼 사용하면 hap 함수는 return 값으로 돌려줄게 없으므로 None을 돌려준다.

› 매개변수도 return값도 없는 함수

```
def 함수이름() :
    print 결과값
```

매개변수도 반환(return)값도 없는 함수가 존재한다. 간단한 예제를 통해 이해해보자.

```
>>>def say():
    print("안녕하세요.")
```

입력 인수를 받는 매개변수도 없고, 반환(return)값도 없으나 오직 딱 하나의 방법으로 사용한다.

```
>>>say():
안녕하세요.
```

12.2.3 사용자 정의 함수 호출하기

사용자 정의 함수를 만드는 방법을 배웠다. 그런데 사용자 정의 함수를 만들었다고 해서 끝이 아니다. 이를 사용(호출)할 수 있도록 만들어줘야 한다. 사용자 정의 함수를 호출하기 위해서는 사용자 정의 함수 다음에 괄호 안에 값을 입력하고 실행한다. 이때 매개변수에 저장된 실제값이 인자이다.

매개변수와 인수는 혼용해서 사용하기도 하여 헷갈릴 수가 있어 잘 기억해야 한다. 인수(argument)는 함수를 호출할 때 전달하는 입력값을 할당하는 변수이다. 인수는 함수를 호출할 때 입력값을 넣은 것과 같다. 호출할 함수 이름 뒤에 나오는 괄호() 안에 인수를 넣는다. 매개변수(parameter)는 정의된 함수 안에서 인수로 전달받은 값을 임시로 할당하는 변수이다. 매개변수는 함수 호출 시 사용한 인수가 함수 내부로 값을 전달할 수 있게 하는 변수이기도 하다.

인수(argument)	매개변수(parameter)
• 함수를 호출할 때 전달하는 입력값 • 매개변수에 저장되는 실제값	• 호출된 함수에 입력으로 전달받은 값을 임시로 할당하는 변수 • 함수 내부로 값을 전달하는 변수

사용자 정의 함수 호출 예1

```
def my_func(a,b):                 #a와 b는 매개변수
    result=a+b                    #두 수를 입력받아 더하여 result에 대입
    print(result)

my_func(1,2)                      #1,2는 인자
```

12.3 전역변수와 지역변수

12.3.1 전역변수와 지역변수

파이썬은 크게 전역변수(global variable)와 지역변수(local variable)로 나뉜다. 전역변수는 말 그대로 함수의 모든 영역에서 사용할 수 있는 변수이고, 지역변수는 함수 안에서만 사용할 수 있는 변수이다.

좀 더 쉽게 예를 들어 설명해보자.

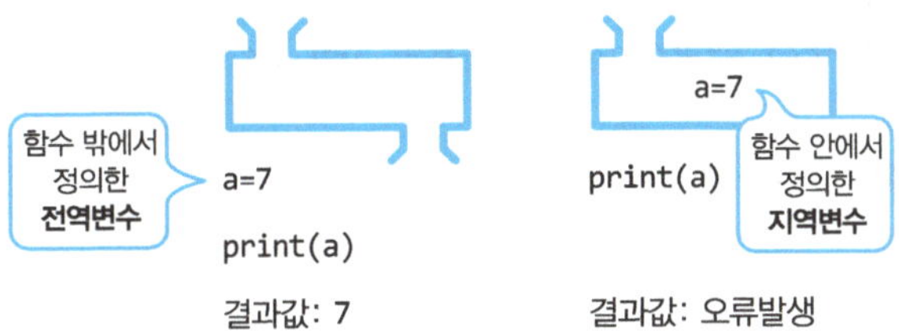

그림 12-5 전역변수와 지역변수의 예

a라는 변수에 7을 대입했다. 왼쪽에서는 변수 a를 함수 밖에서 정의했고 오른쪽에서는 함수 안에서 정의했다. 이를 print() 함수를 이용하여 변수 a를 출력해보면 왼쪽은 7, 오른쪽은 오류가 발생한다. 오류가 발생하는 이유는 함수 안에서 일어나는 일을 함수 밖에서는 알 수 없으므로 오류가 발생한 것이다. 즉, 함수 안에서 정의한 변수는 함수 밖에서 사용할 수 없다. 만약 함수의 외부나 내부에서 사용할 수 있는 변수를 만들고 싶다면 함수 밖에서 정의해야 한다.

전역변수 예

```
text="I love K-pop"

#사용자함수 정의
def my_func():
    print("함수안의 text=", text)

#함수 사용(호출)
my_func()                          #함수 안에서 사용해도 OK
```

```
print("함수밖의 text=", text)      #함수 밖에서 사용해도 OK
```

실행결과

```
함수안의 text= I love K-pop
함수밖의 text= I love K-pop
```

지역변수 예

```
#사용자함수 정의
def my_func():
    text="I love K-pop"
    print("함수안의 text=", text)

#함수 사용(호출)
my_func() ##함수 안에서 사용만 사용 OK

print("함수밖의 text=", text)
```

실행결과

```
함수안의 text= I love K-pop
Traceback (most recent call last):
    File "C:/Users/user/AppData/Local/Programs/Python/Python38/first_
test.py", line 10, in <module>
    print("함수밖의 text=", text)
NameError: name 'text' is not defined
```

일반적으로 지역변수와 전역변수의 이름이 같을 수 있다. 그러나 이름이 같으면 소스코드를 읽는 데 있어서 많이 불편하기 때문에 변수의 이름을 가능한 구분해서 사용하는 것이 좋다. 지역변수와 전역변수의 이름이 같더라도 이는 다른 것이고 유효범위 또한 다르다. 만약 함수 내에서 전역변수를 사용하고 싶다면 변수를 사용하기 전에 예약어 'global'을 사용하여 선언한다.

전역변수 예

```
def mult():
    global num
    num*=2
    return num
num=7
```

```
print(mult())
```

실행결과

```
14
```

12.4 함수 메서드와 모듈

12.4.1 함수 메서드

내장함수에서나 사용자 정의함수에서처럼 어떤 함수는 print()와 같이 사용하는데 어떤 함수는 name.append()와 같이 점(.)을 뒤에 찍어서 사용하는 경우가 있다. 이들의 차이점은 무엇일까? 바로 함수와 함수 메서드의 차이이다. 함수는 매개변수를 사용하여 인자값을 함수 내부로 전달하는 것이라면 함수 메서드는 자기만 사용할 수 있는 전용함수로 자료 뒤에 점(.)을 찍어 사용한다. 실제 메서드를 더 잘 이해하려면 "객체"라는 심화된 개념을 배워야 하는데 이 교재에서는 이와 관련된 내용은 배제했다. 대신 어떤 함수가 함수의 형태, 함수 메서드의 형태로 쓰이는지만 구분해서 기억하면 된다.

함수 메서드 예

```
#인공지능과 파이썬 수업을 듣는 친구들의 과제 점수 제출순서대로 기록
score=[55,58,60,96,97,90,70,88]

#마지막으로 제출한 학생의 점수 맨 뒤에 추가
score.append(99)

#여섯 번째로 제출한 학생의 무임승차를 한 경우로 성적 제외
delete_score=score.pop(5)

print(delete_score)
print(score)
```

12.4.2 모듈

컴퓨터 프로그램을 만들려면 함수, 변수 등의 많은 코드가 필요한데 이 많은 코드를 다 하나하나 일일이 입력하다 보면 정말 많은 수고가 필요하다. 그래서 이를 미리 모아 놓아 쉽게 해결할 수 있도록 하는데 패키지화 한 것인데, 이러한 방법을 모듈(module)이라고 한다.

예를 들어보자. 우리가 함수에 관해 설명하면서 이전에 라면 끓이는 함수에 관해 이야기했던 것을 기억할 것이다. 라면 끓이기 함수에 재료에 따라 일반 라면이 될 수도, 매운 불맛 짬뽕라면이 될 수도 있고, 짜장라면이 될 수도 있다.

다양한 라면 끓일 수 있도록 하나로 묶어 놓고 조리법을 따로 외울 필요 없이 먹고 싶은 재료만 가지고 와서 사용하면 된다. 이게 바로 모듈이다.

모듈을 불러올 수도 있고, 직접 자신이 필요한 내용들을 묶어서 모듈로 만들 수 있다. 이 교재에서는 직접 자신이 필요한 내용들을 묶어서 모듈로 만드는 것은 생략하고 파이썬에 기본적으로 있는 모듈들을 가지고 사용하는 방법에 대해 다뤄보겠다.

우선 파이썬에서는 모듈을 사용하기 위해 불러와야 하는데 이는 "불러오다"라는 의미를 가진 import 뒤에 불러올 모듈을 적으면 된다. 이렇게 하면 컴퓨터에게 "자~~ 지금부터 난 OOO모듈을 가져와서 쓸꺼야!!"라고 알려주는 것이다.

```
import 불러올모듈이름:
```

이렇게 불러온 모듈내에 포함된 패키지(함수,자료 등)는 자유롭게 쓸 수 있다.

모듈을 불러오기는 해도 그 안에 어떤 것들이 있는지 확인하고 그 중에서 필요한 것을 꺼내 사용하면 된다.

파이썬에 들어있는 모듈 중에서 radom, math 등이 대표적이다. 여기서 이 두 가지 대표적인 모듈에 대해서만 살펴보자.

› random 모듈: 무작위로 선택하도록 하는 함수가 들어있는 모듈이다.

choice()	순차적으로 나열된 원소 중에서 아무거나 1개를 반환하는 함수
randrange()	a이상 b미만인 연속된 숫자로 이루어진 순차적으로 나열된 원소 중에서 아무거나 1개를 반환하는 함수
sample()	순차적으로 나열된 원소 중 아무거나 i개를 반환하는 함수

random 모듈 예

```
import random

#리스트 중 랜덤으로 하나 뽑기
text_list=random.choice(["k-pop","k-drama","k-food","k-beauty"])
print(text_list)

#1~30까지중 랜던으로 3개 뽑기
```

```
num=random.sample(range(1,30),3)
print(num)

#1~30까지중 랜덤으로 1개 뽑기
num2=random.randrange(1,30)
print(num2)
```

실행결과

```
k-drama
[28, 27, 14]
29
```

› math 모듈: 수학 연산을 쉽게 할 수 있도록 하는 함수가 들어있는 모듈이다.

math.pi	3.14로 시작하는 원주율(π)값이 저장된 자료
math.pow()	pow는 영어단어 power에서 온 것으로 "거듭제곱"이라는 뜻, a의 b제곱값을 반환하는 함수
math.ceil()	ceil은 영어단어 ceiling(천장)이라는 단어에서 온 것으로 소수점 아래 숫자를 올림하여 정수를 반환하는 함수
math.floor()	floor는 소수점 아래 숫자를 버림으로 정수를 반환하는 함수
round()	반올림을 하는 함수

math 모듈 예

```
import math

print(math.pi)
print(math.ceil(3.14))
print(math.ceil(3.93))
print(math.floor(3.14))
print(math.floor(3.86))
print(math.pow(2,2))
print(round(3.141592))
```

실행결과

```
3.141592653589793
4
4
3
3
```

```
4.0
3
```

예제 12-1

컴퓨터랑 가위바위보 게임을 하는 프로그램을 만들려고 한다. 조건은 다음과 같다.

〈조건〉

- 사용자로부터 가위,바위,보 중 하나 입력 받기
- 컴퓨터는 random 모듈을 이용하여 가위, 바위, 보 3가지 중 무작위로 하나 뽑기
- 이때, 리스트는 게임=["가위", "바위", "보"] 를 이용하기
- 함수 이름은 my_game()으로 사용자 정의 함수를 이용하여 만들기
- 조건문 if.. elif… else문을 이용하여 승패(이김, 패배, 비김)를 표시하기(비교연산자, 논리연산자 이용)
- 반환값 없음

```
import random
게임=["가위", "바위", "보"]
my=input("가위/바위/보 중 하나를 입력하세요: ")
computer=(              )
def (              ) :
if my == computer :
    print("컴퓨터:", computer)
    print("비겼습니다.")
elif (              )
    print("컴퓨터:", computer)
    print("당신이 이겼습니다.")
else:
    print("컴퓨터:", computer)
    print("컴퓨터가 이겼습니다.")
my_game()
```

▶ 실행 결과

```
가위/바위/보 중 하나를 입력하세요: 가위
컴퓨터: 보
당신이 이겼습니다.
```

연습문제

활동 12-1

빈 리스트에 사용자로부터 "프로그래밍을 통한 문제해결"과목의 5명 점수를 입력받고, 이렇게 입력받아 구성된 리스트 요소의 평균값을 반환하는 함수를 작성하시오.

〈출력 결과〉

```
점수를 입력하세요:95
점수를 입력하세요:30
점수를 입력하세요:67
점수를 입력하세요:96
점수를 입력하세요:45
[95, 30, 67, 96, 45]
입력받은 프로그래밍을 통한 문제해결 과목 5명의 평균은 66입니다.
```

[파이썬 코드]

활동 12-2

다음과 같이 주어진 리스트 [1, 3, 5, 7, 9, 12, 0] 값을 출력하는 함수를 정의하고, 0이 입력되면 break문을 사용하여 for문을 빠져나오고, 그렇지 않으면 리스트 값을 출력하는 프로그램을 작성해보자.

〈출력 결과〉

```
1 3 5 7 9 12
```

[파이썬 코드]

Python으로 배우는 문제해결과 인공지능

13

파일처리

학습목표

- 파일처리의 정의를 파악할 수 있다.
- 텍스트 파일의 내용을 읽거나 쓰는 기능을 배울 수 있다.
- 이진 파일의 내용을 읽거나 쓰는 기능을 배울 수 있다.

학습목차

13.1 파일처리

13.1 파일처리

파일을 처리하는 방법은 지금까지 우리가 파이썬에서 파일을 다루었던 방법들과 똑같다. 단지 조금 다른 것은 사용자로부터 키보드와 마우스를 이용하여 입력하고 화면에 출력하는 대신 파일을 읽어서 입력받고 그에 따른 내용을 다시 파일로 출력하는 것이다.

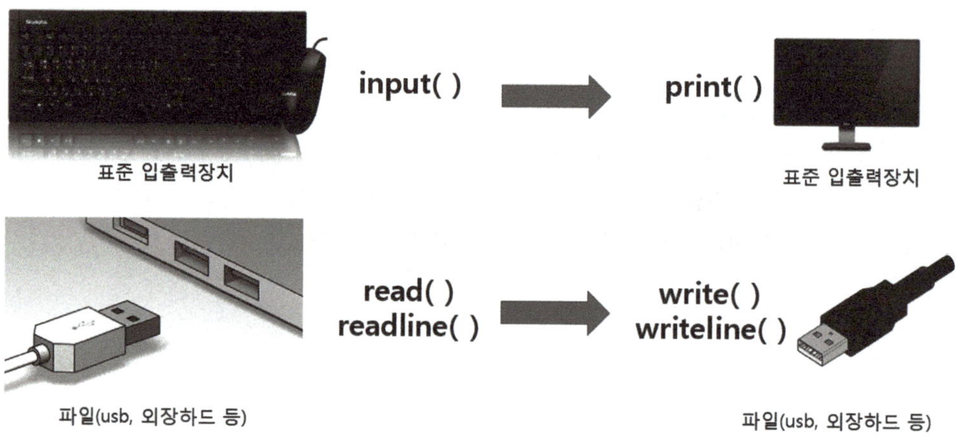

그림에서 보면 `input()`은 키보드를 통해 사용자로부터 입력을 받는 것이고, 이렇게 입력받은 내용을 `print()`를 통해 화면에 출력을 한다. `read()` 그리고 `readline()`은 파일로부터 사용자가 읽고자 하는 파일을 읽어올 수 있고, 이렇게 읽은 파일에 `write()`와 `writeline()`을 이용하여 무언가를 추가적으로 내용을 작성할 수 있다.

13.1.1 파일 입/출력 기본 과정

파일의 입/출력을 위한 기본과정을 설명하면 다음과 같다.

- file open(파일 열기): 사용하고자 하는 파일을 열어야 한다.
- file read & write(파일 읽고, 쓰기): 파일안의 데이터를 읽고, 쓸 수 있다.
- file close(파일 닫기): 작업을 완료한 파일을 닫아야 한다.

file open(파일 열기)

사용하고자 하는 파일을 열기 위해서는 oepn()을 사용하여 다음과 같이 읽기와 쓰기를 할 수 있다.

파일 입출력 기본 과정-file oepn

```
- 읽기 모드: 변수이름=open("파일이름", "r")
- 쓰기 모드: 변수이름=open("파일이름", "w")
```

읽기냐, 쓰기냐는 파일이름 뒤에 r은 읽기(read) 전용, w는 쓰기(write) 전용을 사용한다는 것 외에는 파일 열기의 방법은 같다. 즉 파일을 열 때 어떤 용도로 여는지를 결정하는 것이다. 이것을 우리는 모드(mode)라고 부른다.

이 외에도 다양한 방법의 파일 열기(open) 모드들이 있다.

파일 열기 모드	내용
생략	r(읽기 모드)와 동일함, 파일을 처음부터 읽는다.
r	읽기(read) 모드로 파일을 처음부터 읽는다.
w	쓰기(write) 모드로 파일을 처음부터 쓴다. 만약 파일이 없으면 새로 만든다. 그러나 기존의 파일이 있는 경우는 기존 파일의 내용을 덮어쓴다.
a	추가(append) 모드 또는 쓰기 모드라고 하며 기존의 파일이 있다면 그 파일의 끝에서 이어서 쓴다. 반면 만약 파일이 없으면 새로 만든다.
r+	읽기와 쓰기 모드로 파일을 읽고 쓸 수 있다.
t	텍스트 모드로 텍스트 파일을 처리한다.
b	이진 모드로 이진 파일을 처리한다.

파일을 여는 예를 들어보면 다음과 같다.

파일 열기(open)표현 예

```
- 현 디렉터리에 있는 sample.txt 파일을 읽기 모드로 여는 경우
exfile=open("sample.txt", "r")

- 절대 경로를 사용하여 sample.txt 파일을 읽기 모드로 여는 경우
exfile=open("c:\\download\\sample.txt", "r")
```

› file read & write(파일 읽고, 쓰기)

앞에서 파일을 열었기 때문에 이를 통해 파일을 읽고 파일을 쓰는 작업을 힐 수 있는 상태가 된 것이다.

파일 읽고, 쓰기(read & write)표현 예 - 데이터 읽기

```
- 데이터 읽기: 파일의 데이터 읽기
s=exfile.read(5)              # 5개의 문자를 읽어오라는 의미
ss=exfile.readline()          # 한 줄을 읽어오라는 의미
```

파일 읽고, 쓰기(read & write)표현 예 - 데이터 쓰기

```
- 데이터 쓰기: 파일에 데이터 쓰기
outfile.write("파이썬 파일 처리에 대해 배우고 있어요.")
```

만약 w를 이용하여 오픈된 파일에 데이터를 쓰려고 할 때, 기존에 같은 파일이름이 있으면 기존 데이터를 덮어쓰기 한다. 반면 기존에 해당 파일이름이 없다면 새롭게 파일이름을 만들고 그 파일 안에 데이터를 쓴다.

› file close(파일 닫기)

파일을 읽고 쓰는 작업 등과 같은 작업이 다 끝났다면 파일을 저장하고 닫아야 한다. 이를 위해 파일을 닫는데 `colse()`를 이용하여 파일을 정상적으로 잘 저장하고 닫는다.

파일 닫기(close)표현 예

```
위의 예를 이용하여 파일 닫기를 표현하면 다음과 같다.
-파일 읽기의 경우
exfile=open("sample.txt", "r")
exfile.close()                # open()으로 연 변수이름 닫기

-파일 쓰기의 경우
outfile=open("sample.txt", "w")
outfile.close()               # open()으로 연 변수이름 닫기
```

13.1.2 파일의 종류

파일의 종류는 크게 2가지로 볼 수 있다. 하나는 텍스트 파일 다른 하나는 이진 파일이다.

텍스트 파일(text file)은 한 마디로 우리가 읽을 수 있는 글자들로 구성된 파일이다. 이 파일들은 메모장에 작성된 파일일 수도 있고 우리가 앞에서 파이썬 에디터 창을 이용하여 코드를 작성하고 저장한 소스 파일들도 텍스트 파일의 한 예라고 볼 수 있다.

반면, 이진 파일(binary file)은 사람이 아닌 컴퓨터가 읽을 수 있는 글자 즉 이진 데이터들로 구성된 파일이다. 텍스트를 제외한 나머지 파일들로 예를 들면 음악 파일, 이미지 파일, 동영상 파일, 실행(exe) 파일 등이 이진 파일에 속한다.

그렇다면 "텍스트 파일과 이진 파일을 어떻게 구분할까?"가 궁금할 것이다. 이는 해당 파일을 열었을 때 우리가 읽을 수 있는 글자라면 텍스트 파일, 이상한 글자들이 깨져서 보이면 이진 파일이다. 또한 이진 파일의 경우는 별도의 프로그램들을 이용하여 열어야 한다. 즉 음악의 경우는 음악 전용 프로그램을 통해 열어야 하고, 한글이나 워드 같은 경우는 한글 및 워드 전용 프로그램을 이용하여 열어야 하고, 이미지의 경우는 그림판이나 이미지 전용 프로그램을 이용하여 파일을 열어야 한다.

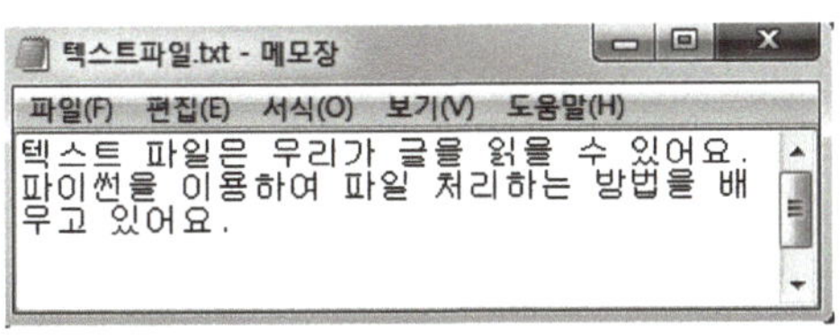

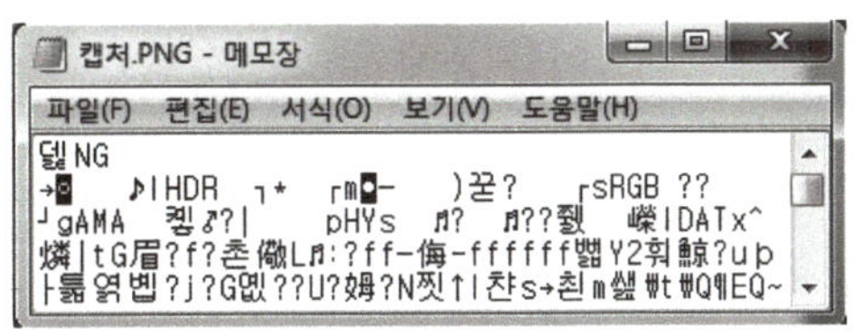

13.1.3 텍스트 파일 읽고/쓰기

파일을 읽고 쓰는 방법에 대해서는 앞의 10.1.1 파일 입/출력 기본 과정에서 설명을 했기에 이를 이용하는데는 크게 어려움이 없을 것이다. 이를 이용하여 텍스트 파일을 읽고, 쓰는 방법에 대해 살펴보자.

텍스트 파일 읽기

텍스트 파일을 읽는 방법은 크게 `read()`와 `readline()` 이렇게 2가지 방법이 있다. 이들이 각각 어떻게 사용되는지 살펴보자.

› read()

`read()`는 파일에서 하나의 문자를 읽는다. 만약 여러 개의 문자를 읽고 싶다면 어떻게 해야 할까? 바로 다음과 같이 read(5) 표현해주면 문자 5개를 읽겠다는 의미가 된다.

하나의 예를 들어보자. 데이터를 읽기 위해서는 텍스트 파일이 필요하다. 이를 위해 다음과 같이 텍스트 파일(sample.txt)을 메모장으로 작성하여 저장한다.

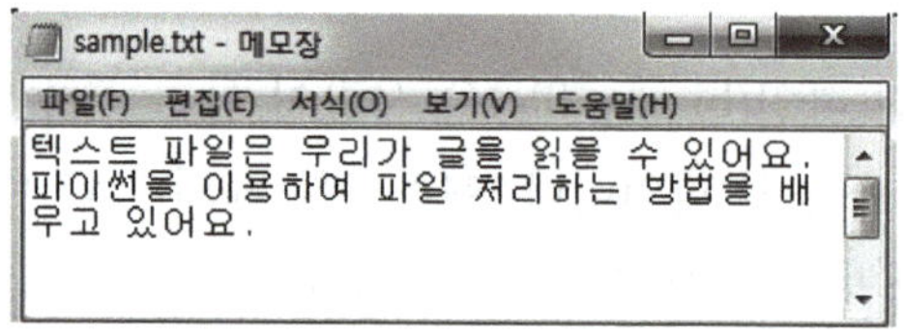

텍스트 파일 읽기 표현 예 - read()

```
exfile=open("sample.txt", "r")
s=exfile.read(5)                # 5개의 문자를 읽어오라는 의미
print(s)
exfile.close()                  # open()으로 연 변수이름 닫기
```

이를 통해 읽어온 실행결과는 다음과 같다.

텍스트 파

› readline()

`readline()`는 파일에서 내용을 한 줄씩 읽는다. 앞의 `read()`에서 사용했던 sample.txt 텍스트 파일을 그대로 이용하여 예를 들어보자.

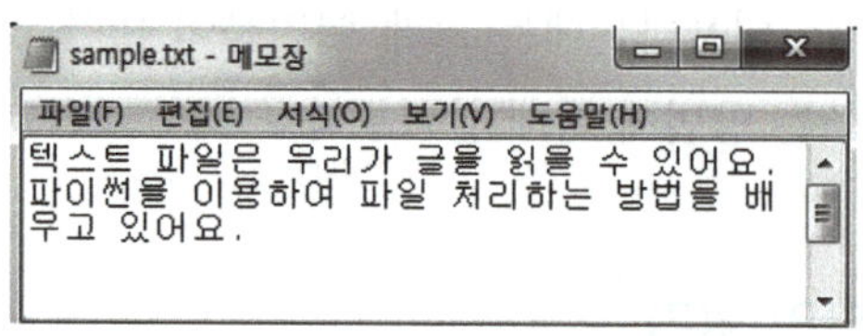

텍스트 파일 읽기 표현 예 - readline()

```
exfile=open("sample.txt", "r")
ss=exfile.readline()          # 한 줄을 읽어오라는 의미
print(ss)
exfile.close()                # open()으로 연 변수이름 닫기
```

이를 통해 읽어온 실행 결과는 다음과 같다.

텍스트 파일은 우리가 글을 읽을 수 있어요.

그런데 redline()을 어떻게 사용하는지 배우기 위해 한 줄씩 읽어오는 방법을 간단한 텍스트 파일 예를 통해 배웠다.

텍스트 파일 읽기 표현 예(1)

```
exfile=open("sample.txt", "r")
ss=exfile.readline()          # 한 줄을 읽어오라는 의미
print(ss)
ss=exfile.readline()          # 한 줄을 읽어오라는 의미
print(ss)
......

exfile.close()                # open()으로 연 변수이름 닫기
```

그러나 실제로는 해당 파일에 몇 줄이 들어있는지는 하나하나 열어서 확인하지 않는 이상은 미리 확인하기가 어렵다. 따라서 파일 사이즈가 크다면 다음과 같은 방법을 이용하여 한 줄씩 출력하는 방법도 알아보자.

텍스트 파일 읽기 표현 예(2)

```
exfile=open("sample.txt", "r")
ss=exfile.readline()          # 한 줄을 읽어오라는 의미

while ss != " ":
   print(ss)
   ss=exfile.readline()

exfile.close()                # open()으로 연 변수이름 닫기
```

이를 통해 읽어온 실행 결과는 다음과 같다.

```
텍스트 파일은 우리가 글을 읽을 수 있어요.

파이썬을 이용하여 파일 처리하는 방법을 배우고 있어요.
```

한 줄 한 줄을 읽어오는데 해당 문장이 없을 때까지 계속 반복문을 통해 문장을 읽어서 문장이 있으면 출력하도록 하는 방법이다.

또한 다음과 같은 방법으로도 한 줄씩 파일 안의 내용을 읽어서 출력할 수도 있다.

텍스트 파일 읽기 표현 예(3)

```
exfile=open("sample.txt", "r")

for ss in exfile:
    ss=ss.strip()
    print(ss)

exfile.close()            # open()으로 연 변수이름 닫기
```

이를 통해 읽어온 실행한 결과는 다음과 같다.

```
텍스트 파일은 우리가 글을 읽을 수 있어요.
파이썬을 이용하여 파일 처리하는 방법을 배우고 있어요.
```

여기서 결과를 보면 텍스트 파일 읽기 표현 예(2)와 텍스트 파일 읽기 표현 예(3)의 결과가 조금 다르다. 텍스트 파일을 읽어서 온 것이라 내용은 다른 것이 없다. 그런데 차이점은 바로 화면에 출력함에 있어 공백과 엔터가 모두 포함되어 결과가 출력되느냐 공백과 엔터가 없이 출력되느냐의 차이이다. 여기서 strip()을 사용하면 파일 안에 작성된 문자 앞뒤에 포함된 공백, 엔터, 특수문자(\n 등)를 모두 지워준다. 단 가운데 공백은 제거되지 않는다.

이때 `lstrip()`과 `rstrip()`도 사용할 수 있는데 `lstrip()`은 앞쪽(또는 왼쪽) 공백을 제거하는 것이고, `rstrip()`은 뒤쪽(또는 오른쪽)의 공백을 제거하는 것이다. 또한 마지막에 붙은 특수문자 "\n"과 같은 문자를 제거할 때도 사용한다.

strip() 사용 방법

```
ss=ss.strip()          # 앞뒤 공백 제거
ss=ss.ltrip()          # 앞(좌측) 공백 제거
ss=ss.rstrip()         # 뒤(우측) 공백 제거
```

텍스트 파일 쓰기

텍스트 파일을 쓰는 방법은 write()와 writeline()이 있다. 이들을 어떻게 사용되는지 살펴보자.

› write()

파일에 데이터를 쓰기 위해서는 write()를 이용하여 데이터를 저장한다. 이는 파일을 열어줄 때 파일 모드는 “w”로 해주어야 한다.

예제는 지금까지 앞에서 사용했던 sample.txt 파일을 그대로 사용하겠다. 기존 sample.txt 파일에 들어 있는 내용은 다음과 같다. write()를 이용해 쓰면 어떻게 바뀌는지 살펴보자.

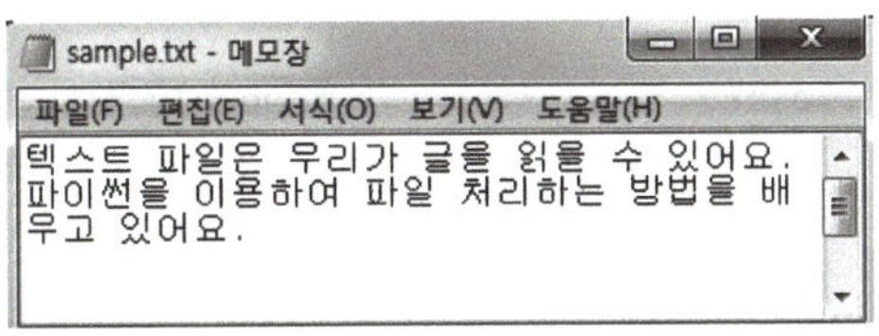

텍스트 파일 쓰기 표현 예 – write()

```
outfile=open("sample.txt", "w")

outfile.write("안녕하세요\n")
outfile.write("파이썬을 이용하여 텍스트 파일을 쓰고 있어요\n")

outfile.close()                # open()으로 연 변수이름 닫기
```

이를 실행한 결과는 다음과 같이 변경된다.

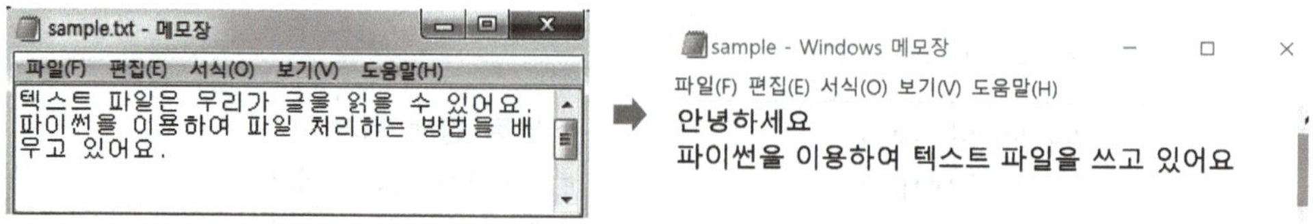

만약 똑같은 이름의 sample.txt 파일이 존재하면 기존의 데이터는 없어지고 새로운 데이터가 위의 그림에서처럼 덮어써 진다. 만약 sample.txt 파일이 존재하지 않으면 새로 이 파일을 생성하고 그 안에 해당 내용이 써진다. 만약 파일이 존재하는지를 검사하려면 다음과 같은 방법을 이용하여 검사할 수 있다.

기존 파일 존재 여부 확인

```
import os.path

outfile=open("sample.txt", "w")

if os.path.isfile("sample.txt"):
    print("해당 파일이 이미 존재합니다.")
else:
    outfile.write("안녕하세요\n")
    outfile.write("파이썬을 이용하여 텍스트 파일을 쓰고 있어요")

outfile.close()          # open()으로 연 변수이름 닫기
```

이를 통해 실행한 결과는 다음과 같다.

```
해당 파일이 이미 존재합니다.
```

이러한 결과가 나오는 이유는 이미 sample.txt 파일이 존재하기 때문에 이러한 메시지를 출력하게 되는 것이다.

반면 만약 sample.txt 파일이 없었다면 새로 파일을 만들고 else문 아래의 내용을 그 파일에 작성했을 것이다.

› writeline()

`readline()`이 한 행씩 파일에서 읽는 것이라면 `wirteline()`은 키보드를 통해 한 행씩 파일에 쓰는 코드이다.

텍스트 파일 쓰기 표현 예 – writeline()

```
outfile=open("sample.txt", "w")

while outfile != " ":
    outfile.writelines("안녕하세요\n")
    outfile.writelines("반갑습니다.\n")
    outfile.writelines("파이썬 수업을\n")
    outfile.writelines("하고 있습니다.\n")
    outfile.writelines(" ")

outfile.close()                    # open()으로 연 변수이름 닫기
```

이를 통해 실행 결과는 다음과 같다.

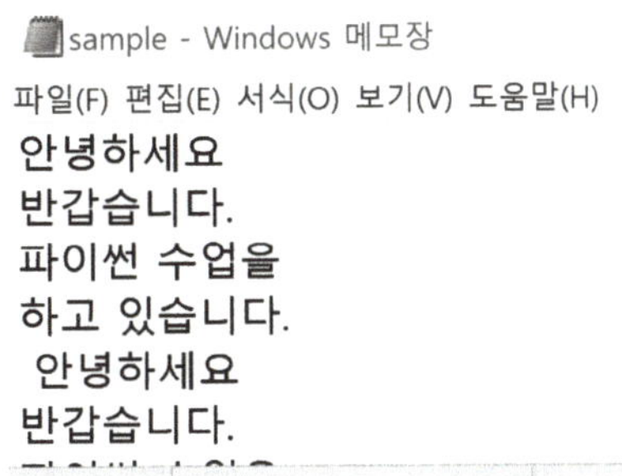

› a(append)

파일에 텍스트를 쓰는 또 다른 방법은 데이터에 추가하는 방법인데 이때는 “a”(append의 약자)라는 파일 모드를 사용한다.

이를 위해 앞의 `write()`의 예를 다시 이용해보겠다.

텍스트 파일 쓰기 표현 예 – write()

```
outfile=open("sample.txt", "w")

outfile.write("안녕하세요\n")
outfile.write("파이썬을 이용하여 텍스트 파일을 쓰고 있어요\n")

outfile.close()   # open()으로 연 변수이름 닫기
```

```
outfile=open("sample.txt", "a")

outfile.write("append를 이용하여 추가를 했습니다.₩n")
outfile.write("a는 append의 약자입니다.₩n")

outfile.close()   # open()으로 연 변수이름 닫기
```

이를 통해 실행한 결과는 다음과 같다.

```
안녕하세요
파이썬을 이용하여 텍스트 파일을 쓰고 있어요
append를 이용하여 추가를 했습니다.
a는 append의 약자입니다.
```

› str()을 이용한 숫자 데이터

텍스트 파일에서는 텍스트 데이터만 저장할 수 있기에 숫자 데이터를 저장하려면 숫자 데이터를 문자열로 변환하여 저장해야 한다. 이를 위한 방법으로는 숫자를 문자열로 변환하는 `str()`를 이용하여 변환한다.

```
outfile=open("number.txt", "w")

i=1
while i<=10:
    outfile.write(str(i)+" ")
    i=i+1

outfile.close()   # open()으로 연 변수이름 닫기
```

이에 따른 실행 결과는 다음과 같다.

```
number - Windows 메모장
파일(F) 편집(E) 서식(O) 보기(V) 도움말(H)
1 2 3 4 5 6 7 8 9 10
```

실행 결과에서 보이는 숫자는 `str()`에 의해 문자열로 변환된 후의 파일 number.txt로 저장된 것이다.

예제 13.1

빅데이터에서 데이터를 다루기 위해서는 많은 데이터들이 저장되어 있는 내가 필요하거나 원하는 데이터의 일부를 가지고 와야 한다. 이를 위해서는 CSV(Comma Separated Values) 형식으로 파일을 입력받고 출력해야 한다. 이를 위해서 파이썬에서 CSV 형식으로 읽을 수 있다(`csv.reader()`). 이를 위해 기후통계분석와 관련 CSV 형식 파일을 읽는 코드를 작성해보자.

[기후통계분석] → [기후분석] → [기온분석] → [기간/지역 설정] → [CSV 다운로드]

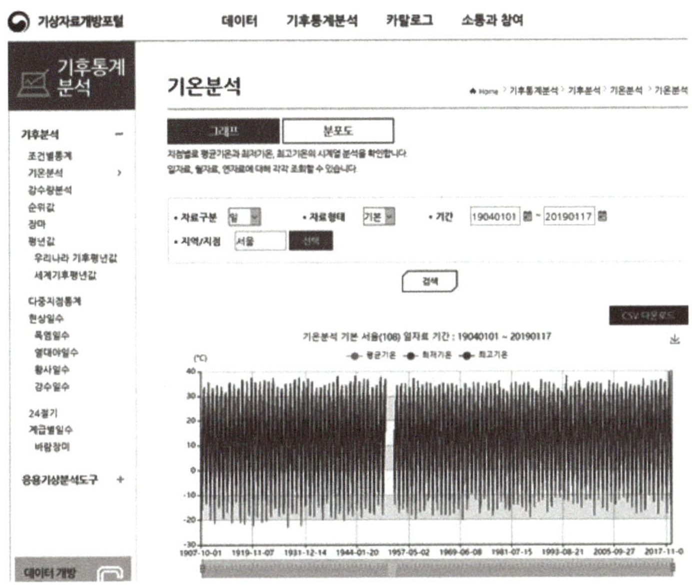


```
import csv

f=open("seoul.csv", "r")
data=csv.reader(f, delimiter=",")

print(data)

f.close()
```

▶ 실행결과

이를 통해 다음과 같이 출력된다.

```
<_csv.reader object at 0x0000020C3E5146A0>
```

1	날짜	지점	평균기온(°	최저기온(°	최고기온(℃)
2	1907-10-01	108	13.5	7.9	20.7
3	1907-10-02	108	16.2	7.9	22
4	1907-10-03	108	16.2	13.1	21.3
5	1907-10-04	108	16.5	11.2	22
6	1907-10-05	108	17.6	10.9	25.4
7	1907-10-06	108	13	11.2	21.3
8	1907-10-07	108	11.3	6.3	16.1
9	1907-10-08	108	8.9	3.9	14.9
10	1907-10-09	108	11.6	3.8	21.1

13.1.4 이진 파일 읽고/쓰기

이진 파일(binary file)은 데이터가 이진수(0과 1로 구성된 수)형태가 그대로 파일에 저장되어 있는 것이다. 이진 파일을 사용하면 훨씬 좋은 점이 텍스트 파일에서는 먼저 문자를 읽어서 숫자이면 문자로 변환하는 등의 과정이 필요한데 이진 파일은 이와 같은 변환 과정이 굳이 필요하지 않다. 게다가 텍스트 파일에 비해서는 파일을 저장하는 공간도 많이 차지하지 않는다. 그러나 이진 파일은 문자 데이터가 아니기 때문에 사람이 이 파일을 열어서 보더라도 이해하기 어렵다는 것이다.

텍스트 파일	1	2
이진 파일	0110001	0110010

왜냐하면 위의 그림에서처럼 이진 파일은 사람이 딱 보고 이 숫자가 1이다 2이다를 읽기가 어렵다. 대신 컴퓨터는 이 숫자들을 읽을 수 있다. 이진 파일에서 데이터를 읽으려면 다음과 같은 방법으로 열어야 한다.

이진 파일 읽기 표현 예

```
exfile1=open(filename, "rb")
```

이진 파일 쓰기 표현 예

```
exfile2=open(filename, "wb")
```

입력 파일에서 8바이트를 읽으려면 다음과 같은 방법으로 표현한다.

이진 파일 읽기 표현 예

```
bytesArray=exfile2.read(8)
```

이때 bytesArray는 바이트형의 시퀀스 값(0~255)을 가지고 있다. 만약 이 중에서 첫 번째 바이트를 꺼내려면 다음과 같이 표현하면 된다.

이진 파일의 각 바이트값 표현 예

```
byte1=bytesArray[0]        #첫번째 바이트의 값
byte2=bytesArray[1]        #두번째 바이트의 값
```

하나의 예를 들어보자. 다음과 같이 강아지 그림이 있다고 하자.

이 강아지 그림은 이진 파일이다. 이진 파일은 앞에서도 설명했지만 파일에 데이터가 이진수 형식으로 저장되어 있다.

이진 파일의 표현 예

```
filename=input("원본 파일이름을 입력하세요:")

exfile2=open(filename, "rb")

bytesArray=exfile2.read(8)

byte1=bytesArray[0]
byte2=bytesArray[1]

print(byte1)
```

```
print(byte2)

exfile2.close()
```

이를 실행하면 다음과 같은 결과가 나온다.

```
원본 파일이름을 입력하세요:강아지.png
137
80
```

13.1.5 예외 처리

예외 처리(Exception Handling)는 파이썬을 실행하는 과정에서 오류가 발생할 때 파이썬이 처리하지 않고 프로그래머가 작성한 코드를 실행하는 방식이다.

일반적으로 오류가 발생하면 메소드가 오류 코드를 반환한다. 즉, 오류가 발생하면 프로그램의 정상적인 실행 흐름이 중단되고 오류 처리 코드를 전달한다. 그렇다면 파이썬에서 예외 처리는 다음과 같다.

› try, except 문

`try`는 문법상 오류는 없으나 예외가 발생할 수 있는 경우, `except`는 프로그래머가 처리 할 수 있는 예외의 종류를 지정하고 그 예외를 처리하기 위한 코드가 들어가 있는 문장이 있다.

예외 처리 표현 예 – try, except문

```
try:
    예외가 발생할 수 있는 문장
except 오류 내용:
    예외 처리하는 문장
```

하나의 예를 들어보자. 현재 위치에서 하나의 파일을 삭제하려고 한다.

예외 처리를 위한 예제-example1.py

```
import os

os.remove("test.txt")    #현재 이 파일은 없는 파일임
```

이 파일을 실행하면 다음과 같은 에러가 발생한다.

```
Traceback (most recent call last):
File "C:\Users\user\Desktop\example1.py", line 3, in <module>
os.remove("test.txt")    #현재 이 파일은 없는 파일임
FileNotFoundError: [WinError 2] 지정된 파일을 찾을 수 없습니다: 'test.txt'
```

일반적으로 위와 같은 파이썬 오류 메시지를 보여준다. 그러나 이것을 예외 처리를 통해 직접 오류 메시지를 작성하게 하면 파이썬 오류 메시지를 보여주는 것 보다는 훨씬 나은 표현이다.

예외 처리를 위한 예제-example2.py

```
import os

try:
    os.remove("test.txt")      #현재 이 파일은 없는 파일임
except:
    print("이런!! 현재 이 파일이 없네요,\n해당 파일이 있는지 확인해보세요")
```

이 파일을 실행한 결과는 다음과 같다.

```
이런!! 현재 이 파일이 없네요,
해당 파일이 있는지 확인해보세요
```

어떤가요? 앞의 빨간색으로 파이썬 에러 메시지로 나타나는 것보다는 훨씬 좋아보이지 않은가? 이 외에도 프로그램에서 나타날 수 있는 문제들을 다양한 예외 종류를 처리할 수 있다. 이를 통해 다양한 예외 종류에 따라 다른 처리를 할 수 있다.

예외 종류	내용
ImportError	파이썬 모듈을 찾을 수 없을 때 발생함
IOError	파일을 열 수 없을 때 발생함
EOFError	내장 함수가 파일의 끝을 만났을 때 발생함
KeyError	딕셔너리의 키가 없을 때 발생함
KeyboardInterrupt	사용자가 프로그램 실행 중 ctrl+c 키를 누를 때 발생함
ValueError	잘못된 값이 들어갔을 때 발생함 예) int(a): a는 문자열, int()는 정수형
TypeError	변수형에 대한 오류가 발생했을 때 발생함 예) 숫자-문자열 연산의 경우

이 밖에도 여러 가지 다양한 예외 종류가 있다.

› try, except, else, finally문

이번에는 try문에서 오류가 발생하면 except문이 실행되고, 오류가 발생하지 않으면 else문이 실행되고, finally문은 오류가 발생하든 그렇지 않든 무조건 실행된다.

예외 처리 표현 예 – try, except, else, finally문

```
try:
    예외가 발생할 수 있는 문장
except 오류 내용:
    예외 처리하는 문장
else:
    예외가 없는 경우 실행되는 문장
finally:
    항상 실행되는 문장
```

하나의 예를 들어보자. 우리가 앞에서 다루었던 예제를 조금 변경했다.

예외 처리를 위한 예제-example3.py1

```
import os

try:
    os.remove("test.txt")       #현재 이 파일은 없는 파일임
except IOError:
    print("이런!! 현재 이 파일이 없네요,\n해당 파일이 있는지 확인해보세요")
else:
    print("예외가 없다면 이 블록이 실행됩니다.")
finally:
    print("이 문장은 반드시 출력됩니다.")
```

이 파일에 대한 실행 결과는 다음과 같다.

```
이런!! 현재 이 파일이 없네요,
해당 파일이 있는지 확인해보세요
이 문장은 반드시 출력됩니다.
```

연습문제

활동 13-1

자신의 상태를 나타내는 단어를 입력하면 행복한지 슬픈지 분류하여 나타내는 프로그램을 완성하여 실행해 보자.

- 행복 상태 단어 리스트목록 만들기
- 슬픈 상태 단어 리스트목록 만들기
- 자신의 상태를 나타내는 단어입력
- 자신의 상태 단어가 happy인지 sad인지 출력
- 만약 상태에 없는 단어라면, happy상태와 sad상태를 골라 리스트에 추가
- 상태목록을 파일로 저장하기

```
happy=["좋음","행복","즐거움","설렘","웃음","평안","의욕"]
sad=["싫음","울음","슬픔","불행","귀찮음","우울"]
str = input("자신의 현재 상태를 단어로 나타내세요:")
if str in happy:
   state="happy"
elif str in sad:
   state="sad"
else:
   flag=input("자신의 기분이 happy라면 1, 아니면 아무키나 누르세요")
   if flag=="1":
      state="happy"
      happy.append(str)
   else:
      sad.append(str)
      state="sad"

print("현재상태: {}".format(state))

f=                              #happy리스트를 'happy'파일로 저장
f.write(','.join(happy))
f.close()
```

```
f=                              #sad리스트를 'sad'파일로 저장
f.
f.close()
```

찾아보기

ㄱ

강화학습(reinforcement learning) / 8, 129, 138
관계연산자 / 55
군집 분석(clustering analysis) / 137
그리디 / 219
기계학습 / 3, 4, 125, 127

ㄴ

내장 함수 / 253
너비 우선 탐색 / 30
논리연산자 / 56, 99
논리(Logic) / 45

ㄷ

다익스트라 알고리즘 / 227
다중 선택문 / 110
단순 선택문 / 107
딕셔너리 / 174
딥러닝 / 3, 4

ㄹ

리스트 / 156

ㅁ

무한 반복 / 203
문자열 / 145
문자열 나누기 / 154
문자열 연산자 / 152
문자열 재정의 / 152
문자열 추출 / 148

ㅂ

반복 구조 / 69
변수 / 86
분류(classification) 모델 / 130
비교연산자 / 98
비지도학습(unsupervised learning) / 129, 137

ㅅ

사용자 정의 함수 / 256
산술연산자 / 96
생성규칙(Production Rule) / 45
선조건 반복 / 75
선택 구조 / 69, 105
선택문 / 74
세트 / 180
순차 구조 / 69
신경망 / 3

ㅇ

알고리즘 / 4
연관 분석(association analysis) / 137
연산자 / 96
예외 처리 / 286
예측(predictive) 모델 / 130
의미망(Semantic Network) / 45
이미지 기계학습 / 11
이진 파일 / 284
인공지능 / 3

ㅈ

자율주행 기술 / 8
자율주행 자동차 / 6
전문가 시스템 / 45
전역변수(global variable) / 261
조건식 / 106
존 매카시 박사 / 3
주석 / 94
중첩 반복문 / 209
중첩 선택문 / 113
지도학습(supervised learning) / 7, 129
지식표현 / 45
지역변수(local variable) / 261

ㅊ

추론 / 52

ㅋ

컴퓨터 알고리즘 / 66
키(key) / 175

ㅌ

탐색 / 238
튜플 연산 / 171

ㅍ

파일처리 / 272
프레임(Frame) / 45
프로그래밍 / 55

ㅎ

함수 메서드 / 264
함수 호출 / 76
함수(function) / 249, 250
합성(Hybrid) / 45
형 변환 / 94
횟수 반복 / 75

A

AI 결정 트리 / 222
AI 스피커 / 10
Arthur Samuel / 127

B

break문 / 203

C

continue문 / 203

F

float() / 256
for문 / 192 207

I

if~elif~else문 / 110
if~elif문 / 110
if~else문 / 108
if문 / 107
input() 함수 / 253
int() / 256
in 연산자 / 117

K

KrusKal Algorithm / 37

L

len() 함수 / 254

M

max() 함수 / 255
min() 함수 / 255

P

print() 함수 / 253
print() / 92

S

str() 함수 / 256

T

Tom Mitchell / 127
type() 함수 / 254

W

while문 / 188 207
write() / 279

저자소개

김현정

Kim Hyun Jung/nygirl@konkuk.ac.kr
2015년 08월 건국대학교 일반대학원 컴퓨터공학과 인공지능 전공 (공학박사)
2016년~2019년 02월 건국대학교 초빙교수
2019년 03월~현재 건국대학교 상허교양대학 조교수
관심분야 : SW 프로그래밍, 컴퓨팅사고, 인공지능, 정보보안, AI 교육

오경선

Oh Kyung Sun/skyal@konkuk.ac.kr
2016년 성균관대학교 일반대학원 교과교육학과 컴퓨터교육 전공 (교육학박사)
2017년~2019년 02월 단국대학교 SW중심대학 강의전담 조교수
2019년 03월~현재 건국대학교 상허교양대학 조교수
관심분야 : 소프트웨어 교육, 컴퓨팅사고, 프로그래밍교육, SW융합교육, etc.

Python으로 배우는 문제해결과 인공지능

인　　쇄　2021년 2월 19일
발　　행　2021년 2월 25일

저　　자　김현정, 오경선
발 행 인　채희만
출판기획　안성일
영　　업　한석범, 임민정
관　　리　이승희
편　　집　한혜인, 최은지
발 행 처　**INFINITYBOOKS**
주　　소　경기도 고양시 일산동구 하늘마을로 158
대방트리플라온 C동 209호

대표전화　02)302-8441
팩　　스　02)6085-0777

도서 문의 및 A/S 지원
홈페이지　www.infinitybooks.co.kr
이 메 일　helloworld@infinitybooks.co.kr

I S B N　979-11-85578-81-1
등록번호　제2021-000018호
판매정가　**23,000원**